日本語文法体系新論

ひつじ研究叢書〈言語編〉

【第92巻】バントゥ諸語分岐史の研究　湯川恭敏 著

【第93巻】現代日本語における進行中の変化の研究
－「誤用」「気づかない変化」を中心に　新野直哉 著

【第95巻】形態論と統語論の相互作用
－日本語と朝鮮語の対照言語学的研究　塚本秀樹 著

【第96巻】日本語文法体系新論 －派生文法の原理と動詞体系の歴史
清瀬義三郎則府 著

【第97巻】日本語音韻史の研究　高山倫明 著

【第98巻】文化の観点から見た文法の日英対照
－時制・相・構文・格助詞を中心に　宗宮喜代子 著

【第99巻】日本語と韓国語の「ほめ」に関する対照研究　金庚芬 著

【第100巻】日本語の「主題」　堀川智也 著

【第101巻】日本語の品詞体系とその周辺　村木新次郎 著

【第103巻】場所の言語学　岡智之 著

【第104巻】文法化と構文化　秋元実治・前田満 編

【第105巻】新方言の動態30年の研究
－群馬県方言の社会言語学的研究　佐藤髙司 著

【第106巻】品詞論再考 －名詞と動詞の区別への疑問　山橋幸子 著

【第107巻】認識的モダリティと推論　木下りか 著

【第108巻】言語の創発と身体性
－山梨正明教授退官記念論文集　児玉一宏・小山哲春 編

【第112巻】名詞句の世界 －その意味と解釈の神秘に迫る　西山佑司 編

【第113巻】「国語学」の形成と水脈　釘貫亨 著

ひつじ研究叢書〈言語編〉第96巻

日本語文法体系新論

派生文法の原理と動詞体系の歴史

清瀬義三郎則府 著

ひつじ書房

"Language is sound."

目 次

第 1 編
派生文法の原理

序　言

活用形を説く事無くして、現行の日本文典が日本語の用言や助動詞に文法的解説を与える事は、先ず不可能である。また逆に、日本文典に接した事のある誰しもが、活用なる語を耳にした時、先ず聯想するものは、「未然形」、「連用形」、「終止形」等々の活用形の名称であろう。それ程迄に**活用形**と言うものが、用言や助動詞の文法的理解に、不可欠なる存在と看做されて来たのである。

日本に於ける活用の研究史は、かなり旧い。周知の通り、谷川士清（ことすが）の『日本書紀通證』(1748) や賀茂真淵の『語意考』(1759) に、既に活用表が見られ、更に旧くは、鎌倉時代の『八轉聲（じよう）抄』(1336 頃) に於いて、其の萌芽を見出す事が出来る。其後、本居春庭の流れを汲む所謂八衢（やちまた）学派などの手を経つつ次第に整理せられ、更に明治・大正・昭和と受け継がれて、今日に至っている。斯くて、六活用形は、学者に依って其の呼称に若干の差こそあれ、現代に至るも、猶、日本文典に揺るぎ無き座を占め、且つ、文法家間の金科玉条とさえ成ったかの如き感すらある。

然らば、此処には、疑問を提出する余地は全く無いのであろうか。言い換えれば、此の前近代的活用論に源を発する考え方が、文法理論として、果して日本語の本質を適切に把握していると言い得るものであろうか。

フンボルトやシュライヘル流の言語分類法には、種々の批判も在ろう。しかし、日本語の特性を観察すれば、日本語は、膠着語であると言えこそすれ、屈折語であると見る事は不可能である。此処に疑問の余地は無い。膠着語の特性は、勿論その膠着性に在る。然るに、日本文典に所謂**活用**とは、屈折[1]の一つに他ならない。それでは、日本語とは一体如何なる性質の言語なのであろうか。膠着語である筈の日本語に、用言の活用が存在すると言う此の矛盾は、如何に解釈すべきものであろうか。或いは、日本語とは、体言のみは不変化詞であり、所謂助詞が膠着する事に依って其の膠着性を示しているが、用言の場合には、用言自らが屈折し、それに膠着する所謂助動詞それ自体もまた屈折すると云う、極めて特異なる性質の言語なのであろうか。吾人が従来の伝統的文法論に固執している限り、此の問いに対する返答は肯定的であらざるを得まい。しかし、伝統文法は、どこかに重大なる誤謬を犯しているのではあるまいか。

上の疑問に対する私の解答が本編に収められた三章である。第1章では、従来「活用」と考えられていたものを、連結子音と連結母音の顕在・潜在という新しい考えで捉え直す。第2章は、同じ問題を膠着言語という立場を強調して論じたものであるから、「活用」の他、体言の格助詞に就いても触れる。また古代語の「活用」に就いても触れる。第3章も前二章と同様の論旨であるが、同一の語が種々の形態を取るのが「活用」であると見る伝統文法を批判し、更に「活用」の起源を解明せんとした諸先学の思い違いを指摘し批判する。

以上の三章は、各々が独立した論文であって、先後関係がある訳ではないが、概ね第1章が序説で第3章が括りに成る。異なった角度からながら、共に派生文法の提唱という同一目的を以て執筆された論文であるから、各章に亙り多少は説明の重複した個所が現れるのは、致し方の無い事と理解されたい。

註

1　即ち inflexion。

第1章
連結子音と連結母音と
——日本語動詞無活用論——

1. 連結子音

先ず動詞の語幹[1]に就いて考察する。所謂一段活用動詞[2]の場合は、問題が無い。「見る」「起きる」「食べる」等に於ける不変化の部分「見」「起き」「食べ」等が語幹であって、其の際、語幹は母音i又はeのいずれかで終る。所謂四段活用動詞は、例えば、「書か」「書き」「書く」「書け」の如く、末尾母音が変化すると一般に言われている。其の際、'kak-a'、'kak-i'、'kak-u'、'kak-e' の例に見る不変化部分、即ち 'kak-' を一応語幹として抽出し得よう。此の語幹抽出法は何ら新規なものでは無い。夙に金澤庄三郎氏は、ローマ字を以って動詞の活用を説かれた[3]し、また阪倉篤義氏は、語末の母音をローマ字で表記した動詞活用表[4]を掲げられた。言う迄も無く、語末の母音を除去した不変化部分(即ち「書く」に於ける 'kak-')が語幹であると考えられるからである。しかし、此の考え方に対する異論も無くは無い。例えば、村山七郎氏は「saka、saki、saku、sakeという形からsak-を抽出できるが、それを幹と呼ぶことは、不可能である。」と言われる。但し、理由は示されない。続けて「それはルート(根)と呼ばるべきである。」[5]と唱えられる。筆者には解せない。何故なら、膠着語では、殆どの場合、一次語幹[6]は語根に等しいからである。従って、所謂四段活用動詞の場合は、語幹はすべて子音で終ると言う事に成る。今、此の種の動詞を仮に子音幹動詞[7]と呼ぶ事とする。然らば、語幹がすべて母音で終る所謂一段活用動詞は母音幹動詞[8]と呼ぶ事が出来る。

活用表の最上段に掲げられるもの、それは「未然形」である。通常、「未然形」とは、母音幹動詞にあっては語幹そのままの形、子音幹動詞にあっては語幹に末尾母音 a の附加せられた形であると解せられている。そして、此の「未然形」には、所謂助動詞[9]の「せる」「させる」「れる」「られる」「ない」等々が接続するものと言われている。始めに、「未然形」に使役の助動詞が接続した形と言われているものを例に取り、考察して見る。伝統文法に拠ると、先ず、使役の助動詞には「せる」と「させる」の二種類が在り、前者は四段活用の、後者は一段活用の、それぞれ「未然形」に接続するものとせられている。即ち「書かせる」「見させる」の形は、形態素的に、

kaka-seru

mi-saseru

であると解せられているのである。言う迄も無く、これが一般的な考え方である。しかし、此の考え方が正しいとすれば、日本語とは、何と言う複雑な動詞組織を有する言語であろうか。今仮に、日本語を母国語としない者が使役形で何か表現しようとしたとする。其の場合、先ず其の動詞の「未然形」を六活用形の中から選り出さなければならない。而も、それには、使役の助動詞は常に「未然形」に接続すると言う知識が前提と成る。然る後、更に其の動詞が四段に活用するか一段に活用するか[10]に従って、「せる」又は「させる」の何れか一方を採って、それを接続せさせると言うのである。而も、その助動詞自体も亦六活用形を有していると言う。

翻って、「未然形」なる形をしばし離れ、前述の語幹の形のみを念頭に置きつつ、上の「書かせる」「見させる」の例を分析して見よう。「書く」「見る」の動詞幹は、既に触れた様に、それぞれ ‘kak-’、‘mi-’ であると考えられるから、四段活用「未然形」形成の末尾母音 a は子音幹から分離せられる結果、形態素的に、

kak-aseru

mi-saseru

と分析せられる。即ち、子音幹には ‘-aseru’ の形が接尾し、母音幹には ‘-saseru’ の形が接尾している。更に此の両接尾辞を対照検討するに、両者は殆んど同形であって、ただ、後者の形は、前者の語頭に子音 s が附加せられている形に過ぎない事に気附く。乃ち、両者を対比すれば、

kak（子音幹）-~~s~~aseru

mi（母音幹）-saseru

の如くであって、此の子音 s は、接尾辞が母音幹に後接する際にのみ現れ、子音幹に後接する際には消失すると言う性質を有している事にも気附く。母音幹に後接する時にのみ現れ、子音幹に後接する時には現れない此の種の子音を連結子音[11]と言う。此の連結子音は、母音で始まる接尾辞のみが有しているものであって、接尾辞の語頭母音と母音幹の語末母音とを連結する役目を果す。従って、使役の助動詞に「せる」「させる」の二種があり、先行する動詞の活用形式に拠って、其のいずれか一方が接続すると言う伝統文法の解釈は、日本語の本質を離れて成されたものであると言う事が出来、ここに其の誤謬を指摘し得る。日本語に、使役を表す接尾辞は唯一つ在るのみであって、それは、

-（s）aseru

と記述する事が出来る（連結子音は括弧内に表記せられる）。そして、此の種の接尾辞を動詞接尾辞[12]と言う。

仮名と言う日本独特の音節文字使用の面から、或いは異論があるかも知れない。しかし文字はあくまで表記上の問題であって、それを使用する言語そのものの本質には関りが無い。表記法に囚われてはならない[13]。

以上の論理は、世に助動詞と呼ばれているものすべてに適用し得る。「未然形」に接続すると言われているものに、所相、尊敬、可能等を表す「れる」「られる」がある。「書かれる」「見られる」の形に対する従来の見解は ‘kaka-reru’ 及び ‘mi-rareru’ であった。これも同様な見地から、形態素的には、

kak-~~r~~areru

mi-rareru

と見るべきであって、此の動詞接尾辞は、

-（r）areru

と記述せられる。語頭の r は連結子音であり、それは母音幹に接尾する場合にのみ現れるものである。

2.　連結母音

次に、所謂否定の助動詞「ない」を取り上げよう。これも亦、「未然形」に接続すると言われているものの一つである。しかし、「書かない」「見ない」の形は、‘kaka-nai’、‘mi-nai’、と解すべきでなく、上述の方法に基づいて語幹と接尾辞に分析すれば、当然‘kak-anai’及び‘mi-nai’と成る。即ち、

kak（子音幹）-anai

mi（母音幹）-a̸nai

として理会する事が出来る。此の動詞接尾辞は連結子音こそ有していないが、子音幹動詞に後接する際、其の語頭に母音 a が現れ、且つ、母音幹に後接する時には、此の母音 a は現れない。かかる性質を有する此の種の母音を連結母音[14]と言い、此の否定を表す動詞接尾辞は、

-(a)nai

と記述する事が出来る（連結母音も括弧内に表記せられる）。連結母音は、子音で始まる接尾辞のみが有しているものであって、接尾辞の語頭子音と子音幹の語末子音とを連結する。

斯く解する時、世に「未然形」と称せられている形は、もはや其の存在意義を失ったものと言って良い[15]。独り「未然形」に止まらず、伝統文法に言う動詞の活用形が全く存在意義を有しないものである事は、以下に於いて、順次証明せられるであろう。

「連用形」に接続すると言われている助動詞には、「たい」「たがる」[16]「ます」等がある。「たい」の一例を取って見ても分るように、「書きたい」「見たい」「食べたい」等の形を語幹と接尾辞に分析すれば、それぞれ‘kak-itai’、‘mi-tai’、‘tabe-tai’の如くであって、所謂「連用形」に助動詞「たい」が接続しているのでは、決してない。子音幹動詞にあっては‘-itai’が接尾し、母音幹動詞では‘-tai’が接尾しているのである。換言すれば、連結母音 i を有する動詞接尾辞‘-(i)tai’が在り、子音幹に後接する時には‘-itai’の形を取り、母音幹に後接する時にのみ‘-tai’の形を取るのである。「たがる」や「ます」の場合も全く同様であって、これらの動詞接尾辞は、それぞれ次の如く記述し得るものである。

-(i)tai

-(i)tagaru

-(i)masu

3.　派生接尾辞と文法接尾辞と

「終止形」と言われている形がある。四段活用で「未然形」や「連用形」の末尾母音と考えられているものは、実は(連結母音をも含めて)動詞接尾辞の側に帰属する母音であった。言う迄も無く「終止形」と言われているものは、「書く」「見る」の形で表される。乃ち、上述の理論から ‘kak-u’、‘mi-ru’ の形態素に分析すべき事は容易に理解し得る。更に又、此の場合の接尾辞は、子音幹の後では ‘-u’ と成り、母音幹に後接して ‘-ru’ と成るところから、語頭の r は連結子音である事も、今は容易に推察し得る。即ち、此の動詞接尾辞は、

-(r)u

と言う形なのである。しかし、今迄に見た ‘-(s)aseru’、‘-(r)areru’、‘-(a)nai’、‘-(i)tai’、‘-(i)masu’ 等の動詞接尾辞は、それぞれ使役、所相、否定、希望、丁寧等を意義表示[17]する職能を有していたものであったが、此の動詞接尾辞 ‘-(r)u’ は、其の様な意義を表示する事無く、単に動詞幹に接尾して、文を完結したり、また後続の名詞を修飾したりする機能(即ち、世に言う「終止形」や「連体形」としての機能)を附与するに過ぎない。此の様に、一次語幹たると二次語幹[18]たるとを問わず、動詞幹に接尾して種々なる文法的機能を附与し、而も、自らは何らの意義を表示しない此の種の動詞接尾辞を文法動詞接尾辞[19]と言う。それは、動詞幹が二個以上の動詞接尾辞を伴った場合にも、常に動詞の語末に位置する。

先に論じた種類の動詞接尾辞は、すべて此の文法接尾辞を伴った形に於いて例示せられていたのであって、厳密には、‘-(s)ase-ru’、‘-(r)are-ru’、‘-(a)na-i’[20]、‘-(i)ta-i’[20]、‘-(i)mas-u’ の如く記述すべきであり、これから文法接尾辞を除去した残余の部分、即ち ‘-(s)ase-’、‘-(r)are-’、‘-(a)na-’、‘-(i)ta-’、‘-(i)mas-’ 等がそれぞれ使役、所相、否定、希望、丁寧等の意義を表

示しているのである。此の種の動詞接尾辞を派生動詞接尾辞[21]と言う。それは動詞幹に接尾して常に二次動詞幹を派生する。

二個以上の動詞接尾辞が同時に一つの動詞幹に接尾する時、そこには一定の順序が保たれる。通常、使役の派生接尾辞があらゆるものに先行し、次いで所相(又は可能、尊敬)、次いで希望、丁寧、否定の順に接尾し、語末には、常に文法接尾辞が来る。ここに、「書かせられたがりますまい」と言う語[22]を例にとって見ると、従来の伝統的文法論では、

書か……動詞「書く」の「未然形」
せ……助動詞「せる」の「未然形」
られ……助動詞「られる」の「連用形」
たがり……助動詞「たがる」の「連用形」
ます……助動詞「ます」の「終止形」
まい……助動詞「まい」の「終止形」

と言う構造であると解せられていた。しかし、動詞幹も動詞接尾辞も、それ自体は、一切活用しているとは考えられないものであって、同じ語を語幹と各接尾辞とに分析すると、次の如き構造である事が分る。

kak-ase-rare-tagar-imas-umai

語末の ‘-(u)mai’ は文法接尾辞[23]である。連結子音及び連結母音を明示して[24]、動詞接尾辞の接尾する様態を明らかにしよう。

kak-~~**s**~~*ase*-**r***are*-~~**i**~~*tagar*-**i***mas*-**u***mai*

これは、それらが顕在する場合と潜在する場合を具体的に示した一例である。更に、下に派生動詞接尾辞を一括して[25]、例と共に挙げて置く。

派生動詞接尾辞

-(s)ase-	使役	書かせる(kak-*ase*-ru)、見させる(mi-**s***ase*-ru)
-(r)are-	所相、可能、尊敬[26]	書かれる(kak-*are*-ru)、見られる(mi-**r***are*-ru)
-(a)na-	否定	書かない(kak-**a***na*-i)、見ない(mi-*na*-i)
-(i)mas-	丁寧	書きます(kak-**i***mas*-u)、見ます(mi-*mas*-u)
-(i)ta-	希望	書きたい(kak-**i***ta*-i)、見たい(mi-*ta*-i)
-(i)tagar-	希望	書きたがる(kak-**i***tagar*-u)、見たがる(mi-*tagar*-u)
-(e)-	可能	書ける(kak-**e**-ru)、——

各派生接尾辞は、後続の文法接尾辞の種類を限定する。即ち、否定の‘-(a)na-’や希望の‘-(i)ta-’には、形容詞的な文法接尾辞[27]が接尾し、或るものには命令の文法接尾辞は接尾しない。又、丁寧の‘-(i)mas-’は、本来は西国の言葉であったから、東国方言に由来する‘-(a)na-i’は接尾せず、其の否定形は‘-(i)mas-en’の形を取るなどである。

4.　終止・連体形と連用形と命令形と

文完結の職能を有する文法接尾辞‘-(r)u’は、他に、後続の名詞を修飾すると言う職能をも持っている。所謂「連体形」である。過去及び完了の助動詞と言われている「た」が接続した動詞の形も、同様に此の二つの職能を有している。此の形態素「た」(正確には、文法接尾辞‘-(i)ta’の一部)が母音幹動詞の接尾辞と成る時は、問題が無いが、子音幹に接尾する時は、内的連声（じょう）[28]が生じ、子音幹の語末子音も他の音素に変る事がある。しかし、この場合の内的連声は、一定の規則に従う[29]。此の接尾辞の持つ連結母音 i の現れない場合も多い。内的連声の一環である。

—— k-(i)ta →　—— *φ*ita(書く～書いた)
—— g-(i)ta →　—— *φ*i*d*a(漕ぐ～漕いだ)
—— t-(i)ta →　—— t*φ*ta(打つ～打った)
—— r-(i)ta →　—— *tφ*ta(切る～切った)
——(w)-(i)ta →　—— *tφ*ta(買う～買った)
—— n-(i)ta →　—— n*φda*(死ぬ～死んだ)
—— m-(i)ta →　—— *nφda*(汲む～汲んだ)
—— b-(i)ta →　—— *nφda*(呼ぶ～呼んだ)
—— s-(i)ta →　—— sita(貸す～貸した)

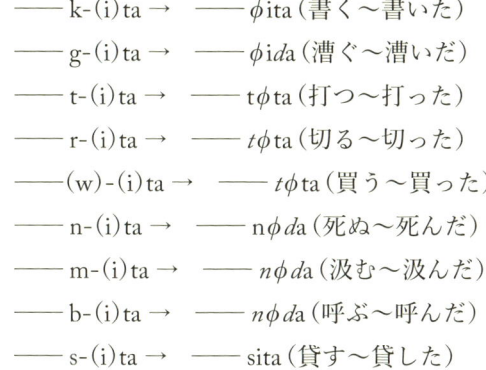

二つの文法接尾辞‘-(r)u’と‘-(i)ta’は、文完結及び連体[30]と言う同一の職能を有する。両者の相違は、前者が非完了[31]アスペクトを表すに対して、後者が完了アスペクトを表すと言う点のみである。同様のものに、更に「書こう」「見よう」の「う」「よう」がある。従来は推量の助動詞と呼ばれ、「う」は四段活用の、「よう」は一段活用の、それぞれ「未然形」に接続

すると言われていたものであるが、此の両者は本質的に同一な文法接尾辞であって、語頭に連結子音 y を持っているものと考えられる。即ち、

-(y)oo

と記述する事の出来る一つの文法接尾辞なのである。これは、前望アスペクト[32]を表すものであって、主文に推量[33]を表すのは、主語が三人称の場合のみである。主語が一人称単数の時は意思[34]を、複数の時は勧奨[35]を、それぞれ表し、主文に於いて二人称の主語を持つ事は無い。

此の形の否定形に、所謂助動詞「まい」が在る。従来は、四段活用の動詞には「終止形」に、一段活用の動詞には「未然形」に、それぞれ接続するものと言う苦しい解釈が採られていた。しかし、実相は、語頭に連結母音 u を持つ文法接尾辞に他ならない。即ち、

-(u)mai

と言う形の文法接尾辞であって、否定的前望アスペクトを表すものである。

文完結及び連体と言う此種の職能を持つ文法接尾辞を伴った動詞の形を**終止・連体形**[36]と言う。

終止・連体形形成の文法接尾辞

-(r)u	非完了	書く(kak-*u*)、見る(mi-**r***u*)
-(i)ta	完了	書いた(kaφ-**i***ta*)、見た(mi-*ta*)
-(y)oo	前望	書こう(kak-*oo*)、見よう(mi-**y***oo*)
-(u)mai	否定前望	書くまい(kak-**u***mai*)、見まい(mi-*mai*)

連用中止法と言われているものが在る。これは**終止・連体形**とは異なり、文完結や連体の機能を有していない。従って、当然主文の述語たり得ず、又、連体節の述語たり得ないのであるが、述語としての機能を所謂連用節[37]に於いて果している。謂わば動詞の副詞的用法である。特定の文法接尾辞を伴って、此の種の機能を有する動詞の形を**連用形**[38]と言う。所謂連用中止法を形成する文法接尾辞は、

-(i)

と言う形で表す事の出来るものである。子音幹動詞は所謂「連用形」の形をとるが、これは連結母音のみから成る動詞接尾辞の接尾した形であるから、

母音幹動詞にあっては、此の接尾辞は、謂わばゼロの形で現れ、動詞は語幹のままで**連用形**としての機能を果す結果と成るのである。これが連用中止法と言われているものの実体である。

完了の助動詞「つ」の転義と言われている「て」と言う助詞がある。此の助詞は「連用形」に接続すると一般に見られているが、此の「て」を伴った動詞は、機能的に見て**連用形**である。動詞の母音幹に接尾する時は、問題が無いが、子音幹に接尾する時には、内的連声が生ずる。此の場合の内的連声も一定の規則に従い、其の規則は、**終止・連体形**形成の文法接尾辞 '-(i)ta' が接尾する場合と全く相等しい。無論、此の「て」は助詞と看做さるべき性質のものではなく、**連用形**形成の文法接尾辞 '-(i)te' の一部と見るべきものである。然して、此の接尾辞 '-(i)te' は完了アスペクトの**連用形**を形成し、先に論じた接尾辞 '-(i)' は非完了アスペクトの**連用形**を形成するものである。

活用形に、「仮定形」と言われているものが在る。此の形は常に助詞「ば」を伴うものと一般に説かれている。常に一定のものを伴うと言う事は、論理上、其の一定のものと一体を成していると言う事である。乃ち、ここに仮定の文法接尾辞 '-(r)eba' を設定する事が出来る。又、「未然形」に接続する助動詞と言われている「ず」も、口語に於いては、否定の**連用形**を形成する文法接尾辞 '-(a)zu' と見るのが正しい。

動詞の種々の活用形に接続すると言われている助詞は、多くは**連用形**形成の文法接尾辞の一部と見るべきものである。例えば、接続助詞と言われている「と」は、用言の「終止形」に接続すると一般に説く。しかし、主文の時制如何に拘らず、此の「と」は過去乃至完了時制に先行せられる事は無い。具体例を以て示せば、

　書くと、すぐ分る。

　見ると、すぐ分る。

と言う文を過去時制に直して見ると、

　書くと、すぐ分った。

　見ると、すぐ分った。

と成り、且つ、此の文は語法的に無瑕疵である。しかし、

　*書いたと、すぐ分った。
　*見たと、すぐ分った。

と言う文は語法的に成立しない。然るに、伝統文法に従えば、「書いた」「見た」に於ける「た」は、助動詞「た」の「終止形」の筈である。伝統的文法論の非論理性を物語る好個の一例だと言えよう。本章の論旨に拠れば、先に述べた如く、此の「た」を**終止・連体形**形成の文法接尾辞 '-(i)ta' と見る。併して、「書くと」「見ると」の形は、文法接尾辞 '-(r)uto' を伴った動詞の**連用形**と解する。二個以上の文法接尾辞が同時に語幹に接尾する事は無い。故に、「書いたと」「見たと」の形は、語法的に成立しないのである。

　日本語の動詞には、種々の**連用形**が在る。其の主なものを此処に掲げる。

連用形形成の文法接尾辞

-(i)	非完了順接	書き(kak-**i**)、見(mi-)
-(i)te	完了順接	書いて(ka*φ*-**i***te*)、見て(mi-*te*)
-(r)eba	非完了条件	書けば(kak-*eba-*)、見れば(mi-**r***eba*)
-(i)tara	完了条件	書いたら(ka*φ*-**i***tara*)、見たら(mi-*tara*)
-(r)uto	開放条件	書くと(kak-*uto*)、見ると(mi-**r***uto*)
-(i)tewa	却下条件	書いては(ka*φ*-**i***tewa*)、見ては(mi-*tewa*)
-(a)zu	否定	書かず(kak-**a***zu*)、見ず(mi-*zu*)
-(i)temo	譲歩	書いても(ka*φ*-**i***temo*)、見ても(mi-*temo*)
-(r)umade	終格[39]	書くまで(kak-*umade*)、見るまで(mi-**r***umade*)
-(i)nagara	同時	書きながら(kak-**i***nagara*)、見ながら(mi-*nagara*)
-(i)ni	目的[40]	書きに(kak-**i***ni*)、見に(mi-*ni*)
其他		

　動詞の語幹が文法接尾辞を伴った形には、上述の**終止・連体形**と**連用形**の他に**命令形**即ち imperative form がある。文語の場合には、participle(連体形)と finite verb(終止形)とでは文法接尾辞の形が異なるが、口語に於いては、**終止・連体形**と**連用形**と**命令形**の三種の動詞形しかない。

　四段活用の「命令形」と言われているものは「書け」の形であって、ここに文法接尾辞 '-(e)' を見出す事が出来る。しかし、此の動詞接尾辞は、見られる通り、単一の連結母音からのみ成る。従って母音幹動詞にあっては現れない。古くは、此の様な形(即ち語幹のみの形)で**命令形**を表した事もあったが、口語では、普通文法接尾辞 ‘-ro’ が母音幹に接尾して**命令形**を表す。

「終止形」に接続すると言われている禁止の終助詞「な」は、実は否定の**命令形**を形成する文法接尾辞であって、‘-(r)una’ と記述すべきものである。

命令形形成の文法接尾辞

-(e)	肯定	書け(kak-*e*)、——
-ro	肯定	——、見ろ(mi-*ro*)
-(r)una	否定	書くな(kak-*una*)、見るな(mi-**r***una*)

此の他、「なさる」「下さる」「仰る」等はR-変則動詞とでも称すべき性質のものであって、**命令形**の形では文法接尾辞 ‘-i’ を伴うのを常とし、其の際、語幹末の子音rをいずれも消失せしめて ‘nasa-i’、‘kudasa-i’、‘ossya-i’ 等の形と成る。一定の規則があって、例えば、丁寧の派生接尾辞 ‘-(i)mas-’ が接尾する時にも、此の子音rは消失する。他に、所謂変格活用動詞の「する」と「来る」とが在る。これは母音不規則動詞とでも称すべきものであって、語幹がi又はeで終る通常の母音幹動詞とは、大いに性質を異にし、接尾辞を伴う時、語幹の母音自体をも交替せさせる。此の場合の母音交替は、文語の所謂二段活用動詞の場合と同様に、動詞接尾辞の持つ代替母音[41]に拠る一定の規則を見出し得るが、連結子音と連結母音の存在のみを論ずると言う本章の論旨を逸脱するので、此処では敢えて触れない。

5. 形状動詞接尾辞

日本文典に言う形容詞はadjectiveではない。それは動詞の一種である。例えば、「白い犬」は ‘white dog’ の意ではなくて、‘dog which is white’ の意であり、「吠える犬」‘dog which barks’ と構造的に全く等しい。「白い」の意味は ‘white’ ではなくて ‘to be white’ なのである。それ故、朝鮮文典に於ける朝鮮語形容詞の取り扱いと同じく、日本語の形容詞も形状動詞[42]と見るべきものである。そして、此の例の「白い」に於ける「い」は形状動詞接尾辞である。形状動詞接尾辞はすべて文法接尾辞であって、派生形状動詞接尾辞と言うものは存在しない[43]。併して、一般の動詞(即ち動作動詞)に接尾する文法接尾辞の ‘-(r)u’ は、常に瞬間動詞[44]を形成し、所謂存在詞「ある」「いる」の他、「見える」「聞える」「出来る」等の中相動詞[45]のみが継続動詞[46]と成る。これに対して、形状動詞は、非完了形に於いて、すべてが継続動詞である。夙に山田孝雄氏が、所謂形容詞は「皆時間的形式の外に卓立」し、「静止的観念として超時間的に心内に画かれたるをあらはせる実質用言」[47]であると、いみじくも指摘せられている。形状動詞に瞬間動詞は存在しない。

動作動詞の語幹と形状動詞の語幹とは、本来から別種であって、口語では、同じ語幹が双方の動詞接尾辞を取り得ると言う事は無い。語幹のみならず、派生接尾辞にも二種の別が在って、否定の ‘-(a)na-’ と希望の ‘-(i)ta-’ には、常に形状動詞接尾辞が接尾し、例えば、其の非完了**終止・連体形**は ‘-(a)na-i’、‘-(i)ta-i’ の形と成る。形状動詞接尾辞を下に挙げる。連結子音も連結母音も無い。

口語の形状動詞の語幹はすべて母音で終り、子音形状動詞幹なるものは存在しない。しかし、文語にあっては、母音で終る語幹の他に、子音 s で終る

終止・連体形形成の形状動詞接尾辞

-i	非完了	白い(siro-*i*)、悲しい(kanasi-*i*)
-katta	完了	白かった(siro-*katta*)、悲しかった(kanasi-*katta*)
-karoo	前望	白かろう(siro-*karoo*)、悲しかろう(kanasi-*karoo*)

連用形形成の形状動詞接尾辞

-ku	非完了順接	白く(siro-*ku*)、悲しく(kanasi-*ku*)
-kute[48]	完了順接	白くて(siro-*kute*)、悲しくて(kanasi-*kute*)
-kereba	非完了条件	白ければ(siro-*kereba*)、悲しければ(kanasi-*kereba*)
-kattara	完了条件	白かったら(siro-*kattara*)、悲しかったら(kanasi-*kattara*)
-ito	開放条件	白いと(siro-*ito*)、悲しいと(kanasi-*ito*)
-kutewa	却下条件	白くては(siro-*kutewa*)、悲しくては(kanasi-*kutewa*)
-kutemo	譲歩	白くても(siro-*kutemo*)、悲しくても(kanasi-*kutemo*)
其他		

語幹も在った。併して、文語の形状動詞接尾辞は、一般に連結母音 i を持っていて、'-(i)ki'、'-(i)ku'、'-(i)kere' 等の形であった。例えば、「白き」の形は、接尾辞 '-(i)ki' の連結母音 i が消失して 'siro-*ki*' と成ったものであるが、「悲しき」の形は、連結母音が子音幹の後に現れて、'kanas-(i)ki' が、'kanas-**i***ki*' と成ったものである。

他方に於いては、連結子音 s を持った形状動詞接尾辞も在った。即ち、非完了の**終止形**を形成する接尾辞 '-(s)i' がそれである。例えば、「白し」の形は 'siro-(s)i' が 'siro-**s***i*' と成ったものであると理会する事が出来る。此の接尾辞 '-(s)i' の接尾した形を伝統文法では「終止形」と称しているのであるが、所謂久活用の他に、志久活用の如き特別な活用が存在したのでは、固より無い。それは、子音 s で終る形状動詞幹に接尾する時、接尾辞 '-(s)i' の連結子音が消失したものに過ぎない。例えば「悲し」の形は、'-kanas-(s)i' が 'kanas-*i*' と成ったものなのである。大野晋氏の唱えられる如き「本来の形容詞はク活用で、シク活用の形容詞は比較的後に発達したものであらうと考へられる。

		未然形	連用形	終止形	連体形	已然形
ク活用	yö-（善）	ku	ku	si	ki	kere
シク活用	a-（悪）	siku	siku	si	siki	sikere

シク活用の語尾の si は語幹に属するか語尾に属するかは両説あつて決し難い。しかしシク活用の形容詞は一般に、後れて発達したらしく、動詞・副詞・名詞を語幹とし、その後ろに活用語尾 si を附属せしめてまづ終止形が成立し、更にク活用に倣つて、ku、ki、kere を附属させたものであるらしい。」[49] と言った類いの形而上学的推論は許容せられない。

6.　おわりに

以上に論じたものの他に、形状名詞とでも称すべき所謂形容動詞や指定の助動詞[50] 等の問題が残るが、本章の論旨を離れるので、此処には触れない。本章では、世に活用形と称せられているものの本質を追究し、連結子音並びに連結母音なるものの存在を認識すると共に、所謂形容詞を含めての日本語の動詞は、語幹も接尾辞も、実は活用しているのではないと言う事実を知った。

先学諸氏の文法論には、所謂四段活用動詞の末尾母音を子音幹から分離して説いたものも在る。しかし、例えば阪倉篤義氏は、言語過程説的立場から「いわば kak- という部分が詞的な概念を表わし、それに附加される a、i、u、e などの母音がそれぞれ辞的な陳述のはたらきをしているのだと言ってもいいかも知れません。こういう語形変化の系列を**活用**と呼ぶのです。」[51] と言われる。即ち、これらの母音を動詞幹に所属する末尾母音であると思っていられるのである。また例えば、村山七郎氏は「上一段活用と下一段活用とは本質的に同一であって、したがって両者を別なものと見る理由は存在しない。両者を一括して私は一幹動詞（monostem verbs）と呼ぶ」[52] と言われる。正に慧眼と言える。更に、所謂四段活用動詞のルート（根）に言及せられて「このルートに a、i、u、e という母音がついて、（イ）否定・勧誘幹、（ロ）現在終止・形動詞形、（ハ）命令・仮定副動詞幹がつくられる。所謂四段活用動詞を私は四幹動詞（quatrestem（ママ） verbs）と呼ぶ。」[53] と唱えられる。しかし、氏の四幹動詞とは、本質的に四段活用動詞と何ら異ならない。事実、「咲か、き、く、けのいずれが幹（ステム）か全くわからない。」[54] とも述べていられる。氏の論は、此処に於いて旧来の四段活用論へと再び後退して了ったのである。

村山氏は、また「日本語動詞には一幹動詞・四幹動詞の他に不規則（変格）動詞がある。後者についてはここにふれない。四幹動詞と不規則動詞とが日本語動詞活用体系を複雑にしている。その上、動詞幹接尾辞の接続する幹が決まっていず、接尾辞自体が活用するのであるからたへんである。前に見たように、モンゴル語やトルコ語では幹は一定し、この一定した幹に、一定した（つまり変化しない）接尾辞が付されるにすぎないのである。」[55] と言われる。しかし既に本章に於いて証明せられた如く、日本語の動詞幹は一定していて語形変化は無い。また動詞接尾辞の形も一定していて語形変化は無い。唯一の例外として内的連声の生ずる場合が在るが、これも亦一定の規則に従う。つまり、日本語の動詞は、村山氏の挙げられたアルタイ諸言語と、構造的には、全く差異が無いのである [56]。

然るに氏は更に続けられて、「動詞幹が一定していないこと、接尾辞によって接尾する幹が異なること、接尾辞が活用すること、この三つが、日本語動詞をアルタイ諸言語の動詞と比較した場合見出されるきわ立った特徴である。学習者にとってトルコ語・モンゴル語のような動詞活用[57]体系の方が、日本語のそれよりもはるかに容易に習得できることは言うまでもない。」[58]と言われる。実際、日本語の学習者が旧来の文典を手にした時、先ず活用表なるものを一瞥したのみで、意気沮喪するに違いない。

「日本の最もすぐれたトルコ学者である」護雅夫氏及び佐口透氏が「「日本語とよく似たトルコ語の文法がわかりやすいのに、日本文法がわかりにくいのは、日本文法の組織に間違ったところがあるからではなかろうか」という意見」[59]を或る時村山氏にもらされたと言う。事実は正に両氏の懐かれた疑問の通りであった。因襲的見地に立脚した日本文法論は、重大なる誤謬に気附く事すら無いまま、論駁を繰返しつつ、只管あらぬ方向へと理論を展開して来たのである。

動詞形容詞将又助動詞の活用を唱える従来の伝統的文法論は、本章に説く連結子音並びに連結母音の存在を認識し得なかった点に、その誤謬を惹起せしめた原因を求める事が出来る。

章を閉ずるに際して、吾人の反省を促すセルゲイ・エリセーエフ氏の言葉を此処に引用したい。曰く「日本語の言語学の領域であげられた業績の価値を、今日までに出た研究の数によつて過信してはならない。これらの著作は著者の言語学的準備の不十分さが感ぜられ、日本語（japonais, langue japonaise）の事実そのものから游離して日本語に関する理論をのべてゐることがしばしばある。」[60]と。半世紀以上を経た今日に於いても、猶、傾聴に値いする。

註

1　即ち stem。

2　上下両一段活用を区別して取り扱う理由は、言語学的に全く存在しない。

3　金澤庄三郎、『日本文法論』、東京 1903、pp. 81–123。

4　阪倉篤義、『日本文法の話』、大阪―東京 1951、pp. 164–165 及び p. 171。

5　村山七郎、「日本文法の特質」、明治書院、『口語文法講座 1・口語文法の展望』、東京 1965、p. 16。

6　即ち primary stem。因みに、stem とは、屈折によっても変化しない語の基幹部を言う。

7　即ち consonant-stem verb。所謂波行四段活用動詞の語幹は子音 w で終ると解せられる。

8　即ち vowel-stem verb。

9　詞辞論の立場から、使役や所相を表すものは、むしろ詞であると成し、これを接尾語として、所謂助動詞とは区別して取り扱う見解があるが、此処では触れない。時枝誠記、『日本文法・口語篇』、東京 1950、pp. 114–117 及び p. 181 参照。猶、此の見解は、言語学的に全く無意味である。

10　何れの活用形式に属するか、一見明白であるかに見えるが、「切る」と「着る」、「帰る」と「変える」の様な例もあって、必ずしも定かではない。

11　即ち juncture consonant 又は union consonant。

12　即ち verbal suffix。日本文典に言う助動詞ではない。動詞接尾辞は活用しない。山田孝雄氏の複語尾の概念が一見近似するかに見えるが、複語尾とは、助動詞の異称に他ならない。

13　例えば、デーヴァ・ナーガリー系の文字や朝鮮の諺文は一種の音節文字である。又アラム系の文字には、短母音を一切表記しないものもあるし、複数の音素を同一の記号で表すウイグル式蒙古字や無圏点満洲字のようなものもある。しかし、これらの文字を以って表記せられる諸言語の文法論は、常に表記法を離れて論ぜられる。日本語のみが例外であるべき筈がない。

14　即ち juncture vowel 又は union vowel。

15　「未然形」に接続する助動詞と言われている「ぬ」に就いては、本章の 3、「う」「ず」等に就いては、同じく 4 参照。

16　「たがる」に就いては、文法上問題がある。「た」は形容詞的な動詞接尾辞「たい」の語幹であり、「がる」は、「痛がる」「寒がる」の如く、感情的（emotive）な形容詞の語幹に接尾するものである。しかし便宜上此処に挙げる。

17　此の語を denotation の意味で用いる。

18　即ち secondary stem。一次語幹（動詞の子音幹か母音幹のみの形）に後述の派生接尾辞が接尾した派生語幹を言う。

19　即ち grammatical verbal suffix。統語動詞接尾辞（syntactical verbal suffix）とも言う。

20　形容詞的な文法接尾辞 ‘-i’ に就いては、本章 5 参照。

21　即ち derivational verbal suffix。

22　此の語を word の意味で用いる。

23　文法接尾辞 '-(u)mai' に就いては、本章4参照。

24　ゴチック活字で示した。

25　所謂様態の助動詞「そうだ」に就いては、問題があるが、此処には触れない。否定の「ぬ」は '-(a)n-' の形の派生接尾辞であるが、省略した。

26　筆者は自発(自然可能)は認めない。

27　即ち、形状動詞接尾辞、本章5参照。

28　即ち internal sandhi。此の場合は、音便形と言われているものの一つであるが、所謂連濁も亦 internal sandhi である。

29　唯一の例外は「行く」であって、これは「行いた」と成るべきであるが、実際は「行った」と成る。

30　此の語を attributive の意味で用いる。

31　即ち non-perfective。主文では、現在(主として習慣的反覆動作)又は未来時制を表す。「僕は字を書く。」は、"I write letters." の意の時もあり、"I will write letters." の意の時もある。

32　即ち prospective aspect。日本語には non-perfective と perfective と prospective の三アスペクトしか存在しない。また、時制を表す標識は存在しない。

33　即ち conjectural。例えば、「雨が降ろう。」は "It may rain." の意。

34　即ち volitive。例えば、「僕は止そう。」は "I will quit." の意。

35　即ち hortative。例えば、「(僕達は)帰ろう。」は、"Let's go home." の意。

36　即ち、定動詞(finite verb)と連体形が同形と言う事である。此処での連体形とはアルタイ学に言う participle であって(西洋文典に言う participle「分詞」ではない)、verbal noun(動名詞)と言う事もある。日本の東洋語学に形動詞と言う訳語を見受けるが、筆者は従わない。

37　主節(main clause)や連体節(attributive clause)以外の節。

38　伝統文法に謂う「連用形」ではなく、converb と言う意味である。これはアルタイ学の用語であって、gerund と言う事もある。日本の東洋語学に副動詞と言う訳語を見受けるが、筆者は従わない。

39　即ち terminative。終格は、本来は格(case)であって、ウラル・アルタイ系諸言語に広く見られる。動名詞に終格接尾辞「まで」が附いて成ったものである。

40　此の**連用形**は、主動詞(main verb)が空間的移動(locomotive action)を表すものである時に限り用いられる。例えば、「書きに帰る」「見に帰る」(=「書く為に帰る」「見る為に帰る」)とは言えるが、「書きに買う」「見に買う」と言う文は成立しない。

41　即ち alternate vowel。

42　即ち qualitative verb。猶、qualitative verb に就いては、G. J. Ramstedt, *A Korean Grammar*, (MSFOu. LXXXII), Helsinki 1939, pp. 60–62 参照。

43　「強める」の「める」、「寒がる」の「がる」、又文語「清かり」の「かり」等は、動詞派生接尾辞であって、派生形状動詞接尾辞ではない。

44　即ち instantaneous verb 又は momentaneous verb。筆者は金田一春彦氏の見解には賛成出来ない。金田一春彦、「国語動詞の一分類」、『言語研究』15、1950、pp. 46–63 参照。筆者の見解は、シカゴ市にて開催せられた 1967 年度のアメリカ近代語学会の例会に於いて、“Transitivity of Japanese Verbs”（1967 年 12 月 29 日）なる発表論文に示した。

45　即ち medio-passive verb。上掲の筆者の発表論文に於いても触れてある。中相動詞に就いては、別に、細江逸記、「我が國語動詞の相（voice）を論じ、動詞の活用形式の分岐するに至りし原理の一端に及ぶ」、市河三喜編、『岡倉先生記念論文集』、東京 1928、pp. 96–130 がある。其後、被動詞なる名称を用いた文典も二三現れた。いずれも筆者の見解と同じではない。

46　即ち durative verb。可能動詞も durative verb であるが、これは派生接尾辞 ‘-(r)are-’ や ‘-(e)-’ の部分が継続性を表すと見るべきである。

47　山田孝雄、『日本文法論』、東京 1908、pp. 230–231。

48　否定の派生接尾辞 ‘-(a)na-’ は、‘-(a)nakute’ の形を取らず、例外的に ‘-(a)naide’ の形と成る。

49　服部四郎・金田一春彦・林大・大野晋、「日本語」、市河三喜・服部四郎編、『世界言語概説・下巻』、東京 1955、p. 280。

50　指定の助動詞と言われている「だ」「です」は、「だろう」「らしい」「みたいだ」等と共に繋辞（copula）と看做すべきものである。これに関しては、第 22 回ケンタッキー大学外国語学大会に於ける筆者の発表論文 “Conjectural, Suppositional, and Semblative Copulae in Japanese”（1969 年 4 月 25 日）がある。

51　阪倉、前掲書、pp. 152–153。

52　村山、前掲書、p. 15。

53　同書、pp. 16–17。

54　同書、p. 16。

55　同書、p. 17。圏点は引用者に依る。猶、村山七郎、「日本語の起源」、『民族学研究』35：4、1971、p. 250 にも同様に説かれている。

56　アルタイ諸言語には、日本語の ‘-(e)’ や ‘-ro’ に相当する imperative の文法接尾辞は、朝鮮語を別とすれば、存在しないし、逆に日本語に無い相互（reciprocal）や人称（personal）の接尾辞を持つものも在る。しかし、接尾辞膠着の様相に関する限り差異は無い。因みに、アルタイ諸言語には、連結子音も連結母音も存在する。

57　村山氏が此処に言われる活用とは、アルタイ学に言う“conjugation”であろう。アルタイ学では、単機能的（monofunctional）接尾辞の膠着をも“conjugation”と称する事がある。例えば、N. Poppe, *Grammar of Written Mongolian*, Wiesbaden 1964, pp. 89–103 や J. Németh,（T. Halasi-kun 訳編）, *Turkish Grammar*, The Hague 1962, pp. 66–87。

58　村山、前掲書、p. 17。圏点は引用者。

59　同書、p. 17。圏点は引用者。

60　S. Elisséèv, "Le Japonais", A. Meillet-M. Cohen ed., *Les Langues du monde*, Paris 1924, p. 245。此処には、其の日本語訳、泉井久之助編、『アントワヌ・メイエ、マルセル・コーアン監修・世界の言語』、東京―大阪―小倉 1954、p. 365 から引用。

第2章
日本語の膠着語的性格
——日本語の動詞は活用などしない——

1. 膠着

日本語は膠着語であると一般に言われている。言うまでも無く、膠着語とは言語の類型論的分類の一つである。もっぱら単語（word）の語構造に注目し、形態論的観点から諸言語を分類するというこの種の試みは、十九世紀に遡る。

（1）漢語やヴェトナム語のように、単語は常に一定の語形を保ち、機能に応じて語形変化する事の無い言語は、孤立語（isolating language）として分類される。文中での各単語の文法的機能は、主として語順によって決定される。

（2）トルコ語やバントゥー語のように、文法的機能が接辞によって表される言語が膠着語（agglutinative language）であり、語幹に接辞が膠(にかわ)のように附着して単語を形成するところから附けられた呼称である。接辞の語幹への附着はひとえに機械的である事を特徴とする。

（3）印欧諸言語やセム諸言語のように、動詞や名詞が文中での機能に従ってその形を変える言語は屈折語（inflexional language）と呼ばれる。語形変化とは所謂活用や曲用であって、膠着語とは異なり、文法的機能を表す部分は容易に語幹から分解し得ない。

以上の分類が所謂シュライヘルの三分法で、当時の進化論的風潮の下に十九世紀を通して汎く行われたものであるが、その後は更に一類を加えて四分類とするようになる。

（4）エスキモー語他アメリカ・インディアン語の或るものに見られるよう

　　に、中核となる語幹に客語や補語などに当る文法的要素が結合し、あたかも単語がそのままで文と認められるような構造の言語があり、これを抱合語（incorporating language）と呼ぶ。更に複雑な輯合語（polysynthetic language）と呼ぶものもある。

世界中で話されている、また話されていた数千の言語を、幾つかの類型に分類する事には、勿論多少の無理のある事実は否定できない。しかし、歴史言語学に基づく言語の系統的分類とは別に、諸言語の構造を観察して分類する事も、課題として無意義ではない。

膠着語とは、実質的観念を表す語幹（stem）に文法的機能を表す接辞（affix）が結合して単語を形成するという性質を持った言語の総称である。接辞には接頭辞（prefix）・接中辞（infix）・接尾辞（suffix）の三種がある。西はマダガスカル島のホーヴァ語から東はイースター島のラパヌイ語に至る広大な地域に話されているマライ・ポリネシア諸言語は膠着語であって、接頭辞・接中辞・接尾辞を豊富に有している。ウラル諸言語やアルタイ諸言語も典型的な膠着語である。但しこれら諸言語には接頭辞も接中辞も無く、在るは接尾辞のみである。すなわち、ウラル・アルタイ諸言語における膠着（agglutination）とは接尾（suffixation）の事に他ならないのである。

アルタイ諸言語の一つであるトルコ語を例にとって接尾の様相を見よう。トルコ語で「母」は ana という。これを語幹とし、種々の格（case）を表す接尾辞が附着して格表示をするのであるが、主格を表す文法標識は存在せず、語幹がそのままで主格として機能する。

ana	「母（ガ）」
ana-nın	「母ノ」
ana-yı	「母ヲ」
ana-ya	「母ヘ」
ana-dan	「母ヨリ」
……	

トルコ語には人称接尾辞があって、例えば一人称の接尾辞 -m を添えて ana-m とすれば「私ノ母」を意味する語幹を作る。この種の語幹を二次語幹（secondary stem）と言い、同様にそのままで主格として機能するが、他の格

の表示は更に格接尾辞が附着する。

ana-m　「私ノ母(ガ)」
ana-m-ın　「私ノ母ノ」
ana-m-ı　「私ノ母ヲ」
ana-m-a　「私ノ母ヘ」
ana-m-dan　「私ノ母ヨリ」
……

トルコ諸方言はTurkicと総称され、東はシベリヤのヤクーツクからバイカル湖地方を経て中央アジア一帯に広がり、西は遠くアドリア海沿岸地方にまで及んでいる。上に掲げた例は、アナトリア半島で話されているトルコ共和国語(Turkish)であるが、全トルコ方言が類似の語構造を有している事は言うまでも無い。同じくアルタイ諸言語に数えられる蒙古諸方言やツングース諸方言も全く同様である。詳細に言えば、もともと古典蒙古語やツングース方言の一つである満洲語に人称接尾辞は無かったが、語幹に接尾辞が順次に連接する事によって語形成が成されて行くという構造には変りが無い。

2.　名詞接尾辞

日本語にも人称接尾辞は無いが、語幹に接尾辞が連接してゆく様相は、アルタイ諸言語と変りが無い[1]。文法的な意味で言って、日本語は接頭辞も接中辞も持たない。故に、日本語における文法標識としての接辞はすべて接尾辞である。巷間の日本文典を繙けば、「接尾語」なる項目が目に入る。そこに通常例示されている「-殿」「-サン」「-メ」「-達」「-性」「-化」「-論」などは、実質的観念を伴うものであるから、ここに言う接尾辞ではない。文法標識としての接辞は、文法的機能のみを担い、しかも実質的観念を伴わない形態素である。従って、所謂「助数詞」の「-軒」「-冊」「-匹」の類いも接尾辞ではない。同様にして、巷間の文典に「接頭語」として取り扱われている「御-」「雄-」「不-」「非-」「反-」の類いも実質的観念を持った形態素であるから、文法標識としての接辞ではないのである。

上のトルコ語の例に倣えば、文法標識たる接尾辞として所謂「格助詞」が先ず挙げられる。日本語の「名詞」とは、実は名詞語幹（nominal stem）なのである。トルコ語に限らず、蒙古語もツングース語も、アルタイ諸言語と言われているものは、一般に主格（nominative case）を表す標識を持たない。現代日本語には主格の接尾辞として「-ガ」があり、

風ガチットモ吹カナイネ。

雨ガ降ッテ来タヨ。

のように用いられているが、本来は属格（genitive case）を表した「-ガ」が、中世に於ける「終止形」の消滅（「連体形」が代替）に伴って主格に転用されたものである。今猶俗語的には、

風ϕチットモ吹カナイネ。

雨ϕ降ッテ来タヨ。

のように表現するが、これが古来よりの姿であって、実際には文語的でありこそすれ、決して「俗語」ではないのである。また、

僕ϕ知ラナイヨ。

のような言い方は、「係助詞」の「-ハ」を省略した俗語として解釈され、

僕ハ知ラナイヨ。

と正しくは表現すべきものと思われているが、これも決して「-ハ」の省略ではなく、まさに主格の本来の姿なのである。所謂「名詞」すなわち名詞語幹は、日本語にあってもそのままの形で主格を表すという事になる。

格を表示する接尾辞としては、属格に「-ノ」があり、

弟ノ机ノ引出ノ中

煉瓦ノ建物

のように、所有者や属性を表す。その他、

オ手伝ノ花サン

のような同格属格（appositional genitive）を表す用法もある上に、

僕ノ買ッタ車

のような主格属格（subjective genitive）を表す事もあったりして複雑であるが、以下本章を通じてこの種の構文論的詳細は論じない事とする。

対格（accusative case）を表す接尾辞は「-ヲ」である。但し、これも無標識が本来の姿であった。猶、空間的移動を表す動詞と共に現れる「-ヲ」の附

いた名詞も対格名詞である。

道ヲ歩ク。

空ヲ飛ブ。

のような表現を、英語で “walk along the street” とか “fly in the sky” と言うからとて、それは日本語の文法と何の関りも無い。日本語の「歩ク」や「飛ブ」は他動詞なのである。

与格(dative case)の標識と位格(locative case)の標識とは、同音の「-ニ」であって、両者が別個の接尾辞であるか否かは微妙な問題である。因みにアルタイ諸言語には与位格(dative-locative case)なる一格しかないものもある。しかし、

友達ニ手紙ヲ出ス。

大阪ニ住ンデイル。

のように両者を並べてみると、やはり前者を与格、後者を位格として別個に取り扱いたい。

この他、

先生ニ習ッタ。

のような「-ニ」も、行為者与格(agential dative)とする考え方もありはするが、為格(agentive case)として別に扱いたい。

接尾辞の「-デ」は具格(instrumental case)を表す。これも位格の「-ニ」との対比が問題とされる。例えば、

大阪デ暮シテイル。

書斎デ勉強シテイル。

と言えば、「-デ」が位格の標識であるかに見えようが、明らかに具格としての用法の、

遺産デ暮シテイル。

自習書デ勉強シテイル。

のような表現との差異は微妙である。

与格を表す「-ニ」と対比されるのが向格(allative case)の接尾辞「-ヘ」であるが、両者の表示内容は同じではない。移行の帰着点を表示する格が与格であり、方向を表示する格が向格である。これらに対して、移行の終着点

を表示する格を終格（terminative case）と言い、接尾辞「-マデ」によって表される。与格・向格・終格とは逆に、空間的・時間的起点を表示する格を奪格（ablative case）と言い、接尾辞「-カラ」及び「-ヨリ」によって示される。両接尾辞の表示内容は部分的に重複はするものの、比較奪格（comparative ablative）の役割はもっぱら「-ヨリ」が担う。

動作・作用・存在・状態の共同者・随伴者を表示する格は共格（comitative case）と呼ばれ、接尾辞「-ト」によって表される。巷間の文典に「並立助詞」として説明されているものに、

　　春ト秋（ト）

の「-ト」があるが、勿論これは共格であって、

　　子供ト遊ンダ。

　　僕ノ意見ハ皆ト同ジダ。

のような表現に見られる「-ト」との間に格としての差異は無い。「並立助詞」とは、恐らくは英語の“and”あたりからの連想による命名であろうが、英訳語と日本文法とは別問題である。

最後に呼格（vocative case）がある。呼び掛けて指す語は、文中にありながら、他の語に関り無く単独に立っているが、このような呼び掛けに用いられた名詞の格が呼格であり、接尾辞「-ヨ」及び「-ヤ」の他、無標識によっても表される。

以上に列挙した格が日本語の名詞の表示する格のすべてであるが、接尾辞は時に連接して膠着語的性格を遺憾無く発揮する。先ずは二重格（double case）の例がそれである。

　　故郷カラノ便リ

　　社長トノ面談

　　東京マデノ切符

　　劇場デノ公演

のように、属格接尾辞「-ノ」は他の格接尾辞に附着して二重格の名詞を形成する。但し、格接尾辞のうち「-ガ」「-ヲ」「-ニ」には附着し得ない。

　　六時マデニ帰ッテ来ル。

　　年来ノ友マデガ彼ヲ見放シタ。

短大マデ デ充分ダ。

のような例を見ると、終格接尾辞の「-マデ」は他の格接尾辞に先行すると受け取られようが、為格の「-ニ」は終格接尾辞に先行して、

子供ニ マデ笑ワレタ。

と成り、「-マデニ」(終格と位格)で表される二重格と比べて、形の上でも区別がある。

所謂「係助詞」や「副助詞」は、さまざまな語句と結び附き得るので、名詞接尾辞ではないが、これらも接尾辞の一種である事に変りは無い。

僕ニ サエ教エテクレナイ。

東京ヘ クライ一人デ行ケル。

専門店デ シカ売ッテイナイ。

君ニ ダケ見セテヤル。

のような例では、格接尾辞を伴って種々の格に立つ名詞に、「副助詞」が膠着接尾しているのであるが、上例のうちの最後の例文は、

君ダケ ニ見セテヤル。

と言い換える事も出来る。同様の例を挙げてみよう。

子供ダケ ガ残ッタ。

小説バカリ ヲ読ンデイル。

象ホド ノ大キサ

要するに「副助詞」とは接尾辞に他ならず、これらが名詞語幹に附着して種種の意味を附加しつつ二次語幹を派生し、更に格接尾辞が連接して格を表示するという事なのである。連接は更に二重三重と続く事もある。

田舎ニ ダケ ハ住ミタクナイ。

噂ホド ニ モ無イ。

所謂「係助詞」の「-ハ」や「-モ」とは、主題提示という機能を持った接尾辞なのである。

世に「指定の助動詞」と呼ばれているものがあるが、これは名詞接尾辞であって、名詞語幹に附着して名詞述語(nominal predicate)を作る。所謂「終助詞」は名詞接尾辞ではないが、これも接尾辞である事に変りは無い。斯くて、

今日ハ休日デス ヨ。

ソンナ約束ダ ッタ カ ネ。

のように、名詞述語にあっても接尾辞が二重三重と連接してアルタイ諸言語的膠着性(すなわち接尾辞のみによる膠着性)を示すのである。

3. 文法動詞接尾辞

国語辞典や中学校の国語教科書の末尾あたりには、決って「活用表」が掲げられている。所謂「四段活用」(または「五段活用」)動詞の「活用表」は概ね、

語幹	未然形	連用形	終止形	連体形	仮定形	命令形
書	か こ	き	く	く	け	け
読	ま も	み	む	む	め	め

のようなものである。「カカ・カコ・カキ・カク…」と「活用」するのであるから、語幹は「カ」であり、また「ヨマ・ヨモ・ヨミ・ヨム…」と「活用」するのであるから、語幹は「ヨ」であるかに一応は思われよう。因みに、語幹とは語形変化(すなわち「活用」)しても変らない部分と定義されている。しかし、ローマ字に書き直してみると「kak-a, kak-o, kak-i, kak-u…」となり、また「yom-a, yom-o, yom-i, yom-u, …」となるのであるから、語幹はそれぞれ kak- と yom- でなければ、定義に適っていない。

所謂「上一段活用」動詞と「下一段活用」動詞の「活用表」は次のようなものである。

語幹	未然形	連用形	終止形	連体形	仮定形	命令形
(見)	み	み	みる	みる	みれ	みろ
食	べ	べ	べる	べる	べれ	べろ

そして、文法教科書の説明では、「見ル」の「ミ」は語幹ではなく活用語尾であり（或いは語幹と活用語尾との区別が無く）、「食ベル」の語幹は「タ」であると言う。しかし、すべての「活用形」に共通する部分は、それぞれ「ミ」と「タベ」なのであるから、語幹は当然 mi- と tabe- でなければならない。

上のように語幹を正しく抽出してみると、「一段活用」の動詞は、或いは語幹そのままで、或いは語幹に -ru、-re、-ro のような接尾辞が附着して、「活用形」を作るのであるから、膠着語的であると言えない事も無い。しかし、膠着語である筈の日本語に「活用」があるという考え自体に、どこか頷けないものがある。しかも、「四段活用」の動詞に至っては、用法に応じて語尾を -a、-o、-i、-u、-e と変えるのであるから、これこそ正に「活用」である。いったい日本語の膠着性と動詞の「活用」との関連は、一般にどう捉えられているのか、試みに手近な百科事典から「膠着語」なる項目の説明を拾ってみよう。

> 日本語の助詞はその独立性が比較的強いので単語と認められているが、〈家から〉〈家に〉〈家を〉などという構造は膠着的であると考えられ、〈飲みます〉は〈飲み - ます〉に、〈飲みませんでした〉は〈飲み - ませ - ん - でし - た〉にわけることができるような特徴から、日本語は膠着語であるといわれる。ただし〈飲む〉〈飲み -〉や〈飲まない〉の〈飲ま -〉などの間に交替のあることに注意しなければならない[2]。

執筆者は三根谷徹氏である。氏の所謂「交替」とは「活用」の事に他ならない。要するに、日本語は膠着語的ではあるが、動詞は「活用」していると言われるのである。また別の百科事典をめくると、

> ただし、膠着語として分類される日本語でも、「行く、行け、行こう、行か（ない）…」「読む、読め、読もう、読ま（ない）…」のような動詞活用をみれば、たとい yuk + u (yom + u)、yuk + e (yom + e)、yuk + oo (yom + oo)、yuk + a + [nai] (yom + a + [nai]) と分析したにせよ、yuk- や yom- は単独で文中に現れず、また「見る」では mi + ru、mi + ro、mi + yoo、mi + [nai]… となり、-u、-e、-oo、-a... はどの動詞にも自由に添いうるわけではない[3]。

とある。執筆者は川本茂雄氏である。氏の語幹抽出は正しいのであるが、「yuk- や yom- は単独で文中に現れず、…」との一節は理解に苦しむ。アルタイ諸言語の動詞語幹は、そのままの形で命令形として用いられる。すなわち、アルタイ諸言語の命令形は無標識なのである。引き換え、ウラル諸言語の動詞語幹はすべて文法的抽象であって、命令形と雖も語幹に一定の動詞接尾辞(verbal suffix)を添えて作られ、動詞の語幹が文中に現れる事は無い。この点では日本語も朝鮮語もウラル語的であるが、語幹を抽出する事無しにウラル諸言語の動詞組織は論じ得ない。これが文法学と言うものである。

更に川本氏は「-u、-e、-oo、-a... はどの動詞にも自由に添いうるわけではない」とも述べられ、動詞「見ル」の諸形を「mi＋ru、mi＋ro、mi＋yoo、mi＋[nai]…」として例示された。川本氏に限らず、これが一般的な考え方かも知れないが、「四段活用」に見られる動詞の語尾は、「一段活用」の語尾とは別のものだという事なのである。しかし、果してこの考え方が正しいものであろうか。この種の分析法は、日本語の動詞組織の真の姿を把握し得ていないのではなかろうか。

先ず、所謂「終止形」に就いて考察してみよう。動詞「書ク」「読ム」の語幹はそれぞれ kak- と yom- であるから、「終止形」を語幹と接尾辞に分析して kak-u と yom-u とを得る事が出来る。同じく「見ル」と「食ベル」の語幹は mi- と tabe- であるから、「終止形」は mi-ru と tabe-ru のように分析される。ここから、「終止形」を形成する動詞接尾辞には -u と -ru との二種がある事になるが、両者は別個のものではなく、同一接尾辞の異形態であって、kak- や yom- のような子音終止の語幹には -u の方が附き、mi- や tabe- のような母音終止の語幹には -ru が附くのであるという事実は、一見して知り得るところである。すなわち、母音で終る語幹に -u は附着せず、r を添加した -ru が附着するという事なのであるが、この r は何者なのであろうか。

ここで想起する事は、先に掲げたトルコ語の接尾辞の例である。トルコ語で「母」は ana であった。この語幹に接尾辞の -nın が附いて属格の ana-nın「母ノ」が形成される。「私ノ母」は ana-m であった。この二次語幹に接尾辞の -ın が附いて属格の ana-m-ın「私ノ母ノ」が形成される。子音終止の語

幹（ここでは ana-m-）には -ɪn が附くが、母音終止の語幹（ここでは ana-）には、頭に n を添加した -*n*ɪn が附くのである。この種の子音（ここでは *n*）をアルタイ学では連結子音（union consonant または juncture consonant）と呼ぶ。朝鮮語には、日本語の「- ハ」に該当する「助詞」すなわち接尾辞に -ŭn（은）と -nŭn（는）との二種があり、子音で終る語、例えば saram（사람）「人」には -ŭn の方が附いて saram-ŭn「人ハ」となり、母音で終る語、例えば kae（개）「犬」には -*n*ŭn の方が附いて kae-*n*ŭn「犬ハ」となる。この *n* も連結子音である。同様に日本語の「- ヲ」に当る接尾辞に -ŭl（을）と -rŭl（를）との二種があり、前者は子音で終る語に附いて saram-ŭl「人ヲ」となり、後者は母音で終る語に附いて kae-*r*ŭl「犬ヲ」となる。この *r* も連結子音である。日本語も全くこれと同じである。子音終止の動詞語幹には -u が附いて kak-u、yom-u となり、母音終止の語幹には -*r*u が附いて mi-*r*u、tabe-*r*u となるのであるから、この *r* は連結子音なのである[4]。ここで連結子音の *r* を括弧内に示せば、-u と -*r*u とを併せて -(r)u と表記する事が出来る。日本語の「終止形」を形成する動詞接尾辞は、-(r)u という一個の接尾辞だったのである。日本語には時制（tense）を表示する文法標識は無く、この接尾辞は動作・作用の遂行が或る時点（主動詞の動作の遂行時）に於いて未だ完了していない事を表す非完了態（non-perfective aspect）の動詞接尾辞なのである。

伝統文法によれば、「推量の助動詞」のうちの一種に「ウ」と「ヨウ」との一対があり、前者は「四段活用」動詞の、後者は「一段活用」動詞の、それぞれ「未然形」に附く事になっているようであるが、これも正しくない。子音語幹の場合は「書コウ」kak-oo「読モウ」yom-oo の形を取り、母音語幹の場合は「見ヨウ」mi-*y*oo「食ベヨウ」tabe-*y*oo のような形を取るのであるから、接尾辞 -*y*oo における *y* も連結子音である事は容易に知られる。ここでも連結子音を括弧内に示す事により、両者を併せて -(y)oo と表記する事が出来る。これは前望態（prospective aspect）を表す一個の動詞接尾辞だったのである。

同じく「推量の助動詞」と言われているものの一種に「マイ」がある。この「助動詞」は、「四段活用」の動詞にはその「終止形」に、「一段活用」の動詞にはその「未然形」に、それぞれ接続するという苦しい解釈が成されて来た。勿論これも接尾辞の一つであって、子音語幹の場合は「書クマイ」kak-*u*mai「読ムマイ」yom-*u*mai の形を取り、母音語幹の場合は「見マイ」mi-mai「食べマイ」tabe-mai の形を取っている。子音で終る語幹には -*u*mai の形で附着するが、母音で終る語幹には *u* を失って -mai の形で附着するのであるから、これは連結子音の場合とは逆である。すなわち、この *u* は連結子音ならぬ連結母音（union vowel または juncture vowel）なのである[5]。ここでは連結母音 *u* を括弧内に示す事により、両者を併せて -(u)mai と表記する事が出来る。接尾辞 -(u)mai は否定の前望態を表す一個の動詞接尾辞である。前望態とは、主語が一人称単数の時は、

今日カラ日記ヲ付ケヨウ。

アンナ男ニハ、モウ二度ト会ウマイ。

のように意思（volitive）を表し、主語が一人称複数の時は、

サア、遊ビニ行コウ。

皆ノ者、決シテ騒グマイゾ。

のように勧奨（hortative）を表し、主語が三人称の時は、

明日ハ雪ガ降ロウ。

コノ患者ハ明朝マデハ持ツマイ。

のように推量（conjectural）を表すというアスペクト（態）であって、主節において二人称の主語を取る事は無い。

日本語の動詞には、非完了態・前望態に加えて完了態（perfective aspect）があり、それは連結母音 *i* を持った動詞接尾辞 -(i)ta によって表される。この接尾辞が母音語幹に附着する際には「見タ」mi-ta「食べタ」tabe-ta のように、連結母音 *i* を失った -ta の形を取り、問題が無い。しかし、子音語幹に附着する際には所謂「音便形」を取って「書イタ」ka-*i*ta「読ンダ」yon-da と成る。「音便形」を取らず、連結母音 *i* を添加した -*i*ta の形で語幹にそのまま附着し得るのは、子音の s で終止する語幹のみである（例えば、「貸ス」kas-u の完了態「貸シタ」kas-*i*ta）。世に謂う「音便形」とは、一語内に於て二個の形態素の結合に伴う音変化であるから、内的連声（れんじょう）（internal sandhi）の一種に他ならない。この連声は規則的であって、連結母音 *i* の現れない事もある（所謂「撥音便」と「促音便」）が、これも内的連声の一環である。

	【連声】	【語例】
— k-(i)ta	→ —ϕ-ita	書イタ
— g-(i)ta	→ —ϕ-ida	泳イダ
— t-(i)ta	→ — t-ϕta	立ッタ
— r-(i)ta	→ — t-ϕta	切ッタ
— w-(i)ta	→ — t-ϕta	買ッタ
— n-(i)ta	→ — n-ϕda	死ンダ
— m-(i)ta	→ — n-ϕda	読ンダ
— b-(i)ta	→ — n-ϕda	飛ンダ

上に示した連声規則の唯一の例外となる語は「行ク」である(「行ク」ik-uは「行イタ」iϕ-itaとは成らず、実際には「行ッタ」it-ϕtaの形を取る)。猶、「買ウ」「洗ウ」の類いはwで終る子音語幹の動詞(ka*w*-u、ara*w*-u)と看做される。

以上に論述した非完了態・前望態・完了態を表す動詞形は、文末に置かれて文の述語としての機能を果す定動詞(finite verb)として用いられる形であるから、終止形(finite form)と呼ぶ事が出来る。終止形とは称しても、伝統文法における「活用形」の一つである「終止形」とは別個の概念である。また、終止形と同じ形の動詞は、

毎日通ル道

骨ノ折レタ傘

アロウ事カアルマイ事カ

のように、連体節を導いて後接の名詞を修飾する機能もある。この動詞形がアルタイ学に所謂連体形(participle)である。連体形の動詞は、例えば、

負ケル ガ勝

日ノ暮レル マデ

のように、名詞接尾辞を伴って名詞としても機能し得るところから、動名詞(verbal noun)と呼ばれる事もある。現代日本語の終止形は、すべて古代語の連体形に由来するものであるから、現代語では終止形と連体形との間に形の上での区別は無い。

動詞には、定動詞や動名詞としての働きの他に（すなわち終止形や連体形の他に）、文の中途で現れ、連用節を導くという働きもある。謂わば動詞の副詞的用法である。この動詞の形を連用形（converb）と言い、語幹に種々の接尾辞が附着して作られ、職能も接尾辞の種類に従って多様である。連用形の動詞はロシア文典に倣って副動詞（gerund）と呼ばれる事もある。わが伝統文法に所謂「連用形」とは、

　鳥ハ歌イ花ハ笑イ蝶ハ舞ウ。

のように、順接を表す連用形であって、それは此処に言う連用形の一種に過ぎない。この動詞接尾辞は、連結母音 *i* のみから成る -(i)という形のものであるから、子音語幹に附着して「書キ」kak-*i*「読ミ」yom-*i* となるが、母音語幹に附着した際には、消失してしまって現れず、「見」mi-ϕ「食べ」tabe-ϕ のような形を取る。所謂「仮定形」は常に「接続助詞」の「バ」を伴うのであるから、両者は一体を成しているという事であって、「仮定形」なる「活用形」は虚構に過ぎない。実相は、連結子音 *r* を持った -(r)eba という形の接尾辞が語幹に附着した形であって、子音語幹に附着する際には *r* が消失して「書ケバ」kak-eba「読メバ」yom-eba の形を取り、母音語幹に附着する際には *r* を添加して「見レバ」mi-*r*eba「食べレバ」tabe-*r*eba の形を取るのである。これも連用形の一種であって、仮定連用形と呼ぶ事が出来る。

その他の連用形形成の接尾辞を若干挙げれば、先ず連結母音 i を持つ完了順接の -(i)te がある。この接尾辞が子音終止の語幹に附着する際には内的連声が生じて「書イテ」ka-*i*te「読ンデ」yon-de のような形を取るが、その連声規則は接尾辞 -(i)ta における規則と完全に並行する。それ故、母音語幹に附着する場合は、単に連結母音の *i* を失って「見テ」mi-te「食べテ」tabe-te の形と成る。この連用形接尾辞から譲歩の -(i)te-mo や却下条件の -(i)te-wa のような連用形を派生する事になる。同じ連声規則を持つものに、完了条件の連用形を形成する -(i)taraba がある。語尾を落して -(i)tara として現れる事もある。他にも同時連用形を形成する -(i)nagara や目的連用形を形成する -(i)ni などがあり、また連結子音 *r* を持つものに開放条件の -(r)uto が、連結母音 *a* を持つものに否定の -(a)zuni がある。これは語尾を落して

-(a)zu として現れる事もあり、用法も微妙に異なる。

命令形を作る動詞接尾辞には -e と -ro の二種がある。前者は子音語幹にのみ附着して「書ケ」kak-e「読メ」yom-e のような形を取り、後者は母音語幹にのみ附着して「見ロ」mi-ro「食ベロ」tabe-ro のような形を取るのであるから、この二者は相補分布の関係に立つ環境的変種であって、同一接尾辞の異形態と認められる。異形態としては、更に -i（例えば「来イ」ko-i や「下サイ」kudasa-i の -i）もあるが、これに就いては後述する。否定命令形を作る接尾辞は連結子音 *r* を持った -(r)una であり、「書クナ」kak-una「読ムナ」yom-una や「見ルナ」mi-*r*una「食ベルナ」tabe-*r*una のような形で否定の命令を表す。

以上に述べた終止形・連体形・連用形・命令形の四形を動詞形（verbal form）と言い、且つこれら四動詞形を形成する動詞接尾辞を文法接尾辞（grammatical suffix）と言う。統語接尾辞（syntactical suffix）または機能接尾辞（functional suffix）と呼ばれる事もある。活用接尾辞（conjugational suffix）の呼称もアルタイ学者の一部に用いられるが、この呼称は適切ではない。アルタイ諸言語も日本語も、動詞は「活用」などしていないからである。

所謂「形容詞」は adjective ではない。例えば「赤イ家」は "a red house" という意味ではなくて "a house which is red" という意味である。だからこそ「赤カッタ家」"a house which was red" とか「屋根ガ赤イ家」"a house of which the roof is red" のような表現が可能なのである。これは動詞の一種であって、qualitative verb と呼ばれているものである。この見地から寧ろ「形容動詞」と称さるべき旨が大槻文彦氏や松下大三郎氏より夙に提案されている[6]。しかし、この呼称は一般に「静カナ」「親切ナ」の類いの語を指すのに用いられているので紛らわしい。本章では山田孝雄氏の術語「形状用言」[7]に倣って、仮に形状動詞としておこう。そうすると、今まで単に「動詞」と称して来たものは action verb と呼ばれているものに該当する事になる。これも山田氏の術語「動作用言」[8]に倣って、仮に動作動詞としておこう。

扨、「形容詞」改め形状動詞の終止形にも三アスペクトの別があり、非完了態は「赤イ」のように接尾辞 -i が、完了態は「赤カッタ」のように接尾辞 -katta が、前望態は「赤カロウ」のように接尾辞 -karoo が、それぞれ語幹に附着して表される。形状動詞の前望態は、動作動詞と異なり、主語の人称の如何を問わず常に推量を表す。形状動詞の終止形もまた古代語の連体形に由来するものであるから、現代語では終止形と連体形とは三アスペクトを通じて同形である。

形状動詞の連用形にも数種ある。先ず順接の連用形は語幹に接尾辞 -ku の附いた「赤ク」のような形であり、ここから完了順接の「赤クテ」、譲歩の「赤クテモ」、却下条件の「赤クテハ」などが派生される。接尾辞はそれぞれ -ku-te、-ku-te-mo、-ku-te-wa である。仮定条件の連用形は接尾辞 -kereba の附いた「赤ケレバ」の形を取り、開放条件は -ito の附いた「赤イト」の形を、また完了条件は -kattaraba の附いた「赤カッタラバ」の形を取るのであるが、語尾を落した -kattara の附く事もある。否定連用形は -karazu の附いた「赤カラズ」の形を取る。順接連用形に補助動詞の「ゴザイマス」が後接する時には連声が生じるが、これも規則的である。

		【連声】	【語例】
— a-ku	→	— oo	小ソウ
— i-ku	→	— yuu	大キュウ
— o-ku	→	— oo	広ウ
— u-ku	→	— uu	明ルウ

形状動詞の連声には、例外となる語は無い。

先に掲げた前望態終止形の接尾辞 -karoo や否定連用形の接尾辞 -karazu を更に分析すれば、それぞれ -kar-oo、-kar-azu となる。形状動詞の語幹に、先ず接尾辞 -kar- が附着して動作動詞化された二次語幹が派生され、そこに前述した動作動詞の接尾辞 -(y)oo や -(a)zu が附着して「赤カロウ」aka-kar-oo や「赤カラズ」aka-kar-azu が形成されるのである。同様にして、形状動詞の語幹に -kar- を附けて動作動詞化し、ここに動作動詞の命令形を作る接尾辞 -e を附ければ、「赤カレ」aka-kar-e のような形が得られる。この形が形状動詞の命令形である。但し、

早カレ 遅カレ死ハヤガテ訪レル。

のような表現に用いられる事が多い。また、形状動詞に否定命令形は無い。

4. 派生動詞接尾辞

伝統文法によれば、「受身の助動詞」に「レル」と「ラレル」の二様があり、前者は「四段活用」動詞の、後者は「一段活用」動詞の、それぞれ「未然形」に附くのだと言う。そもそも「未然形」などという「活用形」は虚構に過ぎないものであるから、このような形態分析は容認できない。受動相の非完了態終止形は、子音終止の語幹の場合は「書カレル」「読マレル」の形を取り、母音終止の語幹の場合は「見ラレル」「食ベラレル」の形を取る。前二者の語幹は kak- と yom- であり、非完了態終止形の接尾辞が -(r)u である事は既に知っている。従って、これらは当然 kak-are-ru と yom-are-ru のように分析されなければならない。後二者の語幹は mi- と tabe- であるから、同様にしてこれらは mi-rare-ru と tabe-rare-ru のように分析されなければならない。一見して知られる事は、子音語幹には接尾辞 -are- が附着して受動相の二次語幹 kak-are- や yom-are- が派生され、母音語幹には接尾辞 -rare- が附着して受動相の二次語幹 mi-rare- や tabe-rare- が派生され、最後にこれら二次語幹に文法接尾辞 -(r)u が附着して非完了態の終止形が形成されているという事実である。しかも、受動相の二次語幹を派生する接尾辞は、子音で終る語幹には -are- の形で附き、母音で終る語幹には -*r*are- の形で附くのであるから、これが連結子音 *r* を持った -(r)are- という一個の接尾辞である事は一目瞭然である。語幹に附着して或る特定の意味を加え、二次語幹を派生するこの種の接尾辞を派生接尾辞(derivational suffix)と言う。二次語幹もまた語幹であるから、種々な文法接尾辞を伴って終止形・連体形・連用形・命令形を作る。猶、派生接尾辞の -(r)are- は受動相の他に尊敬や可能も表すが、可能の二次語幹は命令形を作り得ない。

所謂「使役の助動詞」にも「セル」と「サセル」の二種があり、前者は「四段活用」動詞の「未然形」に附き、後者は「一段活用」動詞の「未然形」に附くと言われているが、勿論これも正しくない。使役相の非完了態終止形は、子音語幹の場合には「書カセル」kak-ase-ru「読マセル」yom-ase-ru であり、母音語幹の場合は「見サセル」mi-sase-ru「食べサセル」tabe-sase-ru である。使役相を表す派生接尾辞は、子音語幹には -ase- の形で附き、母音語幹には -*s*ase- の形で附くのであるから、連結子音 *s* を持った -(s)ase- という一個の接尾辞なのである。

所謂「希望(願望)の助動詞」には「タガル」と「タイ」とがあり、共に動作動詞の「連用形」に接続すると伝統文法には説明されている。先ず「タガル」の方を観察しよう。この「助動詞」が附いたと言われている形は、子音語幹では「書キタガル」kak-itagar-u「読ミタガル」yom-itagar-u であり、母音語幹では「見タガル」mi-tagar-u「食ベタガル」tabe-tagar-u である。見られる通り、願望の派生接尾辞は、-*i*tagar- の形で子音終止の語幹に附き、-tagar- の形で母音終止の語幹に附くのであるから、「連用形」に附くというのは誤りであって、連結母音 *i* を持った -(i)tagar- という形のものであると直ちに知られる。同じく連結母音 *i* を持つ派生動詞接尾辞には、侮蔑の二次語幹を作る -(i)yagar- がある。他に丁寧の二次語幹を派生する -(i)mas- も同じく連結母音 *i* を持つのであるが、後続する文法接尾辞は少々不規則であって、これに就いては後述する。

続いて「タイ」の方を見よう。この「助動詞」が附いたと言われている形は、子音語幹では「書キタイ」kak-ita-i「読ミタイ」yom-ita-i であり、母音語幹では「見タイ」mi-ta-i「食ベタイ」tabe-ta-i である。子音に後接する際には -*i*ta-i となり、母音に後接する際には *i* を失って -ta-i となるのであるから、この接尾辞も連結母音 *i* を持った -(i)ta- である事が知られ、しかも非完了態終止形に -(r)u を取らず、形状動詞の文法接尾辞である -i を選んで -(i)ta-i となるところから、接尾辞 -(i)ta- によって派生された願望の二次語幹は、形状動詞である事も知られる。形状動詞のうち「嬉シイ」「悲シイ」「痛イ」「寒イ」のような有情物の感情を表す語は、その語幹に動作動詞化の接尾辞 -gar- を附けて動作動詞的二次語幹を派生し、「嬉シガル」uresi-gar-u「悲シガル」kanasi-gar-u「痛ガル」ita-gar-u「寒ガル」samu-gar-u のような動詞を作る。願望の派生接尾辞 -(i)ta によって派生せられた二次語幹もまた感情を表す形状動詞の語幹であるから、接尾辞 -gar- を附けて再び動作動詞化する事が出来る。つまり、前述した願望の派生接尾辞 -(i)tagar- とは、派生の繰返しによって成ったものであり、-(i)ta-gar- と分析され得るものなのである。

同じく形状動詞の二次語幹を派生するものに否定の派生動詞接尾辞がある。伝統文法によれば、「打消の助動詞」の「ナイ」は動詞の「未然形」に接続する事になっているが、もとより「未然形」など存在しない。この「助動詞」が附いたと言われている形は、子音語幹の場合は「書カナイ」kak-ana-i「読マナイ」yom-ana-i であり、母音語幹の場合は「見ナイ」mi-na-i「食ベナイ」tabe-na-i である。子音終止の語幹には -*a*na- の形で附き、母音終止の語幹には *a* を失った -na- の形で附くのであるから、否定の派生接尾辞は連結母音 *a* を持った -(a)na- である事が分る。否定の二次語幹は形状動詞語幹であるから、動作動詞の文法接尾辞は取らず、四動詞形の形成には形状動詞の文法接尾辞がこれに与る。しかし順接連用形には -(a)na-ku や -(a)na-kute の他に中止法として特殊な -(a)na-ide という形もある。この点では不規則であると言える。

派生動詞接尾辞が二個以上連接して二次語幹を派生する時、連接には一定の順序がある。例えば、使役受動相では「書カセラレル」kak-ase-rare-ru「見サセラレル」mi-sase-rare-ru のように、動詞語幹に先ず -(s)ase- が附いて使役相の二次語幹を派生し、次いで -(r)are- が附いて使役受動相の二次語幹をさらに派生するのであるが、この順序が逆になる事は無い。数個の派生接尾辞が連接する場合、常に使役の接尾辞が先行し、次いで受動（可能・尊敬）の接尾辞が置かれ、さらに願望、侮蔑、丁寧、否定の順に並ぶ。最後尾に置かれるのが文法接尾辞である。これらのうち、願望の -(i)ta- と否定の -(a)na- だけは形状動詞の二次語幹を作るので、使役・受動・丁寧などの派生接尾辞が後続する事は無く、後続の接尾辞は文法接尾辞に限られる。また、派生接尾辞が何個連続しようとも、派生された語幹はすべて二次語幹として取り扱われ、三次語幹とか四次語幹とかいうものは無い。ここに連結子音と連結母音の顕在形と潜在形を明示しつつ、動詞接尾辞連接の具体例を示そう。

書カレタイ　kak-~~**r**~~are-~~**i**~~ta-i

読マセラレナカッタ　yom-~~**s**~~ase-**r**are-~~**a**~~na-katta

見ラレタガリヤガル　mi-**r**are-~~**i**~~tagar-**i**yagar-~~**r**~~u

食ベサセラレタガリマスマイ　tabe-**s**ase-**r**are-~~**i**~~tagar-**i**mas-**u**mai

これらは従来「動詞」と「助動詞」が複雑に活用・接続したものと解されて来たのであるが、事実は決してそのような複雑なものではない。動詞接尾辞の連結子音と連結母音が、或いは顕在し或いは潜在しているに過ぎないのである。猶、形状動詞接尾辞はすべて文法接尾辞であり、現代語では連結子音も連結母音も持たない。

5.　不規則動詞の接尾組織

動作動詞の語幹に派生接尾辞や文法接尾辞の附着する様相は極めて規則的であり、且つ連結子音と連結母音の顕在・潜在もひとえに機械的であって、膠着語の名に恥じない。しかし、規則には例外がつきものである。先ず例外として挙げられるものに、所謂「変格活用」動詞がある。動作動詞の「来ル」k*u*-ru と「スル」s*u*-ru の語幹はそれぞれ ko- と se- であると思われるが、非完了態終止形の接尾辞 -(r)u が附着する際には、語幹の母音が *u* に変る。両者共に語幹を ko- と se- のまま保ち得るのは、否定連用形の文法接尾辞 -(a)zuni の附く時の他、使役や受動の派生接尾辞 -(s)ase- や -(r)are- の附く時に限られる。しかも、これらの派生接尾辞が se- に附く時には語幹母音をゼロの形に変えて、単に「サセル」s-ase-ru「サレル」s-are-ru の形を取る事も一般化している。同様に、完了態終止形・連体形の -(i)ta のように連結母音 *i* を持つ接尾辞（完了順接の -(i)te や丁寧の -(i)mas- など）や否定前望態の -(u)mai のように連結母音 *u* を持つ接尾辞が附く時にも語幹の母音はゼロとなり、「来タ」k-*i*ta「シタ」s-*i*ta や「来マイ」k-*u*mai「スマイ」s-*u*mai のようになる。また前述した非完了態の -(r)u に限らず、仮定連用形の -(r)eba のように、連結子音 r を持つ接尾辞が附く時には語幹の母音が *u* に変り「来レバ」k*u*-*r*eba「スレバ」s*u*-*r*eba となるのである。

命令形を形成する文法接尾辞には -e と -ro とがあり、前者は子音語幹に附き、後者は母音語幹に附く事になっていた。「スル」の命令形は語幹の母音を *i* に変えて「シロ」s*i*-ro となるが、「来ル」の命令形は特殊な形を取り「来イ」ko-i となる。この -i も命令形を作る接尾辞の異形態と認められ、「ナサル」nasar-u「下サル」kudasar-u「仰ル」ossyar-u「イラッシャル」

irassyar-u という一連の尊敬語は、その命令形が「ナサイ」nasa-i「下サイ」kudasa-i 等となる。その際、見られる通り語幹末の r を一律に消失せしめる。また、これらの語が丁寧の派生接尾辞 -(i)mas- を後接させる時にも、子音語幹としての性質を保ちながら (即ち連結母音の *i* を顕在させながら)、語幹末の子音 r を一律に消去して「ナサイマス」nassa-*i*mas-u「下サイマス」kudasa-*i*mas-u 等の形を取る。これら一連の動作動詞もまた不規則動詞である。丁寧の派生接尾辞 -(i)mas- 自体にも若干不規則なところがあり、前望態の文法接尾辞 -yoo を伴う時、その連結子音 *y* を顕在させたまま -(i)mas-*y*oo の形を取るし、その否定には特殊な文法接尾辞 -en を伴って -(i)mas-en の形を取る。また非完了順接連用形を持たない。

6.　古代動作動詞の接尾組織

動作動詞の接尾辞は、派生接尾辞も文法接尾辞も、すべて連結子音か連結母音を持っている。古代日本語には、更に代替母音 (alternate vowel) というものも在った。古代語の所謂「上一段活用」動詞の「終止形」や「連体形」は、現代語と同形の「見ル」mi-ru のような形であった。しかし、所謂「二段活用」の方は現代語と同形ではない。伝統文法における「上二段活用」動詞と「下二段活用」動詞の「活用表」は次のようなものである。

語幹	未然形	連用形	終止形	連体形	已然形	命令形
起	き	き	く	くる	くれ	き
受	け	け	く	くる	くれ	け

この表での語幹「起」「受」というのは無論誤りであって、語幹はそれぞれ okï- と ukë- である。現代語の「終止形」「連体形」が古代語の「連体形」に由来するものである事は先に述べたから、先ず祖形とも言うべき古代語の「連体形」から見よう。ここでは語幹末の母音 ï と ë が共に母音 *u* と交替し、そこに接尾辞 -(r)u が附いて「起クル」ok*u*-*ru*「受クル」uk*u*-*ru* という形を取っている。つまり、この接尾辞は単なる -(r)u ではなくて、附着する母音

語幹の末尾母音をｕに変えるところの代替母音 *u* を持った -^{u}(r)u という接尾辞なのである。左肩に小字を以て示した ^{u} が代替母音である。斯くて「カ行変格活用」の語幹 kö- に -^{u}(r)u が附けば、先ず語幹の ö は u と交替して k*u*- となり、そこから「来ル」k*u*-*r*u の形が出来、「サ行変格活用」の語幹 se- に -^{u}(r)u が附いて同じく「スル」s*u*-*r*u の形が出来たのである。但し、代替母音は古代八母音のうち i とのみは交替しない性質のものであったから、「上一段活用」の例えば mi- の場合には、-^{u}(r)u の代替母音 *u* は作用せず、単なる -(r)u が附いた現代語の場合と同じく「見ル」mi-*r*u の形を取ったのである。子音語幹のときは、代替母音も連結子音も無関係なのであるから、例えば kak- に -^{u}(r)u が附いても、現代語の場合と同じく「書ク」kak-u のような形を取ったのである。

続いて古代語の「終止形」を見よう。所謂「二段活用」動詞 okï- と ukë- はそれぞれ「起ク」ok-u「受ク」uk-u の形を取る。この接尾辞は代替母音 ϕ（ゼロ）を持つ -$^{\phi}$(r)u であった。先ず語幹の末尾母音 ï と ë が ϕ と交替するため、結果において子音語幹と同じ ok- と uk- に成り、従って -$^{\phi}$(r)u の連結子音 *r* は潜在してしまって顕れず、「起ク」ok-u「受ク」uk-u の形を作る事になるのである。「カ行変格活用」や「サ行変格活用」も同様に、それぞれの語幹 kö- や se- の母音 ö や e が、代替母音 ϕ と交代して、語幹は子音のみの k- や s- に変り、そこでは連結子音 r は潜在する事になり、「来」k-u や「為（ス）」s-u の形が出来たのである。ここでも代替母音 ϕ は語幹末の i とだけは交替しないから、「上一段活用」では mi- に -$^{\phi}$(r)u が附いて連結子音 r を顕在せしめ、「見ル」mi-*r*u の形が出来た。子音語幹のときは、代替母音も連結子音も無関係であるから、例えば kak- に -$^{\phi}$(r)u が附いて「書ク」kak-u という形が出来たのである。

これらの他にも代替母音を持った接尾辞としては、因由の連用形を作る -^{u}(r)eba や譲歩の連用形を作る -^{u}(r)edömö などがあった。後者は語尾を落して -^{u}(r)edö としても用いられた。伝統文法に所謂「已然形」などは虚構に過ぎず、これらの接尾辞が語幹の okï- や ukë- に附着した形が「起クレバ」ok*u*-*r*eba「受クレバ」uk*u*-*r*eba や「起クレドモ」ok*u*-*r*edömö「受クレドモ」uk*u*-*r*edömö である。「二段活用」以外の動詞語幹への附着に伴う代

替母音 *u* の交替の様相や連結子音 *r* の潜在・顕在の様相は、同じく代替母音 *u* を持った上述の接尾辞 -^{u}(r)u の場合に完全に並行する。

以上は、文献時代を遡れば、乙類母音 ï と ë が k-、p-、m- 以外の子音とも自由に結合して音節を作り得たとの推定のもとに、論を進めて来たものである。所謂「ナ行変格活用」動詞の語幹末 n は、純粋な子音ではなくてゼロの母音を有し、「死ヌ」「去（イ）ヌ」の語幹は、sin*φ*-[9]、in*φ*- と表記さるべきものであった。且つ、語幹末の *φ* も代替母音と交替する性質のものであった。それ故、「連体形」の「死ヌル」は、語幹、sin*φ*- に接尾辞 -^{u}(r)u が附いて先ず語幹が sin*u*- と成り、そこに連結子音 *r* を顕在させた -*r*u が附いて sin*u*-*r*u と成ったものである。「終止形」の「死ヌ」は、sin*φ*- に -$^{\phi}$(r)u が附いて先ず語幹は子音語幹化された sin- に変り、そこに連結子音 *r* の潜在した -u が附いて sin-u と成ったものである。これが所謂「ナ行変格活用」の実体である。

7.　古代形状動詞の接尾組織

現代語の形状動詞の語幹はすべて母音終止の語幹であり、形状動詞の接尾辞は連結子音も連結母音も持たない。しかし、古代語の形状動詞には子音語幹と母音語幹の別があり、形状動詞接尾辞はすべて連結子音か連結母音を持っていた。伝統文法に従えば、古代日本語の「形容詞」の「活用表」はおよそ次のようなものとなる。

活用型	語幹	未然形	連用形	終止形	連体形	已然形
ク活用	遠	け	く	し	き	けれ
シク活用	悲	しけ	しく	し	しき	しけれ

所謂「ク活用」の語幹は母音終止であって、上の通り語幹を「遠（トホ）」töpo- として良いが、「シク活用」の方の語幹は「悲（カナ）」ではなくて kanas- なのである。つまり、古代語形状動詞の語幹には、母音で終るものと子音 s で終るものとの二類があったのである。現代語の形状動詞「終止形」「連体形」もま

た古代語の「連体形」に由来するものである。古代語形状動詞の「連体形」を作る接尾辞は、現代語と異なり、連結母音 *i* を持った -(i)ki であり、これが語幹に附着して「遠キ」töpo-ki「悲シキ」kanas-*i*ki という形を作ったのである。順接連用形すなわち所謂「連用形」を作成する接尾辞も連結母音 *i* を持った -(i)ku であり、これが語幹に附着して「遠ク」töpo-ku「悲シク」kanas-*i*ku の形を作った。仮定連用形を作る接尾辞 -(i)keba や因由連用形を作る接尾辞 -(i)kereba の他、譲歩連用形の接尾辞 -(i)keredömö なども連結母音の *i* を持っていた。所謂「ク語法」を作る接尾辞もまた -(i)keku であった。

非完了態の「終止形」は、「ク活用」も「シク活用」も共に語尾が「- シ」であって、「- シシ」とは成らないところから、伝統文法は「ク活」「シク活」の二類を立てたもののようであるが、この考えは勿論正しくない。「終止形」を形成する形状動詞接尾辞は連結子音の *s* を持った -(s)i だったのである。接尾辞 -(s)i が母音で終る語幹に附着する際には、連結子音を顕在させて「遠シ」töpo-*s*i となり、これが子音 s で終る語幹に附着する際には、連結子音を潜在させて「悲シ」kanas-i となったというのが実相である。

大野晋氏によれば「本来の形容詞はク活用でシク活用の形容詞は比較的後に発達したものであらうと考へられる」[10] との事であるが、古い時代には「好シ」があって「悪（ア）シ」は無く、時代を降って「悪シ」という語が出現したと考える事自体が滑稽であろう。母音終止の語幹 yö- に -(s)i の附いた形が「好シ」yö-*s*i であり、子音 s 終止の語幹 as- に -(s)i の附いた形が「悪シ」as-i なのである。猶、「ラ行変格」動詞の「終止形」が「在リ」「居リ」「侍リ」のような形を取るのは、動作動詞語幹の ar-、wor-、paber- (pabër-?) に、形状動詞接尾辞の -(s)i が附いて ar-i、wor-i、paber-i となったものである。非完了態終止形の接尾辞 -$^{\phi}$(r)u が瞬間動詞 (momentaneous verb) を作るに対し、-(s)i の方は継続動詞 (durative verb) を作るものだからである。

上に一瞥した如く、古代日本語は、連結子音・連結母音に加えて代替母音もあり、現代語に比して接尾の様相はやや複雑であるが、動詞の文法的機能が接尾辞の附着によってのみ表されるというアルタイ型の膠着語であった事に変りはない。斯く、日本語は古今を通じて膠着語たるの性質を示しこそすれ、動詞は「活用」などしていなかったのである。

註

1　この事は、日本語が系統的にアルタイ諸言語と関係があると言う事ではない。アルタイ諸言語間には構造的に多くの共通性が見られはするものの、アルタイ語族そのものの存在も認め難い。詳しくは、清瀬義三郎則府、「ウラル諸言語と日本語―カザール氏の比較とミラー氏の反論」、日本語の系統を考える会編、『日本語の系統・基本論文集1』、大阪 1985、pp. 140–165 参照。

2　三根谷徹、「膠着語」、『世界大百科事典』10、東京 1981、pp. 399–400。

3　川本茂雄、「膠着語」、『大日本百科事典』7、東京 1969、p. 240。

4　詳細は、清瀬義三郎則府、「連結子音と連結母音と――日本語動詞無活用論」、『國語學』86 集、1971、pp. 56–42［本書所収］を参照されたい。

5　同書同頁参照。例えば、蒙古語の非完了態接尾辞に -(u)mui があり、これが母音終止の語幹 oro- に附いて oro-mui「入ル」と成り、子音終止の語幹 od- に附いて od-*u*mui「行ク」と成る。此の種の母音(ここでは u)をアルタイ学で連結母音と呼ぶのである。

6　大槻文彦『廣日本文典別記』、東京 1893、p. 80。松下大三郎、『改撰標準日本文法』、東京 1928、p. 250 ff.。

7　山田孝雄、『日本文法論』、東京 1908、p. 228。

8　同書同頁。

9　古代日本語のサ行子音は、恐らく破擦音だったと考えられるが、本章では便宜上 s を以って表記する。

10　大野晋、「(日本語) Ⅶ　歴史」、市河三喜・服部四郎編、『世界言語概説』下巻、東京 1955、p. 280。馬淵和夫氏も同意見。馬淵和夫、『上代のことば』、東京 1972、p. 244。

第3章
現代日本語動詞接尾組織考
——伝統文法批判——

1. 膠着語

日本語は膠着語である。膠着語とは、実質的意味を表す語幹に、文法的機能を示す接辞が連接して語を構成する言語の謂いであり、接辞の連接は、ひとえに機械的であって、印欧諸言語やセム諸言語の様な屈折語とは異なり、語幹内での語形交替を伴わない。接辞には接頭辞・接中辞・接尾辞の三種がある。ウラル諸言語やアルタイ諸言語は典型的な膠着語であるが、接頭辞も接中辞も持たず、接辞は接尾辞に限られる。即ち、語幹の文法的機能は、常に接尾辞の膠着(agglutination)に依ってのみ示されるのである。日本語も亦典型的な膠着語であり、而もウラル・アルタイ諸語と同様に、其の膠着とは接尾(suffixation)のみを意味する。例えば、動詞の文法的機能は専ら動詞接尾辞(verbal suffix)の接尾に依って示され、其の語幹が語形変化する事は無い。つまり、日本語の動詞に「活用」は無いのである[1]。然るに、所謂「活用」とは、用法に応じた動詞語形の変異(variant)であるかの如く一般に解せられているかに見受けられる。事実、

> **活用** conjugation 同一の単語が用法の違いに応じて、異なった形態をとること。たとえば、「読む」という語は、「本を読まない。」「本を読み、音楽を聞く。」「本を読む。」「本を読めば、物知りになる。」「本を読もう。」というふうに、種々の形態をとって、文中に現れる。それらの諸語形を別語と見て、個々に扱うことも不可能ではないが、形態の差異は、文法的機能の差に応ずる変異であるから、それを同一語の異った形態と見て、そのように同一語が種々の形態をとる現象を活用といい、そ

> こに現われる種々の語形を活用形という[2]。

との山口佳紀氏の定義は、「活用」に対する今日の一般的見解をよく代表するものと認めて良かろう。更に、日本語の膠着語的性格に就いても、鈴木重幸氏の述べられるように、「日本語は、名詞＋助詞の形などは膠着語的であるが、用言の活用などは屈折語的であるので、完全な膠着語とはいえない」[3]と信じられている様である。即ち、「活用」とは屈折 (inflection) の一種と見られているのである。

八衢(やちまた)学派の文法観は、二十世紀に至るも依然として根強く、かの有坂秀世氏をしてさえ「思フニ、国語ガ大体ニ於テ agglutinative language［膠着語］ノ範疇ニ入ルベキモノナルコトニ疑ハナイガ、サレバトテ国語ニ於ケル活用ヲ inflection［屈折」的ニ説明シタ所デ、国語ノ本性ニ悖ルヤウナコトハ決シテナイ」[4]と言わしめた。併し乍ら、日本語動詞の語構造を形態論的に考察する時、語形の変化に基づく「活用」など何処にも見当らないのである。

2.　日本語動詞のアスペクト[5]

現代語で非完了態 (non-perfective aspect) を表す定動詞 (finite verb) は「話ス」「食ベル」のような形を取る。前者を形態素に分てば、hanas-u と成り、後者は同じく tabe-ru と成る。言う迄も無く hanas- 及び tabe- が夫々の語幹であり、“speaking” 及び “eating” という実質的意味は此の部分に依って表されるが、之に附着する -u 及び -ru は接尾辞であって、実質的意味を担わず、非完了態に於ける定動詞という文法的機能のみを示している。

現代語動詞の語幹には、子音終止のものと母音終止のものとの二種類があり、hanas-u のように語幹の末尾に子音の立つ動詞は子音幹動詞 (consonant-stem verb) と呼ばれ、tabe-ru のように語幹末に母音の立つ動詞は母音幹動詞 (vowel-stem verb) と呼ばれる。子音語幹・母音語幹とは言っても、凡ての子音や母音が語幹末に立ち得る訳では無く、語幹末の子音は上例の -s の他、-k、-g、-t、-r、-n、-m、-b、-w に限られ、語幹末の母音は -e と -i とに限られる。所謂「ハ行四段活用」動詞たる「思ウ」や「買ウ」の類いは、omow-u、kaw-u のように語幹末に子音 -w を想定して子音幹動詞と看做される。

非完了態を表す動詞接尾辞の -u と -ru とは、本来別個のものではなく、既に上に見た如く、-u は子音語幹に接尾し、-ru は母音語幹に接尾するという風に、相補分布（complementary distribution）を成すものであるから、同一形態素の異形態（allomorph）に過ぎない。而も、子音に接尾する際には r を失った -u の形で現れ、母音に接尾する際には r を伴って -ru の形で現れるのであるから、此の子音 r は連結子音（union consonant）[6] であると認められる。連結子音とは、語幹末の母音と之に附着する接尾辞の頭母音とを連結する役割を担う子音であって、子音語幹に接尾する時には、潜在して顕れない。非完了態定動詞を形成する動詞接尾辞の -u と -ru とは、連結子音の r を括弧内に示して -(r)u と表記し得る一個の接尾辞の各異形態なのである。所謂「変格活用」動詞の「来ル」と「スル」とは、共に一種の母音幹動詞と見られ、接尾辞 -(r)u は、ku-ru、su-ru のように連結子音 r を顕在せしめた -ru の形で接尾する。

日本語の動詞は時制（tense）を表す標識（marker）を持たない。非完了態とは、時制に関り無く、或る時点に於いて或る動作・作用の遂行が未だ完了していない事を表すアスペクトである。これに対して、或る時点に於いて或る動作・作用の遂行が既に完了している事を表すアスペクトが完了態（perfective aspect）であり、其の定動詞は「話シタ」「食べタ」の形を取る。形態素的には hanas-ita と tabe-ta である。此の例に見られる通り、完了態を表す動詞接尾辞には -ita と -ta との二形があり、子音語幹に接尾する時には -ita の方が附き、母音語幹に接尾する時には -ta が附く。これは、取りも直さず両者が相補分布を成しているという事であるから、両者は同一接尾辞の異形態であると認められる。更に、子音で終る語幹に接尾する際にのみ母音 i が顕在して -ita の形を取り、母音で終る語幹に接尾する際には i が潜在して顕れず、-ta の形を取るのであるから、此の i は連結母音（union vowel）[7] であると認められる。連結母音とは、語幹末の子音と之に附着する接尾辞の頭子音とを連結する役割を担う母音であって、完了態の定動詞を作る -ita と -ta とは、連結母音の i を括弧内に示して -(i)ta と表記し得る一個の動詞接尾辞の各異形態なのである。

時制(テンス)は、常に話者の発話時を起点として、現在・過去・未来などを示す文法範疇であるが、態(アスペクト)は、或る時点(多くは主動詞の動作・作用の遂行時点)を基準とする。現代日本語動詞の表すアスペクトには、非完了態・完了態に加えて前望態(prospective aspect)がある。時制とは無関係に、或る時点に於いて或る動作・作用を望見し、又は意中に準備する事を表すアスペクトが前望態であり、其の定動詞は「話ソウ」「食べヨウ」の形を取る。形態素的には hanas-oo と tabe-yoo である。此処から接尾辞の -oo と -yoo とが前望態を表す動詞接尾辞である事も知られ、更に子音語幹に接尾して -oo と成り、母音語幹に接尾して -yoo と成るところから、両者は同一接尾辞の各異形態であって、子音 y が連結子音である事も容易に知られる。即ち、前望態を表す動詞接尾辞は -(y)oo と表記し得るものなのである。

定動詞が前望態である時、主語(又は主題化せられた主語)が一人称の単数である時は、

　僕ハ今日カラ日記ヲ付ケヨウ。

の様に意思(volitive)を表し、主語が一人称複数の時は、

　我々モミンナ揃ッテ出掛ケヨウ。

の様に勧奨(hortative)を表し、主語が三人称の時は、

　恐ラク夜半ニ嵐ガ来ヨウ。

の様に単複を問わず推量(conjectural)を表し、主節に於いて二人称の主語を取る事は無い。

3.　日本語の定動詞

定動詞とは直接法に於ける主動詞(principal verb)としての職能を有する動詞の謂いであり、日本語では主動詞に文を完結する働きがあるので、此の動詞形を終止形(finite form)と呼ぶ事が出来る。上述の非完了・完了・前望の三態を表す定動詞の形を終止形と呼ぶのである。終止形とは呼んでも、派生動詞語幹(derivational verbal stem)をも語幹と認めての終止形であるから、伝統文法に謂う「終止形」の概念とは、此の点で異なる。

受動相(passive voice)に用いられる定動詞「話サレル」「食べラレル」の様

な形を形態素に分てば、夫々 hanas-are-ru と tabe-rare-ru とに成る。先ず一次語幹(primary stem)の hanas- と tabe- に、派生接尾辞(derivational suffix)の -are- と -rare- とが夫々附着して受動相の派生語幹 hanas-are- と tabe-rare- とを作り、然る後に非完了態の定動詞を作る接尾辞 -(r)u が附着して成ったものであり、全体として終止形と見るのである。此処での派生接尾辞は、子音語幹に接尾して -are- と成り、母音語幹に接尾して -rare- と成る事実から、連結子音 r を持った -(r)are- という一個の接尾辞である事が知られる。然るに、伝統文法に拠れば、受身の「助動詞」に「レル」と「ラレル」の二者が在る事になって居り、先ず「話ス」の「未然形」たる「話サ」と、「食ベル」の「未然形」たる「食べ」とを設定して置いて、前者には「レル」の「終止形」が接続し、後者には「ラレル」の「終止形」が接続した形であると言う。使役相(causative voice)の定動詞「話サセル」「食べサセル」の形は、形態素的に hanas-are-ru、tabe-sase-ru と分析せられ、一次語幹たる hanas- と tabe- とに、連結子音 s を持つ派生接尾辞 -(s)ase- が附いて使役相の派生語幹 hanas-ase- と tabe-sase- とを作り、然る後に非完了態の定動詞を作る接尾辞 -(r)u が附着して成ったものであり、全体として終止形と見るのである。然るに、伝統文法では、夫々の「未然形」である「話サ」と「食べ」とを設け、前者には使役の「助動詞」の「セル」の方が接続し、後者には同じく「サセル」の方が接続した形であるとする。使役受動相(causative-passive voice)の「話サセラレル」「食べサセラレル」は、形態論上夫々 hanas-ase-rare-ru、tabe-sase-rare-ru と分析せられる。語構成は至って簡明であり、夫々の派生語幹 hanas-ase-rare- と tabe-sase-rare- とに、非完了態の定動詞を作る接尾辞 -(r)u の附いた終止形なのである。然るに、伝統文法では、「動詞」と「助動詞」とが複雑に「活用」接続したものであると説く。伝統文法の説明は全く言語学的ではない。

実質的意味を表す動詞の一次語幹に、種々の派生接尾辞が連接して、夫々の文法的意義を附加しつつ派生語幹を派生して行く様相は以上に見た通りであるが、派生せられた語幹は凡て二次語幹(secondary stem)と呼ばれ、使役受動相の派生語幹の例でも分るように、附着する派生接尾辞は一個のみとは限らず、時には数個の派生接尾辞が順次連接して一つの二次語幹を形成するのである。

完了態の終止形は「話シタ」*hanas-ita* や「食ベタ」*tabe-ta* の形を取るが、これも伝統文法に拠ると、「話ス」「食ベル」の夫々の「連用形」たる「話シ」や「食べ」に、「助動詞」の「タ」が接続したものとせられる。同様に、前望態の終止形は「話ソウ」*hanas-oo* や「食ベヨウ」*tabe-yoo* であるが、伝統文法では、「推量の助動詞」と称して「ウ」と「ヨウ」との二者を認め、「話ス」の「未然形」たる「話ソ」に「ウ」の接続したものが前者の形であり、「食ベル」の「未然形」たる「食べ」に「ヨウ」の接続したものが後者の形であると言う。前望態には、否定の意味を表す動詞接尾辞として、連結母音 u を持つ -(u)mai も在って、「話スマイ」「食ベマイ」が否定前望態の終止形であり、夫々形態素的に hanas-umai、tabe-mai と分析せられる。然るに、伝統文法では、「話ス」は「四段活用」なる一群の動詞に属しているが故に、其の「終止形」たる「話ス」に「マイ」が接続するが、「食ベル」は「下一段活用」なる別の一群に属しているから「終止形」には接続せず、其の「未然形」たる「食べ」に「マイ」が接続するのであると説明する。派生語幹に依る場合も同様であって、例えば「食ベラレタ」*tabe-rare-ta* は受動相の完了態終止形であり、「話サセヨウ」*hanas-ase-yoo* は使役相の前望態終止形であるにも拘らず、伝統文法に従えば、共に「動詞」と「助動詞」とが複雑に「活用」しつつ接続したものであると言う。伝統文法家の説く「活用」論は、完全に形態論的方法から遊離して了っている。

完了態の動詞接尾辞 -(i)ta が母音語幹に接尾する時は、連結母音を潜在せしめて -ta の形で附き（例えば「食ベタ」＝ tabe-ta）、問題が無い。併し、子音語幹に附く時には様相を異にして、連結母音 i の顕在形たる -ita が其の儘で附き得るのは、語幹末の子音が -s の場合のみ（例えば「話シタ」＝ hanas-ita）である。語幹末が -t の時は連結母音をゼロの形に変えて附き（例えば「立ッタ」＝ tat-ϕta）、-r か -w の時は更に其等の子音をも -t に変えて附く（例えば「切ッタ」＝ ki*t*-ϕta、「買ッタ」＝ ka*t*-ϕta）。語幹末が -k の時は其の子音をゼロの形に変えて附き（例えば「書イタ」＝ kaϕ-ita）、-g の時は更に接尾辞自体を -ida に変えて附く（例えば「漕イダ」＝ koϕ-i*d*a）。語幹末が -n の時は更に連結母音をゼロの形に変えた -da の形で附き（例えば

「死ンダ」＝ sin-*φda*)、-m か -b の時は其等の子音を -n を変えた上、同じく -da の形で附く(例えば「飲ンダ」＝ no*n-φda*、「呼ンダ」＝ yo*n-φda*)。但し、以上の音変化は、形態素の結合に伴って惹起する内的連声(れんじょう)(internal sandhi) であって「活用」ではない。而も、例外無く起る強制連声 (compulsory sandhi) であり、上述の法則の変則は「行ク」の場合のみである (此の完了態終止形は「行ッタ」＝ i*t-φ*ta であって「行イタ」の形を取らない)。

4.　日本語の四動詞形

文の述語たる定動詞としての職能を有する動詞の取る形が終止形であるが、之と全く同形の動詞が連体節を導く働きを為し、

　小声デ話ス人

　オ八ツヲ食ベル時間

の様に後続名詞を修飾し、或いは、

　ツツマズ話スガ良イ。

　皆ガ食ベルマデ待トウ。

の様に其れ自体が名詞としても用いられる。此の種の職能を有する動詞を称して**連体形** (participle) と呼ぶ。又、名詞たる職能を有するところから動名詞 (verbal noun) とも呼ばれる。上に挙げた非完了態の他に、

　以前ニ聞イタ話

　アロウ事カアルマイ事カ

の様に、完了態や前望態の連体形もある。連体形とは呼んでも、伝統文法に所謂「連体形」とは概念を異にし、派生接尾辞の連接に依って派生せられた二次語幹も一つの動詞語幹と認めるものであって、例えば名詞節の「無理矢理書カセラレタ証文」に於ける動詞「書カセラレタ」*kak-ase-rare-ta* は、全体が一つの連体形と看做されるのである。古代日本語では、終止形と連体形は概ね別形であったが、現代語では、終止形と連体形は全く同形を取り、形の上での別は無い。

派生動詞接尾辞には、受動相を表す -(r)are- や使役相を表す -(s)ase- に加

えて、丁寧(polite)の -(i)mas- や願望(desiderative)の -(i)tagar- の他、子音語幹にのみ接尾する可能(potential)の -e- などがあり、夫々二次語幹を派生する。猶、受動の -(r)are- は、同形を以て可能や尊敬(honorific)をも表す。丁寧の -(i)mas- は不規則接尾辞[8]である。此等が同一語幹に連接する時は、使役・受動・願望・丁寧の順位を取る。

アスペクトを表す -(r)u、-(i)ta、-(y)oo、-(u)mai 等は専ら終止形や連体形を作る動詞接尾辞であって、一次又は二次の語幹に附着して文法的機能のみを示し、常に各動詞の最後尾に置かれる形態素である。此の類いの接尾辞を文法接尾辞(grammatical suffix)[9]と言う。文法接尾辞には、終止形や連体形を作る上掲の類いに加えて、連用節を導いて後続の用言や節を修飾する事を職能とする連用形(converb)[10]を作るものもある。此処に連用形なる名称を用いるも、伝統文法に所謂「連用形」とは全くその概念を異にし、附着する接尾辞に従って数種の連用形がある。伝統文法に謂う「連用形」は、「話シ」「食べ」のような形を指すが、此の形は夫々の語幹に接尾辞 -(i)が附いて成ったものであり、連用形の一つに過ぎない。此の形を順接連用形(copulative converb)と言う。順接連用形を作る文法接尾辞は、上に示した通り、連結母音の i のみから成るものであるから、子音語幹に附く時は母音 i の顕在形で接尾して hanas-i のような形を取るが、母音語幹に附く時には、接尾辞 -(i)自体が潜在形たるゼロ形態と成って、tabe-ϕ のような形を取る。つまり、結果的には母音動詞語幹その儘の形で文中に現れるのである。伝統文法での所謂「連用形」とは、「活用形」の一つであって、其の後に「助動詞」が接続する事に成っているが、順接連用形は、例えば、

月ハ沈ミ星ハ瞬ク。

の如く文中に位置し、非完了態での継続用法(continuative use)がその職能の主なものであって、文法接尾辞 -(i)の後に他の接尾辞が附着するような事はあり得ない。

完了連用形(perfective converb)は「話シテ」「食べテ」の形で表され、形態素的には夫々 hanas-ite と tabe-te である。此の文法接尾辞 -(i)te が母音語幹に接尾する時は -te の形で附くが、-s 以外の末尾子音を持つ子音語幹に接尾する時には、接尾辞 -(i)ta の場合に全く平行した内的連声を惹起する。完

了連用形の接尾辞に限らず、連結母音 i を持ち且つ頭子音に t- を持つ凡ゆる動詞接尾辞（後述する -(i)tara、-(i)tari、-(i)temo 等）は、-s 以外の子音で終る語幹に接尾して内的連声を惹起し、其の連声に依る音変化の様相は、凡て -(i)ta に於ける場合と同一である（但し、-(i)tutu は例外）。

完了連用形の職能は、完了態での継続用法が主なもので、殊に補助動詞が後続する場合は常に此の連用形が要求せられる。此等の他にも「話セバ」*hanas-eba*「食ベレバ」*tabe-reba* の例に見られる仮定条件（provisional conditional）を表す連用形の -(r)eba、「話シタラ」*hanas-itara* や「食ベタラ」*tabe-tara* に見られる完了条件（perfective conditional）の -(i)tara、「話シタリ」*hanas-itari* や「食ベタリ」*tabe-tari* に見られる代表（representative）の -(i)tari、「話シテモ」*hanas-itemo* や「食ベテモ」*tabe-temo* に見られる譲歩（concessive）の -(i)temo、「話サズニ」*hanas-azuni* や「食ベズニ」*tabe-zuni* に見られる否定（negative）の -(a)zuni、「話シナガラ」*hanas-inagara* や「食ベナガラ」*tabe-nagara* に見られる同時（simultaneous）の -(i)nagara、「話シニ」*hanas-ini* や「食ベニ」*tabe-ni* に見られる目的（purposive）の -(i)ni[11] 等々、連用形を形成する文法接尾辞の種類は多く、文中にあって様々の連用句や連用節を導く。

現代語の命令形（imperative form）は「話セ」「食ベロ」の形を取る。夫々を形態素的に hanas-e 及び tabe-ro と分析して、文法接尾辞の -e と -ro とが得られる。前者は子音語幹に、後者は母音語幹に、夫々附着して命令形を形成する。「変格活用」動詞と言われている「来ル」の命令形は「来イ」であり、形態素的には ko-i であるから、此処に見られる -i も命令形を作る文法接尾辞と看做される。変則動詞（anomalous verb）の「為サル」*nasar-u*、「仰ル」*ossyar-u*、「イラッシャル」*irassyar-u*、「下サル」*kudasar-u* の命令形も、夫々 -i を附けて「為サイ」「仰イ」「イラッシャイ」「下サイ」と成る。此の際、内的連声から語幹末の -r を消去せしめて、夫々 nasaϕ-i、ossyaϕ-i、irassyaϕ-i、kudasaϕ-i のような形を一律に取る。斯く、命令形の形成に与る文法接尾辞の -e と -ro と -i の三者は、相補分布の関係に立つ異形態なのである。

此処に言う命令形とは、伝統文法に所謂「活用形」の一つとして立てられ

た「命令形」とは概念的に異なる。例えば、

悪魔ニデモ喰ワレロ。

早ク家ニ帰ラセロ。

のような表現に於ける「喰ワレロ」や「帰ラセロ」は、夫々受動相・使役相の派生接尾辞による二次語幹に命令形形成の接尾辞の附いた kuw-are-ro と kaer-ase-ro であり、全体として夫々を命令形の動詞と見るのであるが、伝統文法では、「喰ウ」と「帰ル」の「未然形」たる「喰ワ」と「帰ラ」とに、「助動詞」の「レル」と「セル」の「命令形」たる「レロ」と「セロ」とが夫々接続したものであると説明する。更に、命令形には、禁止を表す否定命令形も在って、「話スナ」「食ベルナ」の形を取る。形態素的には hanas-una、tabe-runa と分析せられるから、文法接尾辞の -(r)una が否定命令形を作るものである事が分る。これも伝統文法は、「終止形」の「話ス」「食ベル」に禁止の「助詞」である「ナ」が接続したものであると言う。

現代日本語動詞の語構成を要するに、日本語には接頭辞も接中辞も無い為、その膠着語としての特性は、接尾辞の膠着によってのみ示され、一次語幹に派生接尾辞が連接して二次語幹を順次派生して行き、語幹に文法接尾辞が附着する事に依って膠着が完結して、一個の動詞が形成せられると言う事である。動詞語幹にも動詞接尾辞にも、「活用」即ち語形的交替は見られない。動詞は、附着する文法接尾辞の文法的機能に従って、終止形・連体形・連用形・命令形の何れかの動詞形(verbal form)に分けられる。而も、此等の四種以外の動詞形は無い。

5.　形状動詞

日本語の文には、名詞述語(nominal predicate)に依って完結する文と動詞述語(verbal predicate)に依って完結する文との二様が在る。名詞述語とは「学校ダ」「静カダッタ」の類いを指すものであるから、本章では論じない。動詞述語を成す動詞(verbal)は、文法的に見て二類に分たれる。一つは「読ム」「書ク」「見ル」と言った類いの語で、本章に今迄「動詞」として論じて来たものは凡て此の一類であり、此の種の動詞を**動作動詞**(Action Verb)と言

う。他の一類とは「高イ」「速イ」「楽シイ」と言った類いの語で、此の類を形状動詞(qualitative verb)[12] と言う。伝統文法での所謂「形容詞」であるが、此の一類は動詞であって“adjective”ではない。現代語の形状動詞に於いて非完了態の終止形を形成する文法接尾辞は -i であり、完了態の方は -katta である。前望態終止形の文法接尾辞は -karoo であるが、主語の人称を問わず推量のみを表して、主語が一人称であっても意思や勧奨を表す事は無い。現代語形状動詞の終止形は、動作動詞に於けると同じく、古代語の連体形に由来するものであるから、連体形を形成する文法接尾辞は凡て終止形形成の接尾辞と同一である。連用形を形成する文法接尾辞には、順接の -ku、仮定条件の -kereba、完了条件の -kattara、譲歩の -kutemo 等々がある。

以上に一瞥した如く、現代語の形状動詞接尾辞には連結子音も連結母音も無い。

上掲の完了態終止形接尾辞 -katta は、形態素的に -kat-ta と分けられる。先ず、動作動詞化の接尾辞 -kar- が形状動詞の語幹に附着して動作動詞幹が派生せられ、そこに前述した完了態接尾辞の -(i)ta が更に附着する事によって生じる内的連声から -katta の形を取り、此れが完了態の終止形・連体形を作る事になるのである(例えば「高カッタ」＝ taka-ka*t*-ϕta)。前望態終止形の -karoo も、同様に -kar-oo と分けられる。同じく -kar- の附着によって派生せられた動作動詞幹に、前述した前望態接尾辞の -(y)oo が更に附着して前望態の終止形・連体形を作るという手順が踏まれる(例えば「速カロウ」＝ haya-kar-oo)。本来から、形状動詞の語幹には、-(i)ta や -(y)oo のような動作動詞の文法接尾辞は直接に附き得ないものであるから、先ず -kar- を附けて一旦動作動詞化し、そこに此等文法接尾辞を附着させなければならないのである。

非完了態の終止形を作る -i は形状動詞の文法接尾辞であるから、形状動詞の語幹に直接附着し得るのであるが、逆に此の -i は、如何なる動作動詞の語幹にも直接には附き得ない。願望を表す動作動詞の非完了態終止形は、「話シタイ」*hanas-ita-i*「食ベタイ」*tabe-ta-i* のような形であって、文法接尾辞に -i を取っている。見られる通り、願望の派生接尾辞は連結母音 i を持つ -(i)ta- であり、而も、これは形状動詞化の接尾辞であって、動作動詞の語幹から形状動詞幹を派生する役割を果す。故に、非完了態の終止形には形状動詞の文法接尾辞を取って hanas-ita-i、tabe-ta-i と成るのである。因みに、完了態は「話シタカッタ」*hanas-ita-katta*「食ベタカッタ」*tabe-ta-katta* のような形と成る。否定を表す動作動詞も、「話サナイ」*hanas-ana-i*「食ベナイ」*tabe-na-i* の例が示す通り、派生接尾辞 -(a)na- によって二次語幹が形状動詞化せられるが、前望態を欠くなど若干不規則なところがある。

形状動詞の命令形は、語幹に文法接尾辞の -kare を附して形成せられる。此の -kare も、動作動詞化の接尾辞 -kar- に命令形の文法接尾辞 -e の附いたものである。命令形は勿論話者の命令を表すものであるが、

　長カレ 短カカレソンナ物ハ使エナイ。

の様に、譲歩の意味で用いられる事も多い。

斯くの如く、形状動詞の四種の動詞形の語形成も、動作動詞に於けると全く同様に、接尾辞の機械的連接に依ってのみ成されるのであって、伝統文法家の説く「活用」など何処にも見当らないのである。

6.　結び

日本語動詞の「活用」の起源に就いては、西欧近代の学問を移入した明治以降に於けるも、全くの謎とせられて来た。ベジル・ホオル・チャンブレン、ウィリヤム・ジョージ・アストンの両氏も亦、この問題に取り組んだと言う。

有坂氏に拠れば、

　国語ニ於ケル動詞活用ノ起源ハ、コレ国語学上ノ一大問題デアツテ、有名ナル Chamberlain 氏スラ、コレニ対シテハ全ク匙ヲ投ゲタ。

との事であり、

　国語ノ動詞活用ヲ、全然膠着語的ニ解釈シヨウトシタ学者トシテハ、Aston 氏ガアル。(中略) 氏ノ説ニヨレバ、語根ニ a、e、i、o、u 等ノ vowel endings［母音語尾］ヲ附シテ変化サセル四段活用ハ、スベテノ活用形式ノ原形デアル。シカルニ見る、居るノ如キ単綴ノ語根ハ、之ヲ ma、me、mi、mu ノ如ク変化セシメルトキハ、全ク別語ノヤウニナツ

テ不便デアルカラ、特ニrノ音ヲ、語根ト vowel endings トノ間ニ挿入シテ、mu、mu、me ノ代リニ miru、miru、mire ノ形ヲ生ズルヤウニナツタ。サテコレラ単綴一段活用ノ中ノ少シク不規則ナ例トシテ、uru (得) ノ語ガ存スル。コノ語ハ更ニ他ノ語根ト結ビツイテ、所謂二段活用ヲ作リ出ス。…

と、先ずアストン氏の所説を紹介せられ、続けて、

併シ、コノ説デ、四段活用 (the First conjugation) ヲスベテノ活用ノ原形トスルノハ、全ク独断デアル。且 Aston 氏ニトツテ一種ノ不規則動詞デアル「得」uru ヲ以テ、スベテノ上下二段活用ヲ説明セントスル点モ、甚ダ無理ニ思ハレルデハナイカ。

と、アストン説を批判せられた上、

コレ畢竟 inflectional language［屈折語］ト agglutinative language［膠着語］トノ区別ヲアマリニ絶対的ノモノト見過ギル結果、agglutinative language ニハ (少クトモ本来) agglutination［膠着］以外ノモノハ決シテ存セズトノ先入見ニ禍サレタモノデハアルマイカ。

と自らの意見を述べられた[13]。

有坂氏自身は、日本語は大体に於いて膠着語の範疇に入るべきものではあるが、動詞の「活用」は屈折として説明しても良いとの考えであった旨は、本章冒頭に紹介した通りである。併し、氏の意見は完全に誤っていた。屈折語と膠着語との区別を「絶対的ノモノト見」たアストン氏が正しかったのである。本章に見て来たように、日本語動詞の語形成は、語幹に動詞接尾辞を機械的に膠着させる事によってのみ成されるのであって、屈折語的な「活用」など全く見られない。アストン氏の陥った錯誤は、日本語の膠着性を重視しつつも、猶、「四段活用(氏の所謂 first conjugation)」だの「二段活用(同じく second conjugation)」だの「一段活用(同じく third conjugation)」だのと言った「活用(conjugation)」の観念から離脱し得なかったところに在る。抑々、日本語の動詞は「活用」などしていなかったのである。

細江逸記氏[14]から大野晋氏[15]を経て山口佳紀氏[16]に至る迄、昭和・平成の時代に於けるも、動詞「活用」の起源乃至成立は依然として「一大問題」であり、事実、其他の諸家[17]によっても様々に論じられて来たのであるが、

これら諸説は、いずれも「活用」の概念に囚われ、「活用形」の起源を解明しようとの試みであった。

古代日本語の動詞接尾辞には、連結子音や連結母音に加えて代替母音も在り、接尾の様相はやや複雑であるが、本質的に膠着語であった事に、何ら変りはない[18]。「将然言」「連用言」に始る東條義門(1786–1843)流の六「活用形」的思考は[19]、形態論的方法から全く乖離して了っているに拘らず、「未然形」「連用形」…と呼称のみを変えて、今猶、中等文法教育の中核的位置を占めている。文法家と雖も、幼少時に於いて例外無く六「活用形」を学んだ。やがては此の先入観が諸学説の方向を誤らしめる結果を招いたのである。今や、言語学の一分野としての文法学にとどまらず、文法教育に於いても亦、伝統文法の絆を解脱して、動詞接尾組織の実相を正しく把握し、叙述すべき時ではなかろうか。

註

1　詳細は、清瀬義三郎則府、『日本語文法新論』、東京(桜楓社)1989、pp. 51–75［本書所収(pp. 109–130)］参照。

2　山口佳紀、「活用」、国語学会(編)、『国語学大辞典』、東京(東京堂出版)1980、p. 159。

3　鈴木重幸、「膠着語」、『日本百科大事典』5、東京(小学館)1963、p. 574。

4　有坂秀世、『語勢沿革研究』、東京(三省堂)1964、p. 124。

5　ここでのアスペクトとは、スラヴ語文法に謂う「アスペクト」とは別個の概念である。

6　アルタイ学の用語。また juncture consonant とも。清瀬義三郎則府、「連結子音と連結母音と」、『國語學』86、1971、pp. 56–42［本書所収］参照。

7　同上。また juncture vowel とも。Loc. cit.

8　例えば、子音語幹を派生するにも拘らず、前望態の -(y)oo の連結子音を潜在せしめず -(i)mas-yoo の形を取り、また否定には特殊形の -(i)mas-en の形を取るなど。

9　又、統語接尾辞(syntactical suffix)或いは機能接尾辞(functional suffix)とも。

10　ロシア文典に倣って副動詞(gerund)と呼ぶ事もある。

11　目的連用形は、「忘レ物ヲ取リニ帰ル」「芝居デモ見ニ行コウ」の如く、被修飾の動詞が移動動詞(motional verb)の場合に限って用いられる。

12　前掲の清瀬、「連結子音と連結母音と」には、qualitative verb の訳語として当初「定質動詞」なる名称を用いたが、本章では、山田孝雄氏が「動作用言」に対立するものとして立てられた「形状用言」に倣った。山田孝雄、『日本文法論』、東京（宝文館）1908、p. 228。

13　有坂、op. cit., pp. 123–124。

14　細江逸記、「我が國語動詞の相を論じ、動詞の活用形式の分岐するに至りし原理の一端に及ぶ」、市河三喜（編）、『岡倉先生記念論文集』、東京（岡倉先生還暦祝賀會）1928、pp. 96–130。

15　大野晋、「日本語の動詞の活用の起源について」、『國語と國文學』30：6、1953、pp. 47–56。

16　山口佳紀、『古代日本語文法の成立の研究』、東京（有精堂）1985。

17　例えば、村山七郎、春日和男、馬淵和夫、福田昆之、西田龍雄、川本崇雄、藤原明などの諸氏。

18　詳細は、前掲の清瀬、『新論』の附録「古代日本語の動詞接尾組織」（同書、pp. 139–176）［本書所収］及び同じく清瀬、「日本語の膠着語的性格（下）」、『言語』17：4、1988、pp. 83–86［本書所収（pp. 45–49）］参照。

19　東條義門、『活語指南』、1810（初稿）他。

第 2 編

日本語文法新論

——派生文法序説——

序　言

日本語の文法学において、構文論(syntax)の領域では幾多の研究成果が世に問われ、猶、問題を孕みつつも、近時の進展には一応見るべきものがある。引き換え、形態論(morphology)の領域では、何故かさしたる発展が見られず、その旧態然たる現状は否むべくも無い。本編は日本文法全般に亙る簡略な概括を試みたものであるが、些かなりともこれに寄与すべく、形態論的分析に主眼点が置かれている。

術語はなるべく伝統文法に用いられて来た呼称を踏襲する事を原則とした。但し、本書での終止形・連体形・連用形等の指すところは、伝統文法におけるそれぞれの概念と同じものではない。さらに、本書に説く文法論に「活用」なる語は用いられていない。日本語の動詞は「活用」などしていないからである。富士谷成章(なりあきら)(『あゆひ抄』、京都 1778)流の思考に基づけば、「活用」とは、謂わゆる「四段活用」にあっては語末の母音の変化であり、「一段活用」にあっては靡(なびき)(見ルのル)・靡伏(なびきふし)(見レバのレ)の膠着という事になろう。この江戸時代中期の文法観が、疑いすら懐かれる事無く、二十一世紀に至る今日まで承け継がれて、「活用」こそ実に伝統文法の中核的位置を占めて来たのである。日本語は典型的な膠着言語であり、膠着言語には語形の変化による内部屈折(活用)など無い。在るは接辞(affix)の膠着による派生(derivation)のみである。

謂わゆる「終止形」の見ル・書クは形態論的に、

mi　(母音語幹)　-ru
kak　(子音語幹)　-~~r~~u

という構成であって、接辞 -(*r*)u における *r* は連結子音である。連結子音とは、母音語幹に接尾する際にのみ顕在し、子音語幹に接尾して潜在する子音をいう。使役相動詞の見サセル・書カセルの語構成は、

mi-sase-ru

kak-ﾉase-ru

であって使役の意味を表す接辞は -(*s*)ase- であり、この子音 *s* も連結子音である。否定の見ナイ・書カナイも同様に、

mi-ﾉna-i

kak-ana-i

と分析せられて、-(*a*)na- が否定の意味を表す接辞であり、この母音 *a* は連結母音である。連結母音とは、子音語幹に接尾する際にのみ顕在し、母音語幹に接尾して潜在する母音を言う。

日本語における大キイ・美シイ等の語は、動詞の一類であって「形容詞」(adjective) ではない。この見地から、大槻文彦・松下大三郎の両先学は「形容動詞」と称さるべき旨を提言せられた（それぞれ、『廣日本文典別記』、東京 1897、p. 80 及び『改撰標準日本文法』、東京 1928、p. 250 ff.）。しかし、この呼称は一般に静カナ・親切ナの類いの語を指すに用いられているので、紛らわしい。本書では山田孝雄氏の術語「形状用言」（『日本文法論』、東京 1908、p. 228）に倣って形状動詞とした。謂わゆる「動詞」を動作動詞としたのも、同じく山田氏の「動作用言」（同書同頁）に拠る。

本書の核心たる動詞接尾組織に関する鄙見の成ったのは、何十年か前の事である。その骨子は、1969 年 12 月 27 ～ 30 日に米国デンヴァー市にて開催せられたアメリカ近代語学会（Modern Language Association of America）の年次例会において "Meaningless 'Conjugational Forms' in Japanese Grammar"［日本文法に於ける無意味な「活用形」］と題して口頭発表した。『國語學』86 (1971) に載せた拙論文［本書所収第１編第１章］は、その日本語版である。その後はアルタイ言語学にまた古代日本語音韻史にひたすら没頭して、何時しか歳月が流れたが、幸い 1986 年の夏から秋にかけ、余暇を見出し得て日本文典を纏める事が出来た。斯くて成ったものが本編の原本である。

第1章
有　意　音
(MEANING-BEARING SOUNDS)

1. 自立音(UNBOUND SOUNDS)

言語は、人間が音声を用いて思想・感情・意欲等を表現または伝達し、或いは理解する手段である。言語音を連ねて一つの纏まった思想や感情を表現し、形式の如何に拘らず、一つの完結した叙述に統括せられている最小単位を文(sentence)と呼ぶ。但し、その正確な定義は未だ得られていない。話者(addresser)の感情や聴者(addresee)への呼び掛け、またそれに対する応答を表す「アア」「オヤ」「ハイ」「イイエ」のような音は**感嘆詞**(Interjection)と呼ばれ、文法的に他の音とは組み合される事が無く、単独で文を作る。これが最も未分化な文であって、文とは言いながら、話者の主観を分析せず、そのまま全体的・直接的に言い表す。この種の文を別とすれば、文は、一定の順序に配列せられた意義を伴う一纏まりの音声、すなわち有意音の幾つかの連続から成り立っているのが普通である。

日本語の包括する有意音は様々である。それぞれに機能・形態・意味の異なる種々雑多の有意音も、文法的性質から同種と見られるものを纏めて同類と看做し、全体を数種に類別する事は可能である。先ず、有意音には、それ自体で実質観念を表す自立音と、それ自体では明瞭な観念を表さず、常に自立音と結合してのみ、その職能を果し得る接辞(affix)の類いの音とがある。自立音には、単独で文の成分(component)たり得る語(word)を形成するものもあれば、単独では用いられず、一定の接辞を伴ってのみ語を形成する語幹(stem)もある。

自立音は大別して**動詞**(Verbal)に含まれるものと、動詞の中に含まれないものとの二種に区分せられる。動詞とは、事物の動作・作用・存在・性質・状態などに就いて叙述する語をいう。正確には、自立音たる動詞の語幹が接辞を伴って各動詞を形成するのである。そのうち、「歩ク」「咲ク」「成ル」「居ル」等、動作や作用や存在に関する事態を、主として時間的な変化流動或いは持続として捉えて叙述する語は動作動詞（action verb）と呼ばれる。単に「動詞（verb）」と通称せられているものがこれに該当する。他に「高イ」「白イ」「美シイ」「悲シイ」のように、性質や状態に関する事態を、時間的に変化流動しない静止的固定のものとして捉えて叙述する語があり、この一類を**形状動詞**（Qualitative Verb）と呼ぶ。俗に「形容詞（adjective）」と称せられているものがこれに当るが、この通称は、文法的に見て、誤りである。

同じく自立音でありながら、動詞の範疇に属さないものは**非動詞**（Non-verbal）として一括せられる。非動詞もまた二類に大別せられ、その一方が接尾辞「-ダ」「-デス」等を従える事により文や節（clause）の述語（predicate）と成り得るもの、すなわち**名詞**（Nominal）である。名詞のうち、思想の主題たる事物・概念を指示する「机」「花」「赤」「哲学」のような音は、接尾辞「-ガ」「-ヲ」等を従えて主格（nominative case）・対格（accusative case）等に立ち得るものであり、この一類の音を**実名詞**（Noun-Substantive）と呼ぶ。或いは、実詞（substantive）と呼んでも良い。実名詞が「-ダ」「-デス」等を伴って述語を成す時、その指示するところは、叙述さるべき対象概念として捉えられている。これに対して、事物の性質や状態を表現する「静カ」「明ラカ」「急」「綺麗」のような音が「-ダ」「-デス」等を伴って述語として働く時、その指示する概念は、述語的叙述の内容そのものである。これら一類の音は、実名詞とは性質を異にし、「-ガ」「-ヲ」等の接尾辞を伴い得ず、従って、文の主語（subject）に立ったり、客語（object）として用いられたりする事も無い。また、副詞（adverb）に修飾せられ得る点でも、通常の実名詞とは異なっている。これらは、**形状名詞**（Noun-Qualitative）の語幹であり、俗に「形容動詞（adjectival verb?）」と称せられているものがこれに当るが、この通称は、これら一連の音の文法的実体を全く表していない。その文法的職能に関する限り形状動詞に近似していて、状態を表す語の豊富な漢語を取り入れ、数において乏しい形状動詞の欠を補っている。形状名詞は、単に形容詞

(adjective) と呼んでも差支えは無い。名詞とは、泰西文典も示す通り、本来が実詞と形容詞の総称なのである。

非動詞の中で、名詞と対立する他方の一類は**副用詞** (Qualifier) で、主語・述語に立つ事は無く、他の語に依存してのみ用いられ、その職能は専ら他の語句に対する修飾 (modification) である。このうち、実名詞の修飾のみを掌る「アノ」「アル」「サル」「イワユル」の類いは**連体詞** (Attribute) と呼ばれる。これに対して、動詞や形状名詞を修飾する「直チニ」「ユックリ」「大層」「全然」の類いが**副詞** (Adverb) であるが、「オヨソ五杯」の「オヨソ」や「少シ手前」の「少シ」のように或る種の実名詞を修飾する語の他、「モットユックリ」の「モット」のように他の副詞を修飾する語も副詞の中に数えられている。通常は文頭に置かれる「シカシ」や「シカルニ」のような謂わゆる「接続詞 (conjunction)」も、すべて副詞と看做して良い。副詞はまた、「カナリノ人出」「マサカノ時」「シバラクダッタ」における「カナリ」「マサカ」「シバラク」の例に見られる通り、実名詞的な働きもあるが、何れも主語や客語に用いられる事は無い。

2.　従属音 (BOUND SOUNDS)

有意音には、それ自身では実質的観念を表さず、常に自立音に附随して、自立音に一定の職能を附与したり、自立音の表す観念に特別な意味を添加したりする音がある。それらの音を総称して従属音と呼ぶ。従属音には、自立音への附着性が極めて高く、自立音と緊密に結合して一体を成すものもあれば、それに比べて附着性のやや緩いものもある。両者のうち、自立音との結合度の高い従属音を一般に接辞と呼ぶのであるが、文法的な意味で言って、日本語には接頭辞 (prefix) も接中辞 (infix) も存在しない。故に、日本語における文法標識 (grammatical marker) としての接辞はすべて**接尾辞** (Suffix) である。接尾辞もまた、結合すべき自立音の性質に従って二類に大別せられる。

接尾辞で専ら名詞にのみ添えられるものは、一括して**名詞接尾辞** (Nominal Suffix) と呼ばれ、そのうち、「-ガ」「-ノ」「-ニ」「-ヲ」「-ヘ」の様に、添えられた実名詞の文中における資格を限定するものは**格接尾辞** (Case Suffix)

と呼ばれる。謂わゆる「格語尾(case-ending)」である。一つの実名詞に二個の格接尾辞が添えられて、二重格(double case)を成す事もしばしばある。しかし、格接尾辞が形状名詞の語幹に附く事は無い。名詞接尾辞には、実名詞や形状名詞の語幹に附いてそれらと一体を成し、文または節の述語を作るものもある。すなわち、「-ダ」「-デス」「-ダロウ」「-デショウ」等がこれであり、この種の一類の音は**繋辞**(Copulative Suffix)と称される。つまり、文には、動詞述語(verbal predicate)を持つ文に加えて、名詞と繋辞から成る名詞述語(nominal predicate)を持つ文もあるという事である。

動詞の語幹に添えられる接尾辞が**動詞接尾辞**(Verbal Suffix)である。例えば、「書ク」*kak-u*「見ル」*mi-ru* における -u ／ -ru は動作動詞の非完了態(non-perfective aspect)を表示する接尾辞である。且つ -u ／ -ru のうちの -ru に見られる r は、末尾に母音の立つ語幹(ここでは *mi-*)に接尾する際にのみ顕れる子音、すなわち連結子音(union consonant)であるから、これを括弧内に示せば、両者を併せて -(r)u と表記する事が出来る。連結子音とは、母音で始まる接尾辞が母音で終る語幹に接尾する際に、二母音を連結する役目を果すものであって、末尾に子音の立つ語幹(ここでは *kak-*)に接尾する際には顕れない。「書コウ」*kak-oo*「見ヨウ」*mi-yoo* における -oo ／ -yoo は、前望態(prospective aspect)を表示するものであって、連結子音 y を持つ一個の接尾辞と看做されるから、同様にして、-(y)oo と表記する事が出来る。形状動詞の「寒イ」*samu-i* の -i や「寒カッタ」*samu-katta* の -katta の類いは、形状動詞接尾辞であって、語幹に接尾してそれぞれ非完了態と完了態(perfective aspect)とを表示する。以上に挙げたこの種の動詞接尾辞は**文法接尾辞**(Grammatical Verbal Suffix)と呼ばれるものであり、動詞語幹に接尾して、その語幹に文法的職能を附与する。

動詞接尾辞には、文法接尾辞の他に、語幹に附いて二次語幹(secondary stem)を派生するものもある。例えば、「書カセル」*kak-ase-ru*「見サセル」*mi-sase-ru* における -ase- ／ -sase- は、それぞれ使役(causative)の意味の添えられた二次語幹「書カセ」*kak-ase-*「見サセ」*mi-sase-* を派生する接尾辞であって、両者を併せて、連結子音 s を持つ -(s)ase- と表記する事が出来る。同様に「書カナイ」*kak-ana-i*「見ナイ」*mi-na-i* における -ana- ／ -na- は、連結母音(union vowel)のaを持つ接尾辞-(a)na-であり、否定(negative)の二次語幹「書カナ」*kak-ana-*「見ナ」*mi-na-*をそれぞれ派生する。連結母音は、末尾に母音の立つ語幹(ここでは*mi-*)に接尾する際には顕れない。斯くの如く、動作動詞の語幹と文法接尾辞との間に置かれて、或る特定の意味の添加せられた二次語幹を派生するこの種の動詞接尾辞が**派生接尾辞**(Derivational Verbal Suffix)と呼ばれるものである。一つの語幹に数個の派生接尾辞の添えられる事もしばしばである[1]。

従属音のうち、多少とも自立性を保ち、自立者との結合度が接尾辞に比してやや低いものがあり、これらの音は**助辞**(Postposition)と総称せられる。助辞とは呼んでも、広義の接尾辞の一種である事に変りは無い。助辞もまた二種に類別する事が出来、そのうち語と結合して句(phrase)の形成に与る助辞が**句助辞**(Phrase Postposition)であって、句と他の語との関係を限定する。例えば、「-バカリ」「-サエ」「-クライ」の様な助辞は、自立音もしくは接尾辞を伴った自立者と結合して、特別な意味を添加しつつ句の形成に与り、その句に副詞的職能を附与する。これら一連の音は**副助辞**(Adverbial Postposition)と呼ばれている。この定義に従えば、「-ハ」や「-モ」も副助辞であるが、これらは、語や更には句にも添えられて、結合した語または句と共に文の主題部(theme)を成し、時には強意をも添加しつつ、多くの場合に文末の述語と呼応する点において、特に**提題助辞**(Thematic Postposition)と称され、他と区別せられている。

上述の句助辞が句を形成するに対し**文助辞**(Clause Postposition)と呼ばれる助辞は、文の形成に関与するものではない。すでに成立した文の文末に位置する述語に附く性質の助辞である。そのうち、「-ガ」「-ケレドモ」「-カラ」等、先行の文を等位節(co-ordinate clause)または従節(subordinate clause)に変え、後続する節との意味関係を明確にするものは**接続助辞**(Conjunctive Postposition)と呼ばれる。先行する文を引用節(quotative clause)に変える「-ト」もこの類に数えられる。他方、文の末尾に添えられて、述語の表す判断に変化を与え、疑問・詠嘆・感動など感情的色彩を附与するものは**終助辞**(Sentence-final Postposition)と呼ばれる。「-カ」「-ネ」「-ヨ」「-ナア」などの助辞がこれに属する。日本語では、話者の感情が凡そここに籠められているのは事実であるが、そうかと言って、一部の学説[2]の主張する様に、ここに文成立の力が寓せられているという訳ではない。猶、そのうちの或る種のもの、例えば「- ネ」「- サ」等は、俗語では、語や句にも添えられて文中にも用いられる事がある。

以上に述べられた有意音の分類を纏めて、ここに図示する。但し、一語を以て文を成す感嘆詞はここには加えなかった。

有意音下位分類

（例）

- 有意音
  - 自立者
    - 動詞
      - 動作動詞……………………………　歩ク・見ル
      - 形状動詞……………………………　高イ・美シイ
    - 非動詞
      - 名詞
        - 実名詞……………　山・私
        - 形状名詞…………　静カ・綺麗
      - 副用詞
        - 連体詞……………　コノ・ドンナ
        - 副詞………………　甚ダ・シカモ
  - 従属音
    - 接尾辞
      - 名詞接尾辞
        - 格接尾辞…………　- ヲ・- マデ
        - 繋辞………………　- ダ・- ナ
      - 動詞接尾辞
        - 文法接尾辞………　-(r)u・-ku
        - 派生接尾辞………　-(s)ase-・-(a)na-
    - 助辞
      - 句助辞
        - 副助辞……………　- サエ・- バカリ
        - 提題助辞…………　- ハ・- モ
      - 文助辞
        - 接続助辞…………　- カラ・- ケレドモ
        - 終助辞……………　- カ・- ヨ

3.　派生(DERIVATION)

派生は語形成(word-formation)の一種である。二個以上の語の結合によって形成せられた語を複合語(compound word)と言うが、これは派生による語形成の枠外にある。複合語とは、「若草」「山々」などの実名詞、また「飛ビ出ス」などの動作動詞や「重苦シイ」「書キ易イ」などの形状動詞の類いを指す。「アマガサ」(<雨＋傘)「ヒッパル」(<引キ＋張ル)「ブッコワス」(<樸チ＋毀ス)などは、内的連声(れんじよう)(internal sandhi)によって原形を変えてはいるが、猶、複合語と看做される。自立音と接辞との結合による語形成のみが派生と呼ばれるのである。ここに接辞と称するは、広い意味での接辞であって、前掲の下位分類に示された様な接尾辞のみならず、何らかの文法標識として機能し、しかも実質観念を表さない形態素(morpheme)のすべてを指す。それ故、実質的観念の伴う「-殿」「-サン」「-メ」「-達」「-性」「-化」「-論」等の謂わゆる「接尾語」や「御-」「雄-」「不-」「非-」「反-」等の謂わゆる「接頭語」は非自立性の形態素ではあるが、(敢えて接辞と呼ぶなら)語彙的接辞(lexicological affix)とは呼べても、文法標識としての接辞には含まれない。謂わゆる「助数詞(classifier)」の「-軒」「-冊」「-匹」等も全くこれと同じである。「文学」「文法」「文法学」「法学」「英文学」など、各々が実質観念を表す非自立的な形態素の二個以上の組合せによる語形成は派生ではない。

類型論的分類(typological classification)に従えば、日本語は典型的な**膠着語**(Agglutinative Language)である。膠着語とは、実質的観念を担う自立者の文法的職能が、文法的意義を担う接辞の附着によって示される言語の総称である。接辞の附着は極めて規則的且つ機械的である事をその特徴とする。日本語の接辞には接頭辞も接中辞も無いから、接辞の膠着(agglutination)とは**接尾**(Suffixation)を意味する。故に、日本語の派生による語形成は、自立音たる語もしくは語幹が、従属音たる接辞を接尾せさせて、新たに別の自立音たる語もくしは語幹を派生して行くという形を取る。斯くて派生せられた語を**派生語**(Derivative)と言う。

不規則(irregular)の動詞化標識(verblizer) -se- は、動作を表す実名詞に附いて「散歩スル」*sanpo-su-ru* 等、多くの動作動詞を派生する。すなわち、実名詞「散歩」に動詞化標識 -se- の附いた形 sanpo-se- が派生語幹であり、ここでは非完了の文法接尾辞 -(r)u を従えて、-se- の変化形(variant)たる -su- が派生語幹を作っているのである。同種の実名詞に尊敬(honorific)の -nasar-、謙譲(humble)の -itas-、可能(potential)の -deki- などの動詞化標識が附いて、それぞれ「散歩ナサル」*san-po-nasar-u*「散歩致ス」*sanpo-itas-u*「散歩出来ル」*sanpo-deki-ru* などの動作動詞が派生せられる。このうち、尊敬の -nasar- は変則(anomalous)の動詞化標識である。このように、名詞に一定の接辞が接尾して動詞化した派生語を**名詞由来動詞**(Denominal Verb)と言う。「愛ス」*ai-s-u* の -s- や「信ジル」*sin-zi-ru* の -zi- も同じく動詞化標識である。

この他にも動詞化の接辞として「春メク」*haru-mek-u*「演説メク」*enzetu-mek-u* の -mek-、「学者ブル」*gakusya-bur-u* の -bur-、「子供ジミル」*kodomo-zimi-ru* の -zimi-、「花ヤグ」*hana-yag-u* の -yag- 等がある。

形状動詞化の接辞としては「女ラシイ」*onna-rasi-i*「愛ラシイ」*-ai-rasi-i* の -rasi-、「子供ッポイ」*kodomo-ppo-i*「色ッポイ」*iro-ppo-i* の -ppo- 等がある。

感情を表す形状名詞の語幹に附いて動作動詞化の働きをする接辞としては、「不思議ガル」*husigi-gar-u*「残念ガル」*zannen-gar-u*「不憫ガル」*hubin-gar-u* 等の -gar- の他、「憐レム」*aware-m-u* 等の -m- がある。

名詞から派生せられた名詞は**名詞由来名詞**(Denominal Noun)と呼ばれるが、日本語の実名詞には、文法的な性(gender)も無ければ数(number)も無いので、実名詞に由来する派生実名詞というものは存在しない。しかし、実名詞に接辞「- 的」が接尾すると、「学問的」「欧米的」など形状名詞の語幹を派生する。形状名詞の語幹に接辞「- ソウ」が接尾すると、「元気ソウ」「気ノ毒ソウ」など様相(evidential)を表す形状名詞を派生する。

更に、形状名詞の語幹に接尾して実名詞を派生する接辞には、「静カサ」「親切サ」「丈夫サ」などの例に見られる様に「- サ」がある。

動詞の語幹から派生せられた実名詞及び形状名詞が**動詞由来名詞**(Deverbal Noun)である。形式名詞(bound noun)の「ノ」「モノ」「コト」を名詞化標識

(nominalizer)と看做す見解もあるが[3]、先行の動詞を意味的に実名詞化はするものの、形態論(morphology)的にこれらは勿論接辞ではない。動詞の連体形(participle)は、実名詞としての職能を有するところから、動名詞(verbal noun)とも称せられているが、あくまで動詞形(verbal form)の一つであるから、これも動詞由来名詞とは言えない。動作動詞の語幹に附いて実名詞を派生する接辞としては -(i)がある。実名詞の「光」*hikar-i*「話」*hanas-i*「網」*am-i* 等は、それぞれ「光ル」*hikar-u*「話ス」*hanas-u*「編ム」*am-u* の語幹に i が接尾して出来たものである。この接辞は連結母音の i 一つからのみ成るものであって、母音で終る語幹に接尾する時には、潜在してしまって顕れない。つまりゼロ形態(zero form)の標識を取るのである。例えば、実名詞の「流レ」*nagare-ϕ*「恥」*hazi-ϕ*「店」*mise-ϕ* は、それぞれ「流レル」*nagare-ru*「恥ジル」*hazi-ru*「見セル」*mise-ru* の語幹に -(i)の潜在形態(latent form)たる -*ϕ* が接尾して出来たものである。

形状名詞の語幹に接尾して実名詞を派生する「- サ」は、同様に形状動詞の語幹をも名詞化する。例えば、「寒サ」「深サ」「大キサ」の如くである。また、「強ミ」「弱ミ」「深ミ」の例に見られる「- ミ」も実名詞化の接辞である。他に「寒ケ」「眠ケ」「嫌ケ」の「- ケ」などもあるが、「女気」「食イ気」などにも見られる通り、実名詞にも附着して実質的観念を表すものであるから、(「- ケ」は漢語起源との通説の当否は措くとしても)むしろ複合語と見るべきかも知れない。

形状動詞の語幹に附く接辞「- ゲ」は、形状名詞の語幹を派生する。「楽シゲ」「危ナゲ」「嬉シゲ」「淋シゲ」などがその例である。形状名詞の語幹に附く「- ソウ」は、「暑ソウ」「悲シソウ」の様に形状動詞の語幹にも附いて、様相の形状名詞語幹を派生する。但し、「無イ」「良イ」など形状動詞の語幹が単音節の時は、無意義の派生接辞「- サ -」を介して「無サソウ」「良サソウ」の形を取る。又、この接辞「- ソウ」は、連結母音 i を持つ -(i)soo として、動作動詞の語幹からも「咲キソウ」*sak-isoo-*「晴レソウ」*hare-soo-* など様相の形状名詞の語幹を派生する。

動詞から派生せられた動詞は**動詞由来動詞**(Deverbal Verb)と言い、動作動詞の語幹に派生接尾辞が附いて形成せられた動作動詞、例えば、語幹に使役

の -(s)ase- の附いた「飲マセル」*nom-ase-ru*「食べサセル」*tabe-sase-ru*、受動(passive)の -(r)are- の附いた「飲マレル」*nom-are-ru*「食べラレル」*tabe-rare-ru* の如きは、すべて動詞由来動詞である。否定の -(a)na- 及び願望(desiderative)の -(i)ta- も同じく動詞派生接尾辞であるが、これらはそれぞれ「飲マナイ」*nom-ana-i*「食べナイ」*tabe-na-i* 及び「飲ミタイ」*nom-ita-i*「食べタイ」*tabe-ta-i* の様に形状動詞を派生する。

形状名詞から動作動詞を派生する -gar- は、感情を表す形状動詞の語幹にも附いて、「寒ガル」*samu-gar-u*「苦シガル」*kurusi-gar-u* など動作動詞を派生し、同じく -m- も「楽シム」*tanosi-m-u*「苦シム」*kurusi-m-u* など動作動詞を派生する。形状動詞の語幹に -mar- が附いて派生せられた動作動詞は「早マル」*haya-mar-u*「弱マル」*yowa-mar-u*「広マル」*hiro-mar-u* の様に自動詞(intransitive verb)と成り、一方 -me- が附いて派生せられたものは「早メル」*haya-me-ru*「弱メル」*yowa-me-ru*「広メル」*hiro-me-ru* の様に他動詞(transitive verb)と成る。

動詞派生接尾辞が二個以上語幹に接尾した「飲マセラレナイ」*nom-ase-rare-na-i* の様な例の他にも、「憐レミ」*aware-m-i* や「楽シミ」*tanosi-m-i* の様に、形状名詞或いは形状動詞の語幹から前述の接辞 -m- によって作られた aware-m- や tanosi-m- といった動作動詞の語幹が、さらに前述の名詞化接辞 -(i) によって名詞化せられるという風に、数個の派生接尾辞が連続して、順次に派生を繰返して行く例は珍しくない。これが膠着言語に見られる一般的語形成なのである。

註

1　清瀬義三郎則府、「連結子音と連結母音と――日本語動詞無活用論」、『國語學』86, 1971, pp. 56–42（左 13–27）［本書所収］の他、清瀬、「日本語の膠着語的性格――日本語の動詞は活用などしない（上・下）」、月刊『言語』17: 3、1988、pp. 86–91; 17: 4、1988、pp. 72–86［本書所収］をも参照。

2　例えば、時枝誠記、『國語學原論』、東京 1941、p. 240 ff.; 渡辺実、「終助詞の文法論的位置――叙述と陳述再説」、『國語學』72、1968、pp. 127–135。

3　例えば、「補文化標識（complementizer）」として変形文法（transformational grammar）などに。

第2章
名詞と接尾辞
(NOMINALS AND NOMINAL SUFFIXES)

1. 実名詞(NOUN-SUBSTANTIVES)

事物の概念を表し、文中において主語や客語に立ち得るものが実名詞である。謂わゆる「代名詞(pronoun)」を実名詞から区別する理由は文法的に存在しない。また、文法的数の概念も無い。例えば「母達」は “my mother et al.” を意味し、自分の「母」が二人以上居る訳ではない。同じく「僕等」と言う時も “I and others” であって、“we” ではない。文法的に問題となるのは**形式名詞**(Bound Noun)である。正確には形式実名詞(bound noun-substantive)と呼ぶべきであろうが、「ノ」「筈」「ツモリ」「故」「時」等、常に先行する語・句・節に修飾せられて単独では用いられない一連の実名詞を言う。

食事ノ後(デ)、引見シヨウ。

花見ノ頃(ニ)、マタ出掛ケル。

駅へ行ク途中(デ)、友達ニ会ッタ。

知ラナカッタ為(ニ)、失敗シタ。

上例に見られる通り、格接尾辞を伴うか否かは、副詞句(adverbial phrase)や副詞節(adverbial clause)を導く形式名詞に関する限り恣意的である。

「代名詞」は文法上実名詞と同性質のものであるが、「コレ」「ソレ」「アレ」の様に特定の言語主体(language participant)の相対的関係に応じて、それぞれ異なった語を以て指示的に表す語を、特に**指示語**(Demonstrative)と総称する事がある。注意すべきは語幹 ko-・so-・a- の指示する内容であって、それぞれが距離的な近称・中称・遠称では決してない。「コレ」とは話者に身近なもの、「ソレ」とは聴者に身近なものをそれぞれ指し、「アレ」は当事者以外の第三者(third person)に身近なものを指すのである。場所を表す「ココ」「ソコ」「アソコ」や方向を表す「コチラ」「ソチラ」「アチラ」等の指示名詞(demonstrative noun)に限らず、指示連体詞(demonstrative attribute)たる「コノ」「ソノ」「アノ」や「コンナ」「ソンナ」「アンナ」、更に指示副詞(demonstrative adverb)の「コウ」「ソウ」「アア」等々もすべて同様であり、ko- を近称、so- を中称、a- を遠称と解したのでは、特に距離と無関係な指示副詞など、全く意味を成さない。「アア」とは「あの人物(または事物)のように」という意味である。

数量を表す謂わゆる**数詞**(Numeral)も実名詞の一種であるが、文法的に問題がある。先ず、漢語系の「一」「二」「三」から「十」に至る一桁の「数詞」は、数学における場合以外に単独で用いられる事が無い。例えば、

二ハ偶数デアル。

十ヲ三デ割ルト一が余ル。

とは言えるが、

*同僚六ガ車三ニ分乗シテ出掛ケタ。

という文は文法的に成立せず、

同僚六人ガ車三台ニ分乗シテ出掛ケタ。

の様に言わなければならない。すなわち、数学に於ける以外は、必ず「-個」「-本」「-冊」「-軒」等の謂わゆる「助数詞」を伴わなければならない。また上の文の「六人」と「三台」とは共に実名詞であるから、

六人ノ同僚ガ三台ノ車ニ分乗シテ出掛ケタ。

と言い換える事も可能である。しかし、

六人ノ同僚ガ集ッタ。

三台ノ車ヲ買ッタ。

という表現法を採るよりも、

同僚ガ六人集ッタ。

車を三台買ッタ。

の様に言う方が自然である。謂わゆる「助数詞」を伴った「数詞」は、

観客ガ多数集ッタ。

土産ヲ少シ買ッタ。

における「多数」や「少シ」のような数量を表す副詞と同様、副詞としても用いられるのである。但し、副詞としての用法が可能なのは、数量を指示せられる実名詞（ここでは「同僚」や「車」）が主語または客語に立つ場合に限られるのであって、その他の格（case）では、

＊同僚ト六人出掛ケタ。

＊車ニ三台分乗シタ。

の様な「数詞」の副詞的用法は文法上許されない。猶、和語系統の「一ツ」「二ツ」「三ツ」等の「-ツ」は「助数詞」と同等と看做されるから、和語「数詞」の文中での職能は、「助数詞」を伴った漢「数詞」と全く同じである。

数量副詞（quantitative adverb）の中には、

彼等ハ全部留学生ダッタ。

の例にも見られる様に、述語を作る実名詞の修飾語（adjunct）と成るものもあるが、一般に副詞は実名詞を修飾しない。この点で実名詞と**形状名詞**（Noun-Qualitative）の語幹とは明瞭に区別せられる。

アノ人ハ健康ダ。

大切ナノハ健康ダ。

上の二つの文に共に現れる自立音「健康」は、文法的に同種のものではない。

アノ人ハ大層健康ダ。

とは言えても、

＊大切ナノハ大層健康ダ。

という文は成立しない。前者の「健康」は形状名詞の語幹であり、後者のそれは実名詞だからである。ある実名詞が後接する別の実名詞を修飾するには、属格（genitive case）の接尾辞「-ノ」を従えるに反し、形状動詞の語幹は繋辞「-ダ」の一変化形「-ナ」を従えて「元気ナ」「静カナ」の形を取る。ここに両者を対比すれば、

健康ノ秘訣

における「健康」は実名詞であり、

健康ナ青年

における「健康」は形状名詞の語幹である。更に、形状動詞の語幹と同様に、名詞化接辞「- サ」を伴って「健康サ」「親切サ」「正確サ」の様に、程度を表す実名詞を派生する等、形状名詞の語幹は、実名詞とは文法的性質を異にしている。又、実名詞と違って、文の主語に立ったり客語に立ったりする事も無い。ただ、実名詞の方は一般に副詞に修飾せられる事は無いとは言いながら、

ズット昔

丁度十二時

直グ隣

僅カ三人

カナリ野心家

の様に、時間・空間・数量などを表す実名詞には、例外的に副詞が修飾する事もある。

猶、形状名詞にも、常に先行する語・句・節に修飾せられて、単独では文中に用いられない性質の**形式形状名詞**(Bound Noun-Qualitative)がある。

アノ先生ハ独身ノ様ダ。

ソレハ誰モ知ラナカッタ様ダ。

アタカモ春ノ様ナ陽気ダッタ。

における「様」が形式形状名詞の語幹に該当し、しかも、これが唯一のものである。語源的に遡及すれば、「見タ様ダ」に由来する「- ミタイダ」があるが、これは文法上繋辞の一つと認められるものであって、形式形状名詞ではない。

2.　格(CASE)

文の中で他の語との依存関係を表示する実名詞の語形が格である。格は格接尾辞によって示される。例えば、或る実名詞が「- ガ」を従えて**主格**(Nominative Case)に立っている時は、その実名詞が文の主語である事を表示している。

風ガ吹カナイ。

雨ガ降ッテ来タ。

の様に、文字言語では必ず主格の「- ガ」を接尾せさせるが、俗語では、主格の標識はゼロ形態の接尾と成り、

風φ吹カナイネ。

雨φ降ッテ来タヨ。

の様に言う事が多いのは、これが日本語史の上で主格の本来の姿だからである。主格の標識は、もとゼロ形態であった。

主格接尾辞「- ガ」を伴う実名詞は文の主語であるが、主語の表す内容は又しばしば文の主題と一致する。特別な脈絡（context）の無い単独な文として、謂わば藪から棒に、

*佐藤サンガ教員ダ。

とは言い得ない。自然な表現としては、

佐藤サンハ教員ダ。

でなければならない。「佐藤サン」が、主題部を作る助辞「- ハ」によって、先ず主題として提出せられ、しかる後に「教員ダ」との陳述部（rheme）がこれに続くのである。日本語の一般的な表現では、先ず主題部が提示せられ、次いで、その主題の内容に就いての解説とも言うべき陳述部が続くという構造、すなわち「主題-陳述」構造（theme–rheme structure）を取るのが普通であって、この点で英語などの「主語-述語」構造（subject–predicate structure）の文とは、根本的に異なっている。因みに、上例の場合、「佐藤サンハ」は副詞句であって、この文に主語は置かれていない。

佐藤サンガ教員ダ。

という文が許されるのは、先ず脈絡として、

（コノ中デ）誰ガ教員カ。

の様な質問が想定せられ、その応対として、

（コノ中デ）佐藤サンガ教員ダ。

と言うような場合に限られる。脈絡から「（誰カガ）教員ダ」という事が既知（given）であるに反し、「佐藤サン」の方は、上記質問「誰ガ」に対する解答として提出せられた初出（new）のものである[1]。斯くの如く、脈絡上初出のものを提示するこの種の「- ガ」はゼロ形態の接尾辞を以て代替する事を得

ず、後述[2]の副助辞の一つとして認められるものであって、主格接尾辞の「-ガ」とは別個である。

二次語（secondary word）に当る実名詞が一次語（primary word）たる実名詞を修飾する場合の格を**属格**（Genitive Case）と言い、この格は接尾辞「-ノ」を以て示される。二次語とは修飾する語、一次語とは修飾せられる語を言う。

兄ノ机ノ抽斗ノ中

煉瓦ノ建造物

の様に、属格は所有者や属性を表す場合が普通であるが、一次語との関係は多様であり、

女中ノ花サン

と言う時は、「女中」と「花サン」とが同格であって、

女中デアル花サン

と同意である。この場合の「-ノ」は**同格属格**（Appositive Genitive）を示す。更に、

木村サンガ先生ノ筈ハ無イ。

における名詞句（noun phrase）の「先生ノ筈」を名詞節（noun clause）の「先生デアル筈」に変えて、

木村サンガ先生デアル筈ハ無イ。

と言い換える事も出来る。同様に、

僕ノ少年ノ頃

という名詞句を、

僕ノ少年ダッタ頃

という名詞節に言い換える事も可能である。このように、同格属格の「-ノ」は、連体節（attributive clause）における繋辞と同じ役割を果す。しかし、この種の「-ノ」を繋辞と看做す事は出来ない[3]。繋辞とは異なり、「-ノ」は非完了或いは完了といった態（アスペクト）を全く表さないからである。

上例「僕ノ少年ダッタ頃」の「僕ノ」を主格に変えて、

僕ガ少年ダッタ頃

としても、内容的に全く変らない。これは何故であろうか。

　　先生ノ到着

なる名詞句での「先生」は、「到着」という行為の遂行者である。これを連体節「先生ノ到着スル」に変えた上、例えば「時刻」の様な実名詞を修飾せさせると、

　　先生ノ到着スル時刻

という名詞節が得られる。この名詞節は、内容的に、

　　先生ガ到着スル時刻

と完全に同等である。すなわち、連体節における「-ノ」は主格の「-ガ」と自由に交替し得るという事である。この種の「-ノ」を**主格属格**(Subjective Genitive)と言う。因みに、現代語での主格の「-ガ」も、歴史的には属格接尾辞であった。

二次語たる実名詞が後接の一次語たる実名詞に結び附くには、およそ属格に立つを要するから、属格以外の実名詞はさらに「-ノ」を従えて**二重格**(Double Case)の形を取らなければ、後接の実名詞を修飾し得ない。例えば、

　　故郷カラノ便リ

　　社長トノ面談

　　大阪マデノ切符

　　劇場デノ公演

の如くである。ただし、これには制限があって、「-*ガノ」「-*ヲノ」「-*ニノ」の様な二重格は存在しない。猶、属格接尾辞「-ノ」の直後に被修飾の形式名詞「ノ」が置かれたと想定せられる時、常に形式名詞の「ノ」は省略せられて、属格名詞がそのままの形で所属物を表す。

　　君ノハ僕ノヨリ少シ大キイ。

　　コノ机ハ学校ノダ。

などに見られる用法がこれであり、この種の属格を**省略属格**(Elliptical Genitive)と言う。また遊離属格(absolute genitive)と呼ぶ事もある。

属格接尾辞「-ノ」は、実名詞にのみ附くとは限らない。

　　夕涼ミシナガラノ月見

　　出席ハ見合セルトノ返答

の様に、或る種の句や節にも附随して後接の実名詞を修飾する事がある。

客語とは、動作動詞の行為に直接作用せられて影響をこうむるものを表す語を言い、文中において客語の働きを成す実名詞の取る格が**対格**（Accusative Case）である。対格は、

酒ヲ飲ンダ。

新聞ヲ読モウ。

などの例に見られる通り、接尾辞「- ヲ」によって示される。但し、俗語ではこれをゼロ形態の標識として、

酒φ飲ンダカイ。

新聞φ読モウヨ。

の様に言う場合も多く、然も、これが言語史的に対格本来の姿なのである。

空ヲ飛ブ。

道ヲ歩ク。

の様に用いられる「- ヲ」も純粋に対格を表し、「空」も「道」も他動詞たる「飛ブ」や「歩ク」の客語であって、それ以外の何物でもない。英語での表現がそれぞれ “flies *through* the sky” “walks *along* the road” であるからとて、日本語の文法とは全く関係の無い事である。然るに、「飛ブ」や「歩ク」の様な移動動詞（motional verb）に伴う対格名詞を、位格（locative case）と同様に、動作・作用の行われる場所を表示するものであると見る考えが猶も通説と成っている[4]。しかし、この場合も、位格は後述[5]する通り「- デ」によって示されねばならず、

幼児ガ廊下デ歩イタ。

幼児ガ廊下ヲ歩イタ。

の二つの文を比べれば、両者の相違は明瞭となろう。前者の文が文字通り「廊下」という場所「デ」「幼児ガ」どうにか「歩イタ」事を述べているのに対して、対格を用いた後者の文は、少くとも「幼児ガ」渡り「歩イタ」か歩き廻ったかして、「廊下」が「歩イタ」行為による直接の影響下にさらされた事を述べたものである。それ故、

太平洋デ泳グ。

事は吾人にとって日常茶飯事ではあっても、

太平洋ヲ泳グ。

事は、人間業としては不可能なのである。

形状動詞や形状名詞、或いは動作動詞から派生した形状動詞の類いが客語を取る事は無い。従って、

*新シイ着物ヲ欲シイ。

*僕ハ春子サンヲ好キダ。

*モット天婦羅ヲ食ベタイ。

の如き文は成立せず、これら対格名詞の代りに主格名詞が来なければならない。対格に立つ実名詞のみが客語たり得、然も、これを取り得る動詞は、動作動詞のうち、上述のような移動動詞を含めての他動詞に限られる。

授与・移行・影響などの働きを受け、その帰着点を表示する実名詞の格が**与格**(Dative Case)であり、それは接尾辞「- ニ」によって示される。

都ニ上ル。

災イガ我ガ身ニ及ブ。

などの「- ニ」がこれである。この格は、

母ニ手紙ヲ書ク。

妹ニ人形ヲ送ッタ。

の様に対格名詞と共に用いられる時、述語動詞に対して対格ほど結び附きが緊密でなく、間接的であり、ただ帰着点としての関与を表現する。与格名詞と対格名詞の双方を同時に取り得る動詞は授与動詞(dative verb)と呼ばれ、対格名詞がその直接客語(direct object)と成るに対し、与格名詞は**間接客語**(Indirect Object)と成る。

太郎ガ花子ニ英語ヲ教エル。

と言う時の「花子」は間接客語であり、「太郎」が「教エル」行為の動作主(agent)である事は言うまでも無い。

今、この文の主語を「花子」に置き換え、ほぼ同一の内容を表すべく、述語の授与動詞「教エル」*osie-ru*の代りに通常の他動詞「教ワル」*osowar-u*を置いてみると、

花子ガ太郎ニ英語ヲ教ワル。

となって、「教エル」行為の動作主である「太郎」の方に接尾辞「- ニ」が添えられている。この種の「- ニ」も与格を示すものと看做して良いもので

あろうか。少くとも「太郎」が帰着点ではない事だけは確実に言い得る。考察を進めるに当って、先ず「教エル」の使役相(causative voice)の形「教エサセル」*osie-sase-ru* を用いてみると、上の文は、

花子ガ太郎ニ英語ヲ教エサセル。

となる。ここでは「花子」が主語で、「太郎ニ」が与格名詞であるかの如き印象を与えよう。しかし、ここでの「太郎ニ」は「太郎ヲシテ」の意味であって、

花子ガ太郎ニ(＝太郎ヲシテ)花子自身ニ英語ヲ教エサセル。

と言い換えても良い、「花子自身ニ」こそが与格名詞であって、「太郎ヲシテ」と同義の「太郎ニ」が同じ与格とは言い難い。ここでも「太郎」は実際に「教エル」動作主だからである。次いで、使役相の代りに受動相(passive voice)の「教エラレル」*osie-rare-ru* を用いても、

花子ガ太郎ニ英語ヲ教エラレル。

となり、同じく「花子」が主語であり、「教エル」という行為の動作主「太郎」が同様に接尾辞「-ニ」を伴っている。しかも、この文は先に掲げた例文、

花子ガ太郎ニ英語ヲ教ワル。

と同義の文である。動作主を表示するこの種の「-ニ」の示す格を**行為者与格**(Agential Dative)と呼ぶ事もあるが、受動相や使役相に随伴して動作主を示す職能を担うところから、与格とは別個の**為格**(Agentive Case)を設ける見解も成り立つ。為格を認めるとすれば、

師匠ニ舞踊ヲ習ウ。

室員一同ニ餞別ヲ貰ッタ。

における「-ニ」もこれに該当する。

与格の「-ニ」に近似するものに「-ヘ」がある。しかし、近似はしても同等ではなく、

明日ハ横浜ニ行コウ。

明日ハ横浜ヘ行コウ。

の二文は、必ずしも意味的に同一内容を表すものではない。与格の用法は、

椅子ニモタレル。

　　ヤガテ医者ニ成ル。

などの例に示される通り、あくまでも帰着点を表示するのであって、この場合に「椅子へ」「医者へ」とは言わない。また逆に、

　　ソレカラソレヘト忙シイ。

　　佐渡ヘ佐渡ヘト草木モ靡ク。

における「-ヘ」を「-ニ」に替える事も出来ない。格接尾辞「-ヘ」の表示するところは、動作・作用の向けられる方向・方角であり、この様な格を**向格**(Allative Case)と言う。属格の「-ノ」を従えて二重格を作る場合も、

　　学問ヘノ憧レ

　　郷里ヘノ帰途

　　博多ヘノ列車

の如く「-ヘ」が用いられて、「-ニ」は用いられない。これらは、すべて方向を表しているからでもあるが、「-*ニノ」という二重格は本来存在しないのである。

　移行の帰着点を表示する与格や方向を表示する向格の他に、その終着点を表示する格がある。「博多ヘノ列車」と言う時、この列車は、少くとも「博多へ」行く事だけは確言せられているが、「博多」が終着点であるか否かには触れられていない。更に遠く、例えば長崎か鹿児島あたりが終着駅なのかも知れないのである。これに対して、

　　博多マデノ列車

と言えば、「博多」がその終着駅である事を明示している。

　　六時半マデ図書室ニイタ。

と言えば、「六時半」が「図書室ニイタ」最終時である事を表明し、それ以後は「図書室ニイ」なかった事を明言している。斯く、動作・作用の空間的・時間的終着点を表示する格を**終格**(Terminative Case)と言い、それは接尾辞「-マデ」によって示される。

　　年来ノ友マデ彼ヲ見放シタ。

　　君マデソンナ事ヲ言ウノカ。

の様な文における「-マデ」は程度を表すとも言われているが、これらとて終着点を表示している事に変りは無い。猶、上例では、主格の「-ガ」を添

えて二重格「- マデガ」としても意味内容は同じである。同様に、

彼ハ年来ノ友マデ見放シタ。

と言う時は、二重格「- マデヲ」を用いても同じである。また、他の格に立つ実名詞に終格「- マデ」を添えて、

子供ニ マデ笑ワレタ。

の様な二重格も作られる。ここでの「- ニ」は先述した為格である。猶、終格の「- マデ」は実名詞にのみ附くとは限らず

ソレホドマデ憎ンデイタ。

死ニタイトマデ言イ出ス。

の様に、ある種の句や節に附随する事もある。

以上の与格・向格・終格とは逆に、動作・作用の空間的・時間的起点を表示する格が**奪格**(Ablative Case)である。奪格は接尾辞「- カラ」または「- ヨリ」によって示される。

東京カラ大阪ニ至ル道程

六月一日カラ七月末日マデ上演

上例の「- カラ」を「- ヨリ」と言い換えても意味内容に変りは無いが、一般に「- ヨリ」の方が文語的な響きを持つ。

アノ様子カラ見ルト、何カアッタラシイ。

ソンナ事ヲ何カラ知ッタノカ。

の様な根拠や出自を表す「- カラ」も、英語での "judging from" "learned from" の from に当り、結局は起点に他ならない。しかし、英語の "from" の指示内容は奪格より狭い。奪格は、純粋に起点を表示するからこそ、

映画ハ六時カラ始マル。

今カラココヲ出発スル。

の様に表現する事も出来るし、時間的に遡って、

今カラ五年前ニ入会シタ。

後カラ考エテ見ルト、誤リダッタ。

の様な表現も極めて自然なのである。いずれも英語の "from" には意味的に該当しないものである。

無事ノ知ラセガ何ヨリ嬉シカッタ。

アノ人ハ年ヨリズット若ク見エル。

の様に、比較を表す奪格は**比較奪格**(Comparative Ablative)と呼ばれ、接尾辞「-ヨリ」によって示され「-カラ」は用いられない。助辞の「-モ」や「-カ」を添えて「-ヨリモ」「-ヨリカ」と言う事も、特に俗語ではしばしばあるが、この場合に限りこれらの助辞に特別な意味添加は無い。

事物の動作・作用・存在・状態等が遂行せられ又は存在する空間的・時間的位置を表示する格は**位格**(Locative Case)と呼ばれ、一般に、接尾辞の「-ニ」もしくは「-デ」で示される格が位格であると言われるが、日本語に果して純粋な位格接尾辞が認められるか否かを先ず検討する必要がある。接尾辞「-ニ」の用法を見ると、

都ニ雨が降ル。

庭ニ穴ヲ掘ル。

などにおける「-ニ」は、空間的位置を示すものではあるが、与格として帰着点を示しているとも解釈し得る。しかし、

小枝ニ花ガ咲ク。

畑ニ芽ガ出ル。

の「小枝ニ」や「畑ニ」は与格名詞とは看做し難い。その上、

弟ハ北海道ニ居ル。

マダ部屋ニ数人残ッテイル。

コノ町ニ銀行ハ無イ。

の様に、存在または不存在の場所を表す実名詞は必ず「-ニ」を取る他に、

八時ニ帰宅シタ。

夏休ミニ軽井沢へ行ッテ来ル。

の様に、動作・作用の行われる時間を表す実名詞も必ず「-ニ」を取る。この様な理由から、日本語に位格の接尾辞「-ニ」を認めても支障は無いと思われる。位格の「-ニ」は、

町マデニ丘ガ二ツ在ル。

夕方マデニ帰宅スル。

の様に、終格の「-マデ」に附いて二重格を作る事があるのも、与格の「-ニ」と異なる点である(与格・為格とマデとの二重格は、先に掲げた例文の

様に「- ニマデ」となる）。

次いで接尾辞「- デ」の用法を見ると、

公園デ遊ンダ。

図書館デ勉強シタ。

などにおける「- デ」も、空間的位置を示すものであるから、位格接尾辞であると言えるであろう。しかし、ここでの「- デ」と次の文における様な「- デ」とを果して区別し得るものであろうか。

双六デ遊ンダ。

自修書デ勉強シタ。

における「双六」や「自修書」は、それぞれ「遊ンダ」り「勉強シタ」りする為に利用せられた道具であって、ここでの接尾辞「- デ」は後述[6]の具格（instrumental case）接尾辞である。然らば、「公園」も「図書館」も同様に「遊ンダ」り「勉強シタ」りする為に利用したものであるから、位格ではなくて具格の「- デ」を従えたものと言う事になろう。しかし、この解釈は必ずしも正しくない。先ず前掲した例文、

庭ニ穴ヲ掘ル。

という文を見るに、ここでの「庭ニ」は与格とも取れるが、別の与格名詞を加えて、

庭デ地面ニ穴ヲ掘ル。

の様に「庭デ」と表す事も出来る。更に道具の「鍬」を加えて、

庭デ（地面ニ）鍬デ穴ヲ掘ル。

と言う事も出来る。この文における「鍬デ」の「- デ」は明らかに具格接尾辞であるが「庭デ」の「- デ」が同じ具格の接尾辞であるとは看做し難い。然も、

田舎デハ野菜ガ安イ。

アノ人ハ米国デ有名ダ。

の様に、述語が形状動詞または形状名詞の場合には、その性質・状態の存続する空間的位置を表す実名詞が必ず「- デ」を取る。これらの理由から、位格接尾辞としての「- デ」も認めて良いと思われる。

要するに、空間的位置を表示する接尾辞には「-ニ」と「-デ」との二種があり、述語が存在・不存在を表す動作動詞・形状動詞の時は「-ニ」を取り、述語が行為を表す動作動詞か性質・状態を表す形状動詞・形状名詞の時は「-デ」を取ると見られる。また、時間的位置を表示する接尾辞は常に「-ニ」であると見られる。斯くの如く、位格接尾辞の「-ニ」と「-デ」とは、相補分布(complementary distribution)を成しているから、同一接尾辞に属する異形態(allomorph)であると看做される。確かに、空間的位置として、

京都市ニ生レタ。　〜　京都市デ生レタ。

都会ニ育ッタ。　〜　都会デ育ッタ。

蒲団ニ寝テイル。　〜　蒲団デ寝テイル。

或いは時間的位置として、

五時ニ散会シタ。　〜　五時デ散会シタ。

今月半バニ雨期ニ入ル。〜　今月半バデ雨期ニ入ル。

の如く、両様の表現が可能なものもある。しかし、意味的には「-デ」を取る方が一層行動的であると言える。動作動詞「アル」と共に用いられる位格名詞も必ず「-ニ」を取るとは限らず、

明日、講堂デ演説会ガアル。

の様に「-デ」を取る場合もあるが、ここでの「アル」は存在の意ではなくて開催の意であるところから、充分に納得出来よう。

行為の手段・方法・道具・材料等を表示する格が上述の**具格**(Instrumental Case)であり、接尾辞「-デ」を以て示される。

英語デ話ス。

電話デ知ラセル。

鉛筆デ書ク。

電車デ通勤スル。

紙デ人形ヲ作ル。

などの例では、いずれも行為の遂行に際して「利用せられるもの」を表しているが、

一人前デ五百円ダ。

ヒトリデ出掛ケル。

　　規則デ禁ジラレテイル。

の様なものもこの中に数えられ、且つ、

　　大雨デ通信が途絶エタ。

　　交通事故デ急死シタ。

の様に原因を表すものもあって、具格の表示するところは多様である。具格はまた、

　　短大マデ デ充分ダ。

　　料金ハ渋谷マデ デ二千円モスル。

の様な二重格を形成する事もある。

動作・作用・存在・状態の共同者・随伴者を表示する格は**共格**(Comitative Case)と呼ばれ、接尾辞「- ト」がその職能を担う。

　　子供ト遊ブ。

　　僕ノ意見ハ皆ト同ジダ。

　　アノ人トハ全ク別人ダッタ。

また、事物の列記の際にも共格名詞が用いられる。

　　海ト山トドチラヲ択ブカ。

ただ、この場合、共格名詞の列記に、別の格接尾辞や助辞・繫辞のような従属音が後接する時には、末尾の「- ト」はしばしば省略せられる。すなわち、

　　男ノ子と女ノ子(ト)ガ遊ンデイル。

　　京都ト大阪ト神戸(ト)ニ用事ガアル。

　　今日ノ試験ハ物理ト化学ト生物(ト)ダ。

における括弧内ノ「- ト」の有無は恣意的である。独立した共格名詞の列挙においても同様である。

　　春ト秋(ト)

呼び掛けて指す語は、文中にありながら、然も文の他の語に形式上の関りは無く、単独に立っている。この様な呼び掛けに用いられた実名詞の格を**呼格**(Vocative Case)と言い、接尾辞「- ヨ」「- ヤ」によって示される他、ゼロ形態の標識によっても示される。

　　寮生ヨ、自治ノ精神ヲ忘レルナ。

坊ヤ、ココニオ出デ。

ナニ、君ϕ、心配ハ要ラナイ。

皆サンϕ、ソロソロ支度シマショウ。

以上を要約して、格接尾辞たる従属音の一覧を下に掲げる。

格接尾辞

主格	属格	対格	与格 為格	位格	具格	向格	奪格	終格	共格	呼格
-ga -ϕ	-no	-o -ϕ	-ni	-ni -de	-de	-e	-kara -yori	-made	-to	-yo -ya -ϕ

主格・属格・対格・呼格以外の格に立つ実名詞は、連用修飾語（adverbial adjunct）として後続の動詞を修飾する働きがある。そのうちの或るものは、動作動詞のみを修飾する。これらの格が主格や対格との二重格を成す際には、

中年カラ ガ要注意ダ。

上京以来今日マデ ヲ回顧スル。

の様に、主格の「‐ガ」や対格の「‐ヲ」が後置せられる。後続の実名詞を修飾する時には、同様に属格の「‐ノ」が後置せられる事は先述した通りである。

3.　副詞句（ADVERBIAL PHRASES）

実名詞が特定の助辞を伴う時、副詞的機能を備えて動詞の意義を修飾限定する事がある。この実名詞と助辞との結合を副詞句と言い、副詞句を作る助辞を**副助辞**（Adverbial Postposition）と呼ぶ。副助辞と雖も広義の接尾辞の一種ではあるが、その実名詞への附着は、格接尾辞の実名詞への結合におけるほど、緊密ではない。故に副助辞が格接尾辞の後に置かれる事、次の例の如くである。

僕ニサエ教エテクレナカッタ。

専門店デシカ売ッテイナイ。

東京ヘクライ一人デ行ケル。

君ニダケ見セテヤロウ。

しかし、上例のうちの最後の例文は、又、

君ダケニ見セテヤロウ。

と言い換える事も出来る。副詞句では主格名詞と対格名詞の接尾辞は省かれて(或いはゼロ形態で示されて)副助辞が直接実名詞に附着し、

子供ダケ残ッタ。

小説バカリ読ンデイタ。

の様に言うのが普通であるが、特に強調の意味で「-ガ」や「-ヲ」を附ければ、副助辞が先行し、

子供ダケガ残ッタ。

小説バカリヲ読ンデイタ。

となる。これらの場合は、助辞と言うより、接辞化してしまっていて、実名詞と一体化したものと見るべきであろう。属格の例がそれを良く証明している。

外国人ダケノ団体

粥バカリノ食事

象ホドノ大キサ

意味の上から言って、何れも実名詞と一体を成しているものと認められる。副助辞には、他にも、

ドコヘヤラ消エ失セテシマッタ。

ココデコソ知ラレテイルガ、有名デハナイ。

我々ニノミ特典が与エラレタ。

の「-ヤラ」「-コソ」「-ノミ」などがあり、又、

代数ヤ幾何ナド全然知ラナイ。

霙カ雪ニ変ルダロウ。

の様に類似の事物・人物を併記する際に用いられる「-ヤ」「-カ」「-ナド」も、共格接尾辞の「-ト」とは異なり、副助辞である。

主格の「-ガ」に関連して先にも述べたが、藪から棒に、

　　コノ小説ガ面白クナイ。

と言うのは甚だ不自然である。しかし、「ドノ小説ガ面白クナイカ」という質問に対する返答としては、極めて自然な文だと言える。脈絡上「面白クナイ」事は既知であり、初出の「コノ小説」が「-ガ」によって提出せられているのである。生成文法(generative grammar)風に言えば、「面白クナイ」は前提(presupposition)であり、「コノ小説」は焦点(focus)である[7]。「ドノ小説ガ」との問いに対し、特定の「コノ小説」が「-ガ」によって提出せられている。焦点を提示するこの種の「-ガ」も副助辞である。

　　僕ガオ茶ガ飲ミタイ。

　　妹ガ英語ガ話セル。

における「僕ガ」「妹ガ」の「-ガ」は副助辞、「オ茶ガ」「英語ガ」の「-ガ」の方は主格を示す格接尾辞である。すなわち、「オ茶ガ飲ミタイ」のは「僕」、又「英語ガ話セル」のは「妹」という様に、それぞれ「僕」や「妹」が副助辞「-ガ」によって焦点化せられているのである。

副助辞のうち、「-ナド」「-コソ」「-サエ」は、動詞や繋辞の或る種の連用形(converb)に附いて、

　　アンナ男ニ会イナドシナカッタ。

　　貧シクコソアレ、日々が楽シイ。

　　美シイ上ニ、優雅デサエアル。

の様に言う用法もあり、更に、

　　ソウ信ジタカラコソ実行シタ。

　　結婚シタイトサエ思イ始メタ。

の様に、或る種の節に附く事もあって、この点では、文の主題を提示する「-ハ」や「-モ」に近い。「-ハ」や「-モ」も副詞句を形成する副助辞である事に変りは無いが、これらが主題提示という機能を併有するところから、特に**提題助辞**(Thematic Postposition)として別に取り扱われる。

日本語では、文の構成として先ず主題部を挙げ、然る後に主題の内容に就いての陳述が展開せられるという形式を取る事が多い。提題助辞の語・句・節への附着の様相は其他の副助辞の場合とほぼ同じであるが、同一の副詞句内では、提題助辞の自立音への結合の度合は更に低く、

田舎ニダケハ住ミタクナイ。

昼寝バカリモシテイラレナイ。

の様に、他の副助辞より後置せられる。提題助辞が実名詞に直接附着する時は、主題が文の主語に該当するものを指す事もあり、又、文の客語に該当するものを指す事もある。

コノ建物ハ市役所ダ。

コノ新聞ハ毎日読ンデイル。

なる文において、先ず「-ハ」をもって、主題と成るべき「コノ建物」や「コノ新聞」が提示せられ、それが「どうであるか」という解説を与うるに、「市役所ダ」や「毎日読ンデイル」との陳述部をもって示しているのである。ここには、文法上の主語も客語も含まれていない。主語に当る「コノ建物」も、客語に当る「コノ新聞」も、それぞれ「-ハ」によって主題化(thematization)せられているからである。提題の「-ハ」の意味するところを英語で表すなら、"as for..." 或いは "as far as... is concerned" に近い。疑問語(interrogative word)が「-ハ」を取り得ないのはこの故である。

*誰ハソウ主張スルノカ。

*ドノ作品ハ良カッタカ。

の様な文が成立しないのは、英語においても "*as far as who is concerned" "*as far as which work goes" などと言えないのと同じく、文法上の問題と言うより、むしろ論理上の問題に属する。猶、「何ハトモアレ」「何ハ無クトモ」における「何」は疑問語ではない。

雨ハ降ッテイルガ、雪ハ降ッテイナイ。

などの文における「-ハ」は、単なる対照(contrast)を表しているかの如き誤解を招き易く、事実その様な説も提出せられているが[8]、畢境、「雨」と「雪」の各々が主題である事に変りは無い。

雨ハ降ッテイル。

という単文(simple sentence)における「雨ハ」とは、「(他ノモノハイザ知ラズ)雨(ニ関スル限リ)ハ」の意味であって、これこそ主題の本質に他ならない。それぞれの主題部を有する二つの単文を繋いだものが上掲の重文(compound sentence)なのである。「対照を表すハ」など無い。

主題部は一つの文に一個とは限らず、数個の主題部の置かれる文も少くない。

今日ハ山本先生ハ研究室ヘハ行カナカッタ。

なる文において、「今日ハ」とは「(他ノ日ハトモカク)今日ハ」という意であり、「山本先生ハ」とは「山本先生(ニ関スル限リ)ハ」の意であり、「研究室ヘハ」とは「(他処ハ知ラナイガ)研究室ヘハ」の意であって、各々が主題として取り上げられているのである。

提題助辞もまた副助辞の一つであるから、必ずしも文末の述語と相関的に呼応するとは限らず、

(猫ハ住メナイガ)犬ハ住メル家

(秀才デナクテモ)金持ニハ寛大ナ学校

の如く、連体節の中に用いる事も文法上可能である。従って、謂わゆる係結の「係り」ではない[9]。

同類のものが他に存在する事を前提として包括的に主題を提示する助辞が「-モ」であり、その文中での用法は「-ハ」と同じである。猶、「何モ」「誰ニモ」「何処カラモ」など疑問語に附く「-モ」は提題の機能を果すものではない。殊に、

誰モガ知ッテイル。

ソレハイツモノ事ダ。

等における「-モ」は語彙的接辞であり、「誰モ」「イツモ」の類いの各々が一つの実名詞を成すものである。

4.　繋辞(COPULAE)

動詞が文または節の述語たり得る事は言うまでも無いが、名詞もまた或る種の接尾辞を従えて述語たり得る。すなわち**名詞述語**(Nominal Predicate)である。実名詞や形状名詞の語幹に附着して名詞述語を構成する接尾辞を繋辞と言う。繋辞には数種あるが、そのうち、具体的な意味を伴わず、専ら確定判断を表すものに、常体(abrupt style)の「-ダ」と敬体(polite style)の「-デス」とがあるが、両者は一対を成していて、別個の繋辞ではない。名詞と繋

辞との結合体が文末に置かれて文を完結する時、繋辞は態に応じて種々の変化形を取る。それら諸形を総称して終止形(finite form)と言う。常体及び敬体の終止形の諸形は下図に示す通りである。

繋辞終止形

体＼態	非完了態	完了態	前望態
常体	-da	-datta	-daroo
敬体	-desu	-desita	-desyoo

名詞述語に関する限り、非完了態は命題に就いての現在又は未来における内容や状態を表示し、完了態はもはや存在していない内容・状態を表示し、前望態は推量による内容・状態を表示する。猶、常体非完了の「-ダ」は、疑問の助辞「-カ」が後接する時は、常に省略せられる。

　アンナ男が校長φカ。

　日本人は本当ニ勤勉φカ。

敬体の「-デス」等は、また丁寧繋辞(polite copula)とも呼ばれ、話者の聴者に対する直接敬意を含む繋辞であって、話中の人物・事物への敬意とは無関係である。故に、

　仰セニナラレタオ方ハ妃殿下様ダ。

なる文は常体の文であり、逆に、

　アイツラハ皆イカサマ野郎デシタ。

と言えば敬体の文である。但し、話中の人物が一人称(first person)か二人称(second person)の場合には、敬語(level of respect)と文体(style of sentence)の一致(concord)を見なければならず、

　*俺ハ元気デス。

　*貴方ハドナタ様ダネ。

　*オ前ハ誰デスカ。

の如き文は成立しない。

後続の実名詞を修飾する時に用いられる諸変化形を連体形と言い、この繋辞の非完了連体形が「-ナ」の形を取る以外、完了態や前望態の連体形はそ

れぞれの常体の終止形と同形である。ここに繋辞の連体形の諸形を纏めて一覧に供する。

繋辞連体形

非完了態	完了態	前望態
-na	-datta	-daroo

非完了連体形の「-ナ」は、

心ガ素直ナ人

私が暇ナ時、致シマショウ。

の様に、語幹が形状名詞である場合に専ら用いられ、実名詞の場合は属格接尾辞「-ノ」がこれに代る。

床ガ畳敷ノ部屋

私ガ中学生ノ時ハ病気ガチデシタ。

後者の例文の「-ノ」を連体形の繋辞に入れ替えると、

私ガ中学生ダッタ時ハ病気ガチデシタ。

となり、完了連体形の「-ダッタ」が「-ノ」に代って現れる。斯くの如く、「-ノ」が態とは一切無関係に用いられる点から見て、これを繋辞の連体形と見る考え[10]は受容し難い。猶、実名詞が非完了連体形の「-ナ」を取るのは、被修飾の後続実名詞が形式名詞「ノ」である場合に限られる。

病人ナノハアノ人ダ。

父ハ外科医ナノダ。

繋辞の副詞的用法を連用形と言い、順接(copulative)を表す連用形は「-デ」であって、非完了・完了の区別は無い。

海ハ静カデ、波ノ音サエシナカッタ。

の様な継続用法(continuative use)では、敬体の「-デシテ」も認められはするが、稀にしか用いられない。連用形の「-デ」は提題助辞と結合して、「-デハ」「-デモ」の形で却下條件(rejected conditional)及び譲歩(concessive)の副詞節をそれぞれ作る。

未経験者デハ、役ニ立タナイ。

未経験者デモ、採用スル。

更に、「アル」「ナイ」などの補助動詞（auxiliary verb）を伴う際にも用いられる。例えば、この繋辞の否定表現は、連用形の「-デ」に補助形状動詞の「ナイ」の諸変形を附随せさせる事によって成される。その際、提題助辞の「-ハ」「-モ」やその他の副助辞が「-デ」の直後に附く事もある。特に、「-ハ」の附いた「-デハナイ」等の形が俗語では「-ジャナイ」等の縮約形（contracted form）を取る事がしばしばある。具体的意味を全く失った補助動作動詞の「アル」等の附随した「-デアル」等の形は、文法的職能において繋辞と全く変りが無い。ここから、現代語の**文体**（Sentence Style）は、常体二種（「だ」調と「である」調）敬体三種（「です・ます」調と「であります」調と「でございます」調）の計五種に類別せられる。

実名詞には附く事が無く、専ら形状動詞の語幹に附いて副詞化の働きをする「-ニ」もまた、この繋辞の連用形の一つである。例えば、

人々ハ皆豊カニ暮シテイル。

の様に用いられる。

条件を表す連用形には「-ナラバ」と「-ダッタラバ」とが在り、前者は非完了の条件節（conditional clause）を、後者は完了の条件節をそれぞれ導く。両者共に語尾（ending）の「-バ」を省いてそれぞれ「-ナラ」「-ダッタラ」として用いられる事が多い。

飛行機ナラ、二時間余リダ。

不合格ダッタラ、途端ニ力ガ抜ケタ。

完了条件を表す「-ダッタラ」はしばしば仮定法（subjunctive mood）としても用いられる。

コレガ本物ダッタラ、ソンナニ安イ筈ガ無イ。

モシ雨天ダッタラ、行ワレナイダロウ。

これらを英語に直せば、それぞれ “if this were a genuine one” 及び “if it were a rainy day” と成る。

非完了条件連用形の「-ナラバ」には、名詞に附く用法の他、（肯定非完了繋辞の「-ダ」で終る文以外の）常体の完結文（full sentence）に附随して条件節を導く働きもある。完結文が非完了態の事もあり完了態の事もある。ま

た、肯定文・否定文の別を問わない。

コノ方ガ面白イナラ、コレニ決メヨウ。

誰モ答エナイナラ、僕ガ答エル。

本当ニ知ラナカッタナラ、何故ソウ言ワナカッタノカ。

この用法での「-ナラバ」は、直接法(indicative mood)における仮定を表し、意味的に英語の"if it is the case that..."にほぼ当る。

前望態の「-ダロウ」「-デショウ」は、名詞と結合して名詞述語を作る他、(肯定非完了「-ダ」で終る文を除き)常体の完結文に附随し得る。同じく、先行の完結文は非完了態の事もあり完了態の事もある。肯定文たると否定文たるとを問わない。完了態には「-ロウ」の形で附く事もある。

夕方ニハ涼シクナルダロウ。

満員デハナカッタデショウ。

勿論、先行する文の述語が前望態の時には、「-ダロウ」「-デショウ」は附着し得ない。前望態の語を重ねる事はしないのである。

*明日ハ雪ハ降ルマイダロウ。

この用法に見る「-ダロウ」「-デショウ」の意味は、英語での"it may be that..."にほぼ当る。

通常の繋辞「-ダ」「-デス」に加えて、「-ラシイ」及び「-ミタイダ」も繋辞と認められる。前者は話者の推測・憶測を表し、「-ラシ-」が一種の形状動詞派生接辞であるところから、その諸変形は形状動詞に等しい。後者は外観的類似を表し、「-ミタイ-」が形状名詞派生接辞であるところから、諸変化形は形状名詞に等しい。両者共に、名詞と結合して名詞述語を作る用法の他、「-ダロウ」「-デショウ」と同様に、(「-ダ」で終る文以外の)常体の完結文に附随し得る機能も有し、この用法での「-ラシイ」「-ミタイダ」の意味は、それぞれ英語の"it seems that..."及び"it looks like..."にほぼ当る。

討議ハ直グ終ッタラシイ。

誰ニモ分ラナカッタミタイダ。

但し、先行する完結文の述語が前望態の時は、「-ラシイ」「-ミタイダ」は附着し得ない。例えば、

*ヤガテ春ガ訪レヨウラシイ。

の様な文は成立しない。

註

1　「既知」と「初出」の概念に就いては、M. A. K. Halliday "Notes on Transitivity and Theme in English," 1-3, *Journal of Linguisties* III: 1, 1967, pp. 37-81; III: 2, 1967, pp. 199–244; IV: 2, 1968, pp. 179–215 及び Halliday, "Functinal Diversity in Language as Seen from a Consideration of Modality and Mood in English," *Foundations of Language* VI: 3, 1970, pp. 322–361 参照。

2　本書本編第2章3、pp. 101–102。

3　時枝誠記氏は「-ノ」を「指定の助動詞」たる「-ダ」の連体形とせられる。本書本編第2章の註10参照。

4　例えば、国立国語研究所、『現代語の助詞・助動詞—用法と実例』、東京 1951、pp. 239–240。

5　本書本編第2章2、pp. 95–98。

6　本書本編第2章2、pp. 95–98。

7　Noam Chomsky, "Deep Structure, Surface Structure and Semantic Interpretation," R. Jacobson and S. Kawamoto (eds.), *Studies in General and Oriental Linguistics*, Tokyo 1970, pp. 52–91。

8　例えば、久野暲、『日本文法研究』、東京 1973、p. 28 ff.; Susumu Kuno, *The Structure of the Japanese Language*, Cambridge 1973、p. 38 ff.。

9　山田孝雄氏は「係り」と見られる。山田孝雄、『日本文法學概論』、東京 1936、p. 472 ff.。

10　例えば、時枝誠記、『日本文法・口語篇』、東京 1950、p. 183 ff. や奥津敬一郎、『生成日本文法論』、東京 1974、pp. 9, 236。

第3章
動詞と接尾辞
(VERBALS AND VERBAL SUFFIXES)

1. 態(ASPECT)

動作動詞の不変化部分、すなわち、接尾辞を除外した語幹の部分を**動詞幹**(Verbal Stem)と言う。例えば、「食ベル」*tabe-ru*「話ス」*hanas-u* における tabe- や hanas- がこれに該当する。動作動詞の語幹はすべて文法的抽象であって、実際の言語行為にあっては常に接尾辞を伴って現れ、動作動詞幹それ自体が単独で用いられる事は無い。動作動詞の動詞幹には二種類が認められ、上例の「食ベル」の tabe- の様に母音で終る動詞幹は**母音幹**(Vowel Stem)と呼ばれ、謂わゆる「上・下一段活用(upper/lower mono-grade conjugation?)」動詞の語幹がこれに当る。同じく「話ス」における hanas- の様に子音で終る動詞幹は**子音幹**(Consonant Stem)と呼ばれ、謂わゆる「四段活用(quadri-grade conjugation?)」動詞の語幹がこれに当り、「買ウ」*kaw-u* の類いも子音幹と認められる。

動詞幹に附く接尾辞には、種々の二次語幹を派生するものも在るし、種々の動詞形の形成に与るものも在って多様であるが、それらは総称して**動詞接尾辞**(Verbal Suffix)と呼ばれる。上に辞典形(dictionary form)によって例示した「食ベル」と「話ス」とに就いて言えば、前者 tabe-ru の動詞接尾辞は -ru であり、後者 hanas-u の動詞接尾辞は -u である。且つ、前者の動詞幹は母音幹であり、後者の動詞幹は子音幹である。辞典形に見られる動詞接尾辞は、「食ベル」「話ス」の例に限らず、あらゆる母音幹動詞において -ru として現れ、あらゆる子音幹動詞において -u として現れる。換言すれば、母音に接尾する時は -ru と成り、子音に接尾する時は -u と成るのであるから、両者は相補分布の関係にあり、本来は同一の接尾辞の環境的変種（environmental variant）に過ぎないという事である。接尾辞 -ru における子音 r は、母音に後接する際にのみ現れて、子音に後接する際には消失する。このように、母音に後接してのみ顕在し、子音に後接する際には潜在して現れないこの種の子音を**連結子音**（Union Consonant）と言う。辞典形を形成する動詞接尾辞は、異形態として -ru と -u との二形があるものの、本来は一個の -(r)u と表記し得る接尾辞なのである。斯くの如く、括弧内に示される連結子音（ここでは r）は、動詞幹の末尾母音（ここでは tabe- の e）と接尾辞の頭母音（同じく -u の u）とを連結する役割を担うものである。

動詞が文末に置かれて、文の述語としての職能を果す際の形を**終止形**（Finite Form）と言い、態に応じて異なる動詞接尾辞を取る。上述の動作動詞の辞典形は、また終止形でもある。

毎朝六時ニ起キル。

毎晩日記ヲ書ク。

上の文で「起キル」*oki-ru*「書ク」*kak-u* は述語として機能し、その述語たる職能は接尾辞 -(r)u によって附与せられていて、英語的に言うなら、現在時制（present tense）を表している。同じ形でありながら、

明朝ハモット早ク起キル。

今晩母ニ手紙ヲ書ク。

と言えば、「起キル」「書ク」は英語でそれぞれ "will get up" "will write" であって、未来時制（future tense）を表す事になる。現在及び未来の両時制に共通して言える事は、少くとも過去時制（preterite tense）ではないという事である。以上の例文から見ると、接尾辞 -(r)u は、現状において未だ動作・作用の遂行が成されていない事を表示するものであると定義して良いかに見えよう。然らば、次の様な例はいかがであろうか。

寝ル前ニ薬ヲ飲ンダ。

報告ヲ読ムマデ不安ダッタ。

上例の「寝ル」*ne-ru* や「読ム」*yom-u* は終止形ではないが、ここでは明らかに過去の事象が接尾辞 -(r)u をもって表されている。ただ、「寝ル」或いは「読ム」行為が、それぞれ述部（predicate）に述べる「薬ヲ飲ンダ」或いは

「不安ダッタ」時点では、未だ遂行せられていなかったのである。斯くの如く、動詞接尾辞 -(r)u の表示するところは、或る一時点において、動作・作用が未だ遂行せられていない事を表しているのであって、必ずしも現状を起点としない。これが**非完了態**(Non-perfective Aspect)であり、「態」は、話者の話す瞬間を起点とする英語的な「時制」とは、全く別個の概念である。現代日本語の動詞には、文法的に時制の別を表す標識は無い。

動詞の終止形が、或る一時点以前に動作や状態の完了した事を表示する時の態を**完了態**(Perfective Aspect)と呼び、動作動詞では「食ベタ」*tabe-ta*「話シタ」*hanas-ita* の例に見られる通り、接尾辞 -ta 又は -ita によって示される。この二形も、本来は一個の接尾辞の環境的変種に過ぎず、後者の -ita なる形が子音幹 hanas- に接尾する時の形であるのに対して、前者ではその母音 i を失った -ta の形を取って母音幹の tabe- に接尾している。このように、子音に後接する際にのみ顕在し、母音に後接する際には潜在して現れないこの種の母音を**連結母音**(Union Vowel)と言う。完了態の終止形を形成する動作動詞接尾辞は、本来は一個の -(i)ta と表記し得る接尾辞なのである。斯くの如く、括弧内に示される連結母音(ここでは i)は、動詞幹の末尾子音(ここでは hanas- の s)と接尾辞の頭子音(同じく -ta の t)とを連結する役割を担うものである。

完了態の -(i)ta が母音幹に接尾する時は全く問題が無く、連結母音 i が消失して一律に -ta が接尾し「過ギタ」*sugi-ta*「受ケタ」*uke-ta* の様な形を取る。その接尾はひとえに規則的である。問題は子音幹に接尾する際であって、連結母音 i の顕在形たる -ita が一律に接尾するのは、「話シタ」*hanas-ita*「貸シタ」*kas-ita* の例に見られる様に、幹末子音が *s* の場合に限られ、其他の子音を末尾に持つ子音幹に接尾する際には**内的連声**(れんじょう)(Internal Sandhi)が生じて、動詞幹の幹末子音を他の子音に変えたり、或いは接尾辞の頭子音 t を d に変えたりする事がある。但し、この場合の内的連声は常に一定の規則に従う。子音幹に接して連結母音 i の現れない事もあるが、これも内的連声の一環である。

接尾辞 -(i)ta による内的連声

連声	語例
── k- (i)ta ⟶ ── ϕ-ita	(書ク) 書イタ
── g- (i)ta ⟶ ── ϕ-ida	(泳グ) 泳イダ
── t- (i)ta ⟶ ── t-ϕta	(立ツ) 立ッタ
── r- (i)ta ⟶ ── t-ϕta	(切ル) 切ッタ
── w- (i)ta ⟶ ── t-ϕta	(買ウ) 買ッタ
── n- (i)ta ⟶ ── n-ϕda	(死ヌ) 死ンダ
── m- (i)ta ⟶ ── n-ϕda	(読ム) 読ンダ
── b- (i)ta ⟶ ── n-ϕda	(飛ブ) 飛ンダ

上表の連声規則における唯一の例外は「行ク」*ik-u* であって、完了態の終止形は「*行イタ」**iφ-ita* とは成らず「行ッタ」*it-φta* の形を取る。猶、この規則的内的連声は、-(i)t- で始まり語末に置かれる動詞接尾辞(例えば -(i)te・-(i)tara・-(i)tari など)すべてに通じるものである(但し、-(i)tutu は例外)。

動作動詞の完了態は、或る一時点に於いて、それより以前に動作・作用が遂行せられた事を表すのであって、時制には関りが無い。

　試験ガ終ッタ後デ郷里ニ帰ル。

　一番良ク出来タ人ニハ賞ヲ与エル。

上の例の「終ッタ」*owat-ta*「出来タ」*deki-ta* は終止形ではないが、明らかに未来の事象が完了態の -(i)ta を伴った動作動詞によって表されている。その行為が、述部の「郷里ニ帰ル」或いは「賞ヲ与エル」時点を基準として、既にそれ以前に完了している筈だからである。

態には、非完了態と完了態の他に、起ろうとする動作・作用・存在・状態等を望見し、または意中に準備する**前望態**(Prospective Aspect)がある。その終止形は動作動詞では「食ベヨウ」*tabe-yoo*「話ソウ」*hanas-oo* のような形で表されるものであって、ここに見られる通り、動詞接尾辞 -yoo/-oo によって示されている。母音幹に接尾して -yoo となり、子音幹に接尾して -oo となるところから、子音の y は連結子音である事が知られる。すなわち、-(y)oo と表記し得る一個の接尾辞なのである。

前望態には、否定を表す終止形もあり、それは「食ベマイ」*tabe-mai*「話スマイ」*hanas-umai* の形で表される。斯くの如く、否定前望態終止形の接尾辞は、母音幹に後接する際には -mai の形を取り、子音幹に後接する際には -umai の形を取るところから、連結母音 u を持った -(u)mai である事が知られる。

意味の上から見た前望態の動作動詞は、肯定・否定を通して、主語が一人称の単数(singular)である時は、

今日カラ日記ヲ付ケヨウ。

アンナ男ニハ、モウ二度ト会ウマイ。

の様にその意思(volitive)を表し、主語が一人称の複数(plural)である時は、

サア、遊ビニ行コウ。

皆ノ者、決シテ騒グマイゾ。

の様に勧奨(hortative)を表す。文の述語として作用する前望態の動詞が二人称の主語を取り得ないのは、日本語の一人称複数「代名詞」が常に包括的(inclusive)で、その概念に二人称を包括しているからである。但し、従節にあっては二人称の主語を取り得る事、次の如くである。

君ガ避ケヨウトシテモ、ショセンハ無駄ダ。

マサカ君ガ受カルマイトハ思ッテモミナカッタ。

主語が三人称(third person)の時は常に推量(conjectural)を表す。

明日ハ雨ガ降ロウ。

コノ患者ハ明朝マデハ持ツマイ。

事物の性質・状態を述べる形状動詞の終止形は、「高イ」*taka-i* のように語幹に接尾辞 -i を附けて非完了態を表示し、また「高カッタ」*taka-katta* のように語幹に -katta を附けて完了態を表示する。その前望態は「高カロウ」*taka-karoo* の様に語幹に接尾辞 -karoo を附けて表示せられるが、意味的には、繋辞の前望態におけるが如く、主語の人称の如何を問わず推量を表す。非完了態の -i は形状動詞接尾辞であるが、完了態の -katta と前望態の -karoo とは、形状動詞の語幹に附いて動作動詞化する接尾辞 -kar- に、上述の完了の -(i)ta と前望の -(y)oo とがそれぞれ附いて成ったものである。

終止形を形成する接尾辞を伴って文の述語として働く動詞を**定動詞**(Finite

Verb）と言う。同じ形を取る動詞は、定動詞としての用法以外にも、連体節を導くという働きもある。すなわち、直後に置かれる実名詞を修飾する**連体形**（Participle）としての働きである。現代語の終止形はすべて古代語の連体形に由来するものであるから、現代語動詞の終止形と連体形とに、形の上での区別は無い。

動作動詞接尾辞はすべて連結母音か連結子音を持っている。因みに言えば、古代語にはさらに代替母音（alternate vowel）というものも在った。謂わゆる「上一段活用」終止形の「見ル」*mi-ru* などは現代語と同形であるが、例えば、謂わゆる「上二段活用」（upper bi-grade conjugation?）」終止形の「起ク」*ok-u* は、先ず語幹 okï- の末尾母音 ï が代替母音 ϕ と交替して okϕ-（= ok-）と子音幹化せられ、その後に接尾辞 -(r)u が附いて ok-u となったものである。古代語動作動詞の終止形接尾辞は $-^{\phi}$(r)u と表記する事が出来、左肩に小字をもって示された ϕ が代替母音である。一方、連体形の「起クル」*oku-ru* は、先ず語幹 okï- の ï が代替母音 u と交替して oku- となり、その後に接尾辞 -(r)u が附いて oku-ru となったものである。古代語動作動詞連体形の接尾辞は同様にして $-^{u}$(r)u と表記し得るものであった。代替母音は、内的再講（internal reconstruction）による古代八母音の中でも i とのみは交替しなかったので、謂わゆる「上一段活用」の動詞「見ル」（語幹は *mi-*）などの終止形・連体形は、現代語と同形の「見ル」*mi-ru* だったのである[1]。

現代語動作動詞の終止形及び連体形を形成する接尾辞たる従属音の一覧を下に掲げる。

動作動詞終止形・連体形形成の文法接尾辞

非完了態（肯定）	完了態（肯定）	前望態	
		肯定	否定
-(r)u	-(i)ta	-(y)oo	-(u)mai

連体形のうち、前望態を表すものは、

ソンナ事ノアロウ筈ガ無イ。

一寸デモ動コウモノナラ、罰セラレル。

アロウ事カアルマイ事カ、予想ハ見事ニ外レタ。

二度ト忘レマイ為ニ、ヨク心ニ刻ンデ置ケ。

など、若干の形式名詞を修飾する以外には、余り用いられない。又、自動詞に限り、連体形が後接実名詞を修飾して、動作・作用の結果としての現在の状態を表す時は、専ら完了態の形を取る。

一風変ッタ建築

骨ノ折レタ傘

頭ガ狂ッタ人

これらを非完了態を用いて「変ル建築」「折レル傘」「狂ウ人」の様に表現すると、未来に於ける動作・作用を表す事になる。

連体形は後接の実名詞を修飾するばかりでなく、それ自身が実名詞たり得る職能も有するところから、連体形の動詞は**動名詞**（Verbal Noun）とも呼ばれる。文法的に実名詞として用いられるのであるから、格接尾辞を従える事もまた可能である。

直チニ始メルガ良カロウ。

花ヲ見ルノ記

部屋ニ入ルマデ気附カナカッタ。

聞クト見ルトデハ大違イダ。

本格的ニ習ッタニシテハ、随分下手ダ。

大学ニ入ッタマデハ良カッタガ、ソノ後ガイケナイ。

格接尾辞のみならず、副助辞を伴って副詞節をも作り得る。

ソンナニ感心スルホド立派トモ思エナイ。

マタ休ムナドトンデモナイ。

大枚ヲ払ッタダケアッテ有益ダッタ。

形状動詞の連体形も、動作動詞と同様に、あらゆる態を通して形の上では終止形に全く等しい。現代語の終止形は古代語の連体形に由来するものだからである。形状動詞の終止形と連体形を形成する接尾辞たる従属音を下に纏めて掲げる。

形状動詞終止形・連体形形成の文法接尾辞

非完了態	完了態	前望態
-i	-katta	-karoo

上に見られる通り、連結母音も連結子音も無い。因みに言えば、古代語の形状動詞接尾辞は、連結母音か連結子音のいずれかを持っていた。例えば、謂わゆる「ク活用(*ku*-conjugation?)」終止形の「高シ」*taka-si* は、語幹 taka- に接尾辞の -(s)i が附いて成った形である。この際、連結子音 s は母音幹に接尾して顕在の形を取る。然して、古代語の形状動詞には、語幹末に子音 s を持つ子音幹も存在した。謂わゆる「シク活用(*siku*-conjugation?)」終止形の「楽シ」*tanos-i* は、語幹 tanos- に接尾辞 -(s)i が附いて成った形である。この際、連結子音の s は潜在の形を取って現れない。連体形の「高キ」*taka-ki*「楽シキ」*tanos-iki* は、語幹の taka- や tanos- に接尾辞 -(i)ki がそれぞれ附いて成った形である。ここでは連結母音の i が、連結子音 s の場合とは逆に、前者にあっては潜在し、後者にあっては顕在しているのである[2]。

2.　動詞形(VERBAL FORMS)

動詞には、定動詞や動名詞としての働きの他に、文の中途に現れ、連用節(adverbial clause)を導くという、謂わば副詞的な働きもある。連用節を成す動詞の形を**連用形**(Converb)と言い、動詞幹に連用形形成の動詞接尾辞が附着して作られ、その職能も接尾辞の種類に従って多様である。連用形として用いられた動詞は、またロシア文典風に副動詞(gerund)とも呼ばれる。

　小鳥ハ歌イ花ハ笑イ蝶ハ舞ウ。

の様に、謂わゆる「中止法(continuative use)」に用いられる形は**順接**(Copulative)の連用形であり、動作動詞では「食べ」*tabe-φ*「話シ」*hanas-i* の形を取る。順接連用形を作る接尾辞は、連結母音 i のみより成る -(i)であって、母音幹に接尾する時はゼロ形態を取るから、結果的には母音幹そのままの形となる。分節音素(segmental phoneme)のみを見れば、動詞由来名詞の「食べ」や「話」と同形であるが、アクセントにおいて相違があり、派生実

名詞(derivational noun-substantive)とは別個の存在である。又、

皆一斉ニ歌イ出シタ。

氷ハ溶ケ易イ。

の様に、複合動詞(compound verb)を作るのも順接連用形である。形状動詞では接尾辞 -ku を従えて「高ク」*taka-ku* の形を取る。提題助辞を含めた副助辞を伴って、動詞を主題化したり特別な意味を加えたりする時にも順接連用形が用いられる。

財布ヲ落シハシテモ、拾イハシナイ。

コチラヲ向キモシナカッタ。

箸ヲ取リサエシテイナイ。

確カニ美シクハアル様ダ。

敬体の繋辞「- デス」は動詞には附き得ないものであるから、「でございます」調が形状動詞で完結する文の唯一の敬体であって、「です・ます」調の文は作り得ない。故に、

私ハ甚ダ幸運デス。

とは言えても、

*私ハ甚ダ運ガ良イデス。

と言えば、完全な文法的破格である。形状動詞の「でございます」調の文は、順接連用形に補助動詞「ゴザル」の丁寧体「ゴザイマス」を後置して作られるが、この時の連用形は常に連声(れんじょう)形(sandhi form)を取り、接尾辞 -ku が幹末母音に応じて規則的に変化する。

非完了態での順接に対して**完了順接**(Perfective Copulative)を表す連用形が

形状動詞の順接連用形の連声形

連声	語例
—— a-ku　⟶　—— oo	(小サイ)　小ソウ
—— i-ku　⟶　—— yuu	(大キイ)　大キュウ
—— o-ku　⟶　—— oo	(広イ)　広ウ
—— u-ku　⟶　—— uu	(明ルイ)　明ルウ

註：幹末母音に e を持つ形状動詞は存在しない。

あり、動作動詞では語幹に接尾辞 -(i)te を附けて作られ、「食ベテ」*tabe-te*「話シテ」*hanas-ite* の形を取る[3]。この形の動詞は単に完了連用形（perfective converb）とも言われ、幹末子音に s 以外の子音を持つ子音幹に -(i)te が接尾する時には、規則的に内的連声が生じる事は先に述べた。完了を表す連用形であるから、

今日ノ午後、主任ニ会ッテ来ヨウ。

の様に、時間的継起を示すに用いられるが、ここに非完了態の順接連用形を代用して、

*今日ノ午後、主任ニ会イ来ヨウ。

と表現しても、全く意味を成さない。完了連用形の用途は広く、補助動詞が後置せられる時は、

一日中遊ンデイル。

ワザワザ送ッテクレタ。

の様に、すべてこの形を取る。又、ある種の格接尾辞を伴って、

オ代ハ見テノオ帰リニ。

町ニ着イテカラ一休ミシヨウ。

の様に言う用法もある。形状動詞では語幹に接尾辞 -kute の附いた「高クテ」*taka-kute* の形を取る。動作動詞とは異なり、補助動詞が後置せられる事は無い。

完了連用形の接尾辞に提題助辞の「- モ」が附いて出来た -(i)temo と -kutemo とは、それぞれ両種の動詞において**譲歩**（Concessive）の連用形を作る接尾辞である。

ドコカラ眺メテモ美シイ。

タトエ暑クテモ一向ニ構ワナイ。

同様に提題助辞「- ハ」が附いて出来た -(i)tewa と -kutewa とは、同じく**却下条件**（Rejected Conditional）の連用形を作る接尾辞である。英語では単純に "if" や "when" で導かれる条件節も、日本語では意味的に更に細分化せられ、文脈に応じた異った連用形が要求せられる。

大声デ話シテハ、傍ノ人ニ迷惑ダ。

ココニ箱ヲ置イテハイケナイ。

ソンナニ短クテハ困ル。

の諸例の示す通り、却下条件連用形は「好ましからざる」動作・状態に関する条件を表す。他に、この連用形には、

寝テハ夢、覚メテハ現(ウツツ)ノ毎日ダ。

の様な反覆を表す特別な用法もある。却下条件に対し、「食ベルト」*tabe-ruto*「話スト」*hanas-uto*「高イト」*taka-ito* 等の連用形に導かれる条件節は**開放条件**（Open Conditional）と呼ばれ、動作動詞では接尾辞 -(r)uto、形状動詞では -ito によって作られる。時間的に引続いて起こる動作・状態に対する一定の条件を提示するものであり、その条件が「好ましかる」と「好ましからざる」とを問わない。

外国カラ帰ルト部長ニ昇格シタ。

風ガ吹クトコノ小屋ハ危イ。

話ガ余リ難シイト聴衆ガ困ル。

前提的条件を提示する連用形には非完了と完了の両形がある。非完了態での**仮定条件**（Provisional Conditional）の連用形は、動作動詞では「食ベレバ」*tabe-reba*「話セバ」*hanas-eba* の形を取り、形状動詞では「高ケレバ」*taka-kereba* の形を取る。その接尾辞はそれぞれ -(r)eba と -kereba とである。

頼メバ来ルダロウ。

風ガ強ケレバ中止スル。

上例に見られる通り、仮定的條件を表すのが普通であるが、この連用形には、

雨モ降レバ風モ吹ク。

の如く、事柄の並立を表すという特別な用法もある。一方、引続いて起こる動作・状態の成立に、時間的継起において先行すべき条件を提示するものが、「食ベタラ」*tabe-tara*「話シタラ」*hanas-itara*「高カッタラ」*taka-kattara* の形の連用形で表される。**完了条件**（Perfective Conditional）であり、その接尾辞はそれぞれ -(i)tara と -kattara とである。語尾の -ba を省かない形の -(i)taraba と -kattaraba も用いられる。

巡査ヲ見タラミンナ一斉ニ逃ゲ出シタ。

六時ニナッタラ食事ニシヨウ。

　　一寸寒カッタラ風邪ヲ引イテシマッタ。
更に、この連用形には、法(mood)としての仮定法を表す用法も在る。
　　モシ雪ガ降ッタラドウシヨウカ。
　　学資ガ無カッタラ留学ナド出来ナイ。
　　図書館ガモット近カッタラ毎日デモ利用シタイ。

以上に見て来た如く、日本語には四種の条件連用形が在り、それぞれ意味を異にしているのである。譲歩の連用形も、前掲のものの他、
　　ドンナ所ニ住モウト平気ダ。
　　多カロウト 少ナカロウト全ク気ニシナイ。
　　ココニ残ロウト 残ルマイト好キニスルガ良イ。
の様な前望の譲歩もある。両種の動詞におけるこの接尾辞はそれぞれ -(y)ooto と -karooto とであり、前者の否定は -(u)maito である。猶、類似の形に、
　　泥棒ハ逃ゲヨウトシタ。
の様なものもあるが、ここでの「-ト」は引用(quotative)の助辞であって、別構造である。

動作動詞のみが持つ連用形もある。例えば「食ベズニ」*tabe-zuni*「話サズニ」*hanas-azuni* のような**否定**(Negative)の連用形があり、語幹に接尾辞の -(a)zuni を附して作られる。語尾の -ni を省いて -(a)zu として用いられる事もある。特に「中止法」では省かれるのが普通である。ただ、形状動詞にも否定連用形を作る「高カラズ」*taka-karazu* の -karazu が在るには在るが、
　　常々憎カラズ思ッテイタ。
　　暑カラズ 寒カラズ理想郷ダ。
の様な謂わば慣用句(idiom)以外には余り使われない。

動作動詞のみのものとしては、「食ベナガラ」*tabe-nagara*「話シナガラ」*hanas-inagara* に見られる接尾辞 -(i)nagara があり、これは**同時**(Simultaneous)連用形を作る。但し、この連用形の使用は、二つ以上の行為が同一の事物・人物によって同時に遂行せられる場合に限られ、異なった動作主が同時に別々の行為を行う場合には用いられない。例えば、
　　*夫は音楽ヲ聴キナガラ妻ハ靴下ヲ編ム。

の如き文は成立しない。然るに、後置せられた動詞の表す動作・状態との関係が逆接(adversative)である時は、異なった動作主を取って、

夫ハ学問ガアリナガラ妻ハ全クノ無学ダッタ。

の様に表現し得る。以上の外にも「食ベニ」*tabe-ni*「話シニ」*hanas-ini* の接尾辞 -(i)ni が在り、動作動詞の語幹に附いて**目的**(Purposive)の連用形を作る。この連用形によって修飾せられる後続動詞は移動動詞に限られる。従って、

切手ヲ買イニ郵便局マデ行ク。

忘レ物ヲ取リニ帰ッタ。

とは言えるが、

*手紙ヲ書キニ便箋ヲ買ウ。

の様な文は成立しない。また、「食ベツツ」*tabe-tutu*「話シツツ」*hanas-itutu* の形で表される**同時進行**(Simultaneous Processive)の連用形の接尾辞は -(i)tutu であり、これも動作動詞のみが持つ連用形である。

魚ヲ売リツツソノ日ヲ暮シタ。

当時世ノ中ハ変リツツアッタ。

の様に用いられる。例示(representative)の連用形を作る接尾辞には -(i)tari があり、述語動詞として「スル」を伴う。形状動詞の語幹には -kattari が附く。その他文語調のものから俗語的なものも含めて、猶、数種の連用形が在る。連用形を形成する代表的な従属音をここに一括表示する。

動作動詞連用形形成の文法接尾辞

順接	完了	譲歩	却下条件	開放条件	仮定条件
-(i)	-(i)te	-(i)temo	-(i)tewa	-(r)uto	-(r)eba

完了条件	否定	同時	目的	同時進行	前望譲歩
-(i)taraba -(i)tara	-(a)zuni -(a)zu	-(i)nagara	-(i)ni	-(i)tutu	-(y)ooto

註：上掲以外にも猶若干の接尾辞がある事は上述の通り。

形状動詞連用形形成の文法接尾辞

順接	完了	譲歩	却下条件	開放条件	仮定条件
-ku	-kute	-kutemo	-kutewa	-ito	-kereba

完了条件	否定	前望譲歩	例示
-kattaraba -kattara	-karazu	-karooto	-kattari

註：上掲以外にも猶若干の接尾辞がある。

命令・要求・懇請（否定の場合には禁止）などを表示する動詞の形を**命令形**（Impertive Form）と言う。動作動詞の肯定命令形は「食べロ」*tabe-ro*「話セ」*hanas-e*の例に見られる様に、通常は、母音幹には接尾辞 -ro を附け、子音幹には接尾辞 -e を附けて作られる。ただ、不規則動詞（irregular verb）の「来ル」及び変則動詞（anomalous verb）の「ナサル」「仰ル」「下サル」「イラッシャル」にあっては接尾辞 -i を附け、それぞれ「来イ」*ko-i*及び「ナサイ」*nasa-i*「仰イ」*ossya-i*「下サイ」*kudasa-i*「イラッシャイ」*irassya-i*の形を取る。これら -ro/-e/-i の三者は相補分布の関係にあるから、異形態と看做される。俗語的には、接尾辞 -(i)na が命令を表して、

　　サッサト帰リナ。

の様に用いられ、また非完了態や完了態での順接連用形、完了態の終止形などが命令の意を含み、

　　ユックリオ食べ。

　　モット早ク走ッテ。

　　サア、買ッタ買ッタ。

の様に使われる事もあるが、普通、これらは命令形として取り扱われない。動作動詞の否定命令形を作る接尾辞は、「食ベルナ」*tabe-runa*「話スナ」*hanas-una*の例から知られる通り、-(r)una である。命令形の主語には、二人称のみならず三人称も立ち得て、

　　マズ言イ出シタ者ガ始メロ。

　　何モ分ラナイ連中ガロヲ出スナ。

の様に言う事が出来る。

ここに動作動詞の命令形を作る従属音を一括して表示する。

動作動詞命令形形成の文法接尾辞

接尾 / 肯否	母音動詞幹	子音動詞幹	変則動詞幹等
肯定	-ro	-e	-i
否定	-(r)una		

形状動詞の命令形は「高カレ」*taka-kare* の形を取り、その接尾辞は動作動詞化の -kar- に上述の命令形の -e が附いて成った -kare であるが、現代語では、

早カレ遅カレ死ハヤガテ訪レル。

の様な表現に多く用いられ、意味的には英語の “be it sooner or be it later” に近く、譲歩節である。尤も、動作動詞の場合でも命令形が必ずしも命令の意を表すとは限らず、

ソレハトモアレ。

と言えば、文法上は命令形でありながら、あたかも英語での “be that as it may” に近く、譲歩の意味に用いられている。猶、形状動詞に否定命令形は無い。

以上に見て来た動詞の四つの形、すなわち、定動詞を作る終止形、動名詞を作る連体形、副動詞を作る連用形、並びにここに論じた命令形の四形を動詞形と言う。すべての動詞が四動詞形を備えている訳では無く、例えば「食ベラレル」「話セル」の様な可能動詞（potential verb）や「見エル」「聞エル」の類いの中相動詞（medio-passive verb）は命令形を持たない。又、名詞述語を形成する繋辞も、動詞に準ずるものではあるが、命令形を持たない。

動作動詞または形状動詞の語幹に接尾して、これら四種の動詞形を形成する諸種の動詞接尾辞、すなわち**文法動詞接尾辞**（Grammatical Verbal Suffix）は、またの呼称を形態論において統語接尾辞（syntactical verbal suffix）或いは機能接尾辞（functional verbal suffix）とも言う。他に活用接尾辞（conjugational verbal suffix)の呼称もあるが、この呼称は適切ではない。日本語の動詞に活用(conjugation)は無いからである。一つの動詞幹に同時に数個の動詞接尾辞が附く時、文法接尾辞は最後尾に置かれるのが常であって、文法接尾辞の後に、他の動詞接尾辞が附くような事は無い。つまり、派生動詞接尾辞は、常に動詞幹と文法動詞接尾辞との間に挿入せられる。

日本語の動詞接尾辞は、文法接尾辞も派生接尾辞も、すべて単職能的(mono-functional)であって、一個の接尾辞が同時に二つ以上の文法的職能を担う事は無い。英語での“eats”“speaks”における接尾辞 -s は、時制が現在時制である事を示すと同時に、主語が三人称の単数である事をも併せて示す標識であるが、例えば終止形または連体形の「食ベル」*tabe-ru*「話ス」*hanas-u* に於ける -(r)u は、非完了態の標識としてのみ用いられ、他の文法的職能を併せ持つ事をしない。

3.　二次語幹(SECONDARY STEMS)

動作動詞が行為の遂行者、すなわち動作主を主語に取る時、その動詞の**相**(Voice)は能動(active)であるとせられる。相とは、主語と述語動詞の表す動作の主客関係を示す動詞の性質を言うのであって、一般には、動詞の形態によって示される。動作動詞の語根(root)、すなわち「食ベル」*tabe-ru*「話ス」*hanas-u* における tabe- や hanas- のような**一次語幹**(Primary Stem)に、終止形形成の文法接尾辞 -(r)u 等が直接に結合した形は、中相動詞などを例外とすれば、すべて能動相の動詞である。この相を**受動**(Passive)に変えるには、「食ベラレル」*tabe-rare-ru*「話サレル」*hanas-are-ru* の形にしなければならない。すなわち、派生動詞接尾の -(r)are- を一次語幹に附して、先ず tabe-rare- や hanas-are- の様な派生語幹(derivational stem)を作り、然る後、諸々の文法接尾辞を附するを要す。斯くの如く、動作動詞の一次語幹に派生動詞接尾辞が附着して派生せられた語幹を二次語幹と言う。二次語幹は、ただ一個の派生接尾辞によって作られるとは限らず、数個が連鎖して附着する事も多いが、斯くて形成せられた派生語幹はすべて二次語幹と呼ばれ、附着した派生接尾辞の個数は問わない。二次語幹もまた語幹であるから、種々の文法接尾辞を従えて終止形・連体形・連用形・命令形を作る。

受動相とは、動作対象を主語とする相であって、動作主を表す実名詞は為格の「-ニ」を伴って現れる。日本語では、他動詞のみならず自動詞からも受動相が作られ、動作主たる為格名詞を従えて、

子ガ親ニ死ナレル。

の様に表現する事が出来る。謂わゆる「迷惑受身(adversative passive)」である。又、対格名詞を伴った他動詞の受動相も、動作主たる為格名詞と共に用いられて、通常の場合「迷惑受身」の文を作る。例えば、

週刊誌ガ私生活ヲ暴ク。

という能動文を通常の受動文に変えると、

私生活ガ週刊誌ニ暴カレル。

となるのであるが、ここでの動作対象たる「私生活」を元のままの対格名詞に留めて、

私生活ヲ週刊誌ニ暴カレル。

とすれば「迷惑受身」文と成るのである。

同じ派生接尾辞の -(r)are- は、また**可能**(Potential)の二次語幹を派生する。子音幹のみは -(r)are- のみならず、派生接尾辞 -e- によっても可能の二次語幹が派生せられる。その結果、「話サレル」*hanas-are-ru*「話セル」*hanas-e-ru* の両様が併存する。可能の派生語幹によって作られた動作動詞はすべて自動詞であって、対格名詞を伴い得ず、受動相の場合と同じく、その動作対象が主語となり、動作主は為格名詞をもって示される。例えば、

ソンナ難シイ本ガ子供ニ読メルモノカ。

コノ洋服ダケガ関取ニヤット着ラレル。

の如くである。猶、可能の派生語幹は命令形形成の文法接尾辞を取り得ない。派生接尾辞の -(r)are- は、また**尊敬**(Honorific)の二次語幹をも派生するが、命令形を作り得る点では、同形を取る受動の二次語幹と同様である。しかし、受動や可能の場合とは異って、尊敬の二次語幹では、一次語幹の持つ自他性(transitivity)がそのまま保たれるので、

殿下ガ急ニ日程ヲ変エラレタ。

の様に、本来が他動詞であったものは、動作の対象を対格名詞として残し、

これを主格に変える事はしない。それゆえ、動作主が述べられていない文の場合でも、

　魚ガ食ベラレル。

と言えば、受動または可能の文であり、

　魚ヲ食ベラレル。

と言えば、明らかに尊敬を表す文であると知られる。

能動相・受動相に加うるに、動作の指示者である第三者を主語とし、且つ、述語動詞の動作主に為格名詞を要求する相があり、この相は**使役**（Causative）と呼ばれる。「食べサセル」*tabe-sase-ru*「話サセル」*hanas-ase-ru* の形から知られる通り、使役の二次語幹は、接尾辞 -(s)ase- によって派生せられる。

　親ガ子ニ薬ヲ飲マセル。

なる文における被指示者「子」の取る格は、一見与格であるかに受取られ易いが、実は為格である事は、接尾辞「- ニ」に関連して先に論じた[4]。猶、同一の動詞幹に使役と受動の両接尾辞が同時に附着する時は、常に使役の接尾辞が受動に先行して「食べサセラレル」*tabe-sase-rare-ru*「話サセラレル」*hanas-ase-rare-ru* の形を取る。

上述の派生動詞接尾辞 -(r)are- と -(s)ase- とは、共に動作動詞の二次語幹を派生する接尾辞であったが、「食べタイ」*tabe-ta-i*「話シタイ」*hanas-ita-i* における -(i)ta- は、動作動詞幹から形状動詞幹を派生するところの**願望**（Desiderative）の派生接尾辞である。斯くて派生せられた二次語幹は形状動詞幹であるから、動作動詞接尾辞は附着せず、直後に附着する文法接尾辞は形状動詞の接尾辞に限定せられる。更に、形状動詞としての性質上、たとえ他動詞の一次語幹から派生せられたものと雖も、対格名詞を取る事は無い。従って、

　*水ヲ飲ミタイ。

の様な文は文法的には成立しない。当然、「水」は主格に立って、

　水ガ飲ミタイ。

となる。しかし、次の様な文は、両者共に文法的に正しい文である。

　水ヲ飲ミタイト思ウ。

水ガ飲ミタイト思ウ。

何故なら、これは引用の接続助辞「-ト」の引用範囲に関連する問題であって、前者における「水」は、引用範囲外に置かれて他動詞「思ウ」の客語として用いられ、後者にあっては、「水」が引用節内に置かれているものと看做されるからである。つまり、それぞれが、

水ヲ「飲ミタイ」ト思ウ。

「水ガ飲ミタイ」ト思ウ。

という構造なのである。又、接尾辞-(i)ta-によって示される願望とは、話者自身の願望であって、動作主(多くは主題化せられている)は一人称であり、主節(main clause)において二人称か三人称の動作主を取る事は無い。例外となるものは、

君ハ何ガ見タイカ。

の様に、二人称を動作主とする疑問文(interrogative sentence)で、これは一人称での返答を予想しているからである。但し、主節以外では(すなわち従節においては)いかなる人称の動作主を置こうと差支えの無い事、次の例に見る如くである。

君ガ会イタケレバ、会ワセテヤロウ。

アノ子ハキット犬ガ飼イタイノダ。

感情を表す形状動詞や形状名詞の語幹に接尾して動作動詞を派生する接辞に-gar-がある。すなわち、「痛ガル」*ita-gar-u*「嬉シガル」*uresi-gar-u*「嫌ガル」*iya-gar-u*の-gar-である。願望を表す-(i)ta-によって派生せられる語幹も同じく感情的形状動詞の語幹であるから、-gar-が接尾する事によって「食ベタガル」*tabe-ta-gar-u*「話シタガル」*hanas-ita-gar-u*のように動作動詞化せられる。斯くて複合により形成せられた願望の派生接尾辞-(i)tagar-は、動作動詞的二次語幹を派生するものであるから、形状動詞としての制限を免れ、対格名詞をも自由に取る事が出来ると共に、主節においてすら、いかなる人称の動作主を取るも自由である。

彼ハ車ヲ買イタガッテイル。

猶、願望の派生接尾辞-(i)ta-(及びその派生形-(i)tagar-)は、同一の二次語幹内においては、-(s)ase-や-(r)are-より後置せられる。

同様に、動作動詞の語幹から形状動詞幹を派生する接尾辞として、「食べナイ」*tabe-na-i*「話サナイ」*hanas-ana-i* に見られる**否定**(Negative)の -(a)na- がある。但し、歴史的には形状動詞への類推から成立したものであるから、形状動詞幹としての性質を必ずしも有しない。従って、否定の二次語幹に附く文法接尾辞もすべて形状動詞接尾辞に限られる事にはなるものの、純粋に形状動詞化せず、動作動詞幹の自他性が保たれる。また前望態を表す -karoo は附かず、それ故、-*(a)nakaroo という形は存在しない。代って否定前望態の -(u)mai が用いられるからである。完了連用形としては -(a)nakute の形が期待せられるところであるが、これも、

ドコヘモ寄ラナイデ真直グ帰宅シタ。

の例に見られる通り、-(a)naide の形を取る。ただし、譲歩や却下条件を表す連用形では、依然として -(a)nakute に -mo と -wa がそれぞれ附いた形を取り、

漢字ガ読メナクテモ何トカナルダロウ。

早ク来テクレナクテハ皆ガ迷惑スル。

となる。非完了態たる順接連用形(-(a)naku の附いた形)には「中止法」としての用法は無く、

近頃ハ制服ヲ着ナクナッタ。

ワザト分ラナクスル。

の様な副詞的用法にのみ使われる。猶、否定の派生接尾辞 -(a)na- は、同一の二次語幹内では、願望の -(i)tagar- よりさらに後置せられ、以上に述べた派生接尾辞のすべてが同時に現れる時は、「食べサセラレタガラナイ」*tabe-sase-rare-tagar-ana-i* の如く、一次語幹の後に使役・受動・願望・否定の順に並び、語末に文法接尾辞(ここでは非完了態の -i)が置かれる。

否定の接尾辞 -(a)na- は、存在を表す動作動詞の「アル」*ar-u* の語幹には附着せず、存在性を否定するには不存在を表す形状動詞の「無イ」が用いられる。序でながら、否定の派生接尾辞は動作動詞の語幹以外には附く事が無いので、形状動詞の否定表現には当然用いられない。形状動詞の場合は、その順接連用形に否定の補助形状動詞(auxiliary qualitative verb)である「ナイ」を後置して、「高クナイ」の様な動詞句(verb phrase)を以て否定を表現する。

繋辞「-ダ」の場合も、その連用形「-デ」に、同じく「ナイ」を後置して否定を表現する。

話者の聴者に対する敬意は文末表現に示され、述語が動作動詞の時は、**丁寧**(Polite)の派生接尾辞 -(i)mas- を語幹に附け、「食ベマス」*tabe-mas-u*「話シマス」*hanas-imas-u* の形で文を完結して敬体の文を作る。この接尾辞は不規則な派生接尾辞である。それ故、丁寧の派生動詞幹に基づく連体形や完了連用形・讓歩連用形・条件連用形等は、在るには在っても、まれにしか用いられる事が無い。順接連用形を作る文法接尾辞 -(i)を取る事は全く無い。その命令形にも制限があって、

ドウゾオ先ニナサイマセ。

ドウカ私ニモ下サイマセ。

の様に、変則動詞幹よりの派生に限られる。丁寧の派生接尾辞による二次語幹は不規則に接尾辞を従え、前望態の終止形(及び連体形)では、文法接尾辞 -(y)oo の連結子音 y は潜在せずに -(i)mas-yoo として顕れ、また否定の派生接尾辞 -(a)na- を取り得ず、その否定形は特殊な形の -(i)mas-en で表される。俗語的には、その命令形に特殊な -(i)mas-i の形もある。猶、同一の二次語幹内においては、丁寧の -(i)mas- は願望の -(i)tagar- よりさらに後置せられ、常に「話サセラレタガリマスマイ」*hanas-ase-rare-tagar-imas-umai* の様な順序を取って、文法接尾辞(ここでは否定前望態の -umai)の直前に置かれる。

以上に挙げられた派生接尾辞の他にも、「食ベヤガル」*tabe-yagar-u*「話シヤガル」*hanas-iyagar-u* の様に**侮蔑**(Pejorative)の二次語幹を形成する接尾辞の -(i)yagar- がある。この接尾辞の置かれる順位は願望の -(i)tagar- より後、丁寧の -(i)mas- より前である。但し、侮蔑の -(i)yagar- の作る二次語幹は、俗語における以外には殆ど用いられる事が無い。

動作動詞の語幹に附いて派生語幹を形成する従属音をここに纏めて一覧に供する。

二次動作動詞幹形成の派生動詞接尾辞

使役	受動・可能・尊敬	願望	侮蔑	丁寧
-(s)ase-	-(r)are-	-(i)tagar-	-(i)yagar-	-(i)mas-

二次形状動詞幹形成の派生動詞接尾辞

願望	否定
-(i)ta-	-(a)na-

4.　不規則接尾(IRREGULAR SUFFIXATION)

動作動詞の語幹に派生接尾辞や文法接尾辞の附着する様相は極めて規則的であり、且つ、連結母音や連結子音の潜在・顕在はひたすら機械的である。唯一の例外に**不規則動詞**(Irregular Verb)の「来ル」*ku-ru* と「スル」*su-ru* とがある。これらの語幹はそれぞれ ko- と se- であると見られ、母音幹動詞として分類せられるものの、後接する接尾辞によって語幹の母音を不規則に変える。

両者共に語幹がそれぞれ ko- と se- のままで在り得るのは、否定連用形の接尾辞 -(a)zuni の附く時及び使役の派生接尾辞 -(s)ase- や受動等の同じく -(r)are- の附く時のみである。俗語的ではあるが、使役の -(s)ase- と受動等の -(r)are- とが、特に後者に附く時は、語幹 se- がその母音をゼロの形に変えて sϕ- となり、単に「サセ」*s-ase-*「サレ」*s-are-* となる事も一般化している。更に、完了の終止形・連体形を形成する -(i)ta、完了連用形の -(i)te、丁寧の -(i)mas- など連結母音 i を持つ接尾辞、並びに否定前望態の終止形・連体形を形成する -(u)mai のように連結母音 u を持つ接尾辞が附く時は、語幹は両者共にその母音をゼロの形に変えて、それぞれ kϕ- と sϕ- の形となる。すなわち、語幹が子音幹に変って「キタ」*k-ita*「キマス」*k-imas-u*「クマイ」*k-umai* 等や「シタ」*s-ita*「シマス」*s-imas-u*「スマイ」*s-umai* 等の形を取るのである。非完了の終止形・連体形を形成する -(r)u、否定命令形の -(r)una、開放条件の -(r)uto、非完了条件の -(r)eba など連結子音 r を持つ一連の接尾辞が附く時は、語幹は両者共にその母音を u に変えて、それぞれ「クル」*ku-ru*「クレバ」*ku-reba* 等や「スル」*su-ru*「スレバ」*su-reba* 等の形を取る。否定の派生接尾辞 -(a)na- が附く時は、前者の語幹は ko- のままであるが、後者の語幹は si- に変る。命令形においても同様であって、前者では語幹が母音を変えずに命令形の文法接尾辞 -i を従えて「コイ」*ko-i* と成り、後者では語幹を si- に変え、母音幹に附く命令形の接尾辞 -ro を従えて「シロ」*si-ro* と成る。

丁寧の派生接尾辞 -(i) mas- は、それ自身の母音を変える事はしないが、その従える動詞接尾辞を不規則に取る。この種の接尾辞を**不規則動詞接尾辞** (Irregular Verbal Suffix) と言う。丁寧の派生接尾辞の作る二次語幹は子音幹でありながら、前望態の終止形・連体形を形成する接尾辞の -(y)oo が附く時は、その連結子音の y がそのまま保たれて -(i)mas-yoo の形を取る事は先に述べた通りである。否定の派生接尾辞 -(a)na- を取り得ない為、完了態の否定を表すには、非完了否定の -en の後に、更に完了態の繋辞「- デシタ」を添えて -(i)mas-en-desita とする。丁寧の派生接尾辞は、文末における述語動詞の丁寧派生語幹を作って、敬体の文を形成するを本旨とするところから、文の中途に現れる連体形や連用形は余り用いられないものの、特に丁寧度を高める意図のもとに、連体形の -(i)mas-u またはその特殊形 -(i)mas-uru、及び完了連用形 -(i)mas-ite、条件連用形の特殊形 -(i)mas-ureba などが時として用いられる事もある。しかし、順接の -(i)、同時の -(i)nagara、目的の -(i)ni、前望譲歩の -(y)ooto などを伴った連用形を形成する事は無い。

この他、願望の派生接尾辞 -(i)tagar- も目的連用形を作る -(i)ni は取り得ず、更に、可能の派生接尾辞の -(r)are- や -e- も、命令形形成の文法接尾辞 -ro などは取り得ない性質のものである。

話者が素材 (referent) たる動作主に対する敬意を示す尊敬語 (honorific word) の動作動詞「ナサル」*nasar-u*「下サル」*kudasar-u*「仰ル」*ossyar-u*「イラッシャル」*irassyar-u* が丁寧の接尾辞 -(i)mas- を取る時には、猶も子音幹としての性質を保ちつつも (すなわち -(i)mas- の連結母音 i を顕在させつつも)、規則的にその幹末子音 *r* を消去して、「ナサイマス」*nasaφ-imas-u*「下サイマス」*kudasaφ*-imas-*u* 等の形を取る。この種の動詞を特に**変則動詞**

(Anomalous Verb) と呼ぶ。命令形に文法接尾辞 -i を択び、この際にも幹末子音 *r* を消去して、「ナサイ」*nasaϕ-i*「下サイ」*kudasaϕ-i* 等となる。他の動作動詞と異なって -(i)mas-e を従え、丁寧の派生語幹から命令形を作る事も出来る。変則動詞幹には使役の -(s)ase- や受動・可能の -(r)are- は附き得ないが、尊敬の派生接尾辞 -(r)are- の附く事はある。

丁寧語 (polite word) であって尊敬語ではないが、「御座ル」*gozar-u* も変則動詞であり、丁寧の -(i)mas- が附く時には、同様に幹末子音の *r* を消去して「御座イマス」*gozaϕ-imas-u* の形を取る。但し、尊敬語と違ってその命令形 -(i)mas-e を取る事は出来ない。しかも、如何なる文法接尾辞も一次語幹の gozar- には直接結び附き得ず、必ず丁寧の派生語幹の形成が要求せられて、現代語では「御座ル」*gozar-u*、「御座ロウ」*gozar-oo* の様な語形が用いられる事は無い。

註

1　詳しくは、本書第3編第1章「3. 古代日本語の代替母音」、pp. 191–195 参照。

2　詳しくは、本書同上章 5、pp. 200–204 参照。

3　すなわち、アメリカなどの日本語教育界で一般に "*te*-form"（或いは単に "gerund"）と俗称されているものが順接完了連用形である。

4　本書本編第2章 2、pp. 91–92。

第4章
動詞の種々性
(VARIETIES OF VERBS)

1. 動作動詞の自他(TRANSITIVITY OF ACTION VERBS)

述語動作動詞の表す動作・作用の対象と目せられるものが客語である。そのうち、動作・作用の影響を直接にこうむるものが直接客語であって、対格に立つ実名詞がこれに当る。動作動詞は、対格名詞を従え得ないものと、従え得るものとの二種に分たれる。

針ガ曲ガル。

紙ガ燃エル。

における「曲ガル」「燃エル」の様に、動作・作用が自発的に行われて他に影響を及ぼさない動詞が、**自動詞**(Intransitive Verb)として分類せられるに対し、「曲ゲル」「燃ヤス」の類いの動詞は、その表す動作・作用が常に他に影響を及ぼし、

誰カガ針ヲ曲ゲル。

誰カガ紙ヲ燃ヤス。

の如く、その影響下にあるものを対格名詞として取り得るものであって、これらはすべて**他動詞**(Transitive Verb)として分類せられる。動作動詞の自他の別は、文法上、特に構文論(syntax)上極めて重要な意義を有する[1]。日本語では、一動詞が自他両様に用いられる事は、一部の例外を除き、殆ど無い。この点は実に明確である。然るに、自動詞より他動詞への派生及びその逆の派生の形態は甚だ混然としていて、確定的法則は見出し難い。此処では、同根語(cognate)間に見られる語幹末音の交替(alternation)を含めた派生の様相を数種に類別して示すに止める。

先ず、或る種の子音幹自動詞は、語幹に接辞 -as を附けて他動詞幹を派生する。例えば、

自動詞		**他動詞**
動ク(ugok-)	～	動カス(ugok*as*-)
沸ク(wak-)	～	沸カス(wak*as*-)
乾ク(kawak-)	～	乾カス(kawak*as*-)
迷ウ(mayow-)	～	迷ワス(mayow*as*-)
澄ム(sum-)	～	澄マス(sum*as*-)
照ル(ter-)	～	照ラス(ter*as*-)
鳴ル(nar-)	～	鳴ラス(nar*as*-)

の如くである。次に、自動詞の子音幹に接辞 -e を附けて他動詞幹を派生するものがある。

明ク(ak-)	～	開ケル(ak*e*-)
付ク(tuk-)	～	付ケル(tuk*e*-)
届ク(todok-)	～	届ケル(todok*e*-)
続ク(tuzuk-)	～	続ケル(tuzuk*e*-)
並ブ(narab-)	～	並ベル(narab*e*-)
立ツ(tat-)	～	立テル(tat*e*-)
沈ム(sizum-)	～	沈メル(sizum*e*-)
止ム(yam-)	～	止メル(yam*e*-)

自動詞の語幹末母音 -e を -as と交替せさせて他動詞幹を派生するものには、前述の「燃エル」*moe-ru*(＜moye-*ru*)～「燃ヤス」*moyas-u* の例の他に、

暮レル(kur*e*-)	～	暮ラス(kur*as*-)
晴レル(har*e*-)	～	晴ラス(har*as*-)
濡レル(nur*e*-)	～	濡ラス(nur*as*-)
漏レル(mor*e*-)	～	漏ラス(mor*as*-)
化ケル(bak*e*-)	～	化カス(bak*as*-)
溶ケル(tok*e*-)	～	溶カス(tok*as*-)
負ケル(mak*e*-)	～	負カス(mak*as*-)
更ケル(huk*e*-)	～	更カス(huk*as*-)

覚メル(sam*e*-)　～　覚マス(sam*as*-)
焦ゲル(kog*e*-)　～　焦ガス(kog*as*-)
生エル(ha*e*- < hay*e*-)　～　生ヤス(hay*as*-)

等があり、また自動詞の語幹末母音 -i を -os、-us、-as と交替せさせて他動詞幹を派生するものもある。

起キル(ok*i*-)　～　起コス(ok*os*-)
干ル(h*i*-)　～　干ス(h*os*-)
下リル(or*i*-)　～　下ロス(or*os*-)
亡ビル(horob*i*-)　～　亡ボス(horob*os*-)
過ギル(sug*i*-)　～　過ゴス(sug*os*-)
尽キル(tuk*i*-)　～　尽クス(tuk*us*-)
懲リル(kor*i*-)　～　懲ラス(kor*as*-)
生キル(ik*i*-)　～　生カス(ik*as*-)
伸ビル(nob*i*-)　～　伸バス(nob*as*-)
満チル(mit*i*-)　～　満タス(nit*as*-)

等がそれである。動作動詞の母音幹とは、上例の様に幹末母音に -e か -i かの何れかを持つ語幹の事であるが、同じ母音幹ながら、語幹末の -re を -s と交替せさせて自動詞幹を他動詞幹に変えるものもある。

流レル(naga*re*-)　～　流ス(naga*s*-)
離レル(hana*re*-)　～　離ス(hana*s*-)
隠レル(kaku*re*-)　～　隠ス(kaku*s*-)
外レル(hazu*re*-)　～　外ス(hazu*s*-)
壊レル(kowa*re*-)　～　壊ス(kowa*s*-)
現レル(arawa*re*-)　～　現ス(arawa*s*-)
倒レル(tao*re*-)　～　倒ス(tao*s*-)

斯く見るに、子音 *r* は自動性を表す要素であり、子音 *s* は他動性を表す要素である事だけは知られる。事実、語幹末に *r* を持つ子音幹の動詞から、その幹末子音 -*r* を -*s* と交替せさせる事によって、自動詞幹を他動詞幹に変えるものもある。

残ル(noko*r*-)　～　残ス(noko*s*-)

廻ル(mawa*r*-)	〜	廻ス(mawa*s*-)
通ル(too*r*-)	〜	通ス(too*s*-)
成ル(na*r*-)	〜	成ス(na*s*-)
宿ル(yado*r*-)	〜	宿ス(yado*s*-)
移ル(utu*r*-)	〜	移ス(utu*s*-)
起ル(oko*r*-)	〜	起ス(oko*s*-)
直ル(nao*r*-)	〜	直ス(nao*s*-)
帰ル(kae*r*-)	〜	帰ス(kae*s*-)

などがそれである。

同根語において、逆に自動詞が他動詞より派生せられたと思われるものもある。先ず、自動詞が他動詞の子音幹に接辞 -e を附けて派生せられた例として、

焼ケル(yak*e*-)	〜	焼ク(yak-)
裂ケル(sak*e*-)	〜	裂ク(sak-)
抜ケル(nuk*e*-)	〜	抜ク(nuk-)
解ケル(tok*e*-)	〜	解ク(tok-)
脱ゲル(nug*e*-)	〜	脱グ(nug-)
割レル(war*e*-)	〜	割ル(war-)
取レル(tor*e*-)	〜	取ル(tor-)
折レル(or*e*-)	〜	折ル(or-)
切レル(kir*e*-)	〜	切ル(kir-)

などがある。また前述の「曲ガル」*magar-u*〜「曲ゲル」*mage-ru* の様に、自動詞が、他動詞の母音幹末の -e を -ar に変える事によって派生せられる例も多い。

掛ル(kak*ar*-)	〜	掛ケル(kak*e*-)
当ル(at*ar*-)	〜	当テル(at*e*-)
決マル(kim*ar*-)	〜	決メル(kim*e*-)
集マル(atum*ar*-)	〜	集メル(atum*e*-)
締ル(sim*ar*-)	〜	締メル(sim*e*-)
縮マル(tizim*ar*-)	〜	縮メル(tizim*e*-)

始マル(hazim*ar*-)　～　始メル(hazim*e*-)
合サル(awas*ar*-)　～　合セル(awas*e*-)
混ザル(maz*ar*-)　～　混ゼル(maz*e*-)
重ナル(kasan*ar*-)　～　重ネル(kasan*e*-)
上ル(ag*ar*-)　～　上ゲル(ag*e*-)
下ガル(sag*ar*-)　～　下ゲル(sag*e*-)
変ワル(kaw*ar*-)　～　変エル(ka*e*- < kaw*e*-)
終ワル(ow*ar*-)　～　終エル(o*e*- < ow*e*-)

この他にも、母音幹末の -e を -are に変え、或いは子音幹末に -or や -ar を附けたりして、自動詞が他動詞より派生せられる次の様なものもある。

分レル(wak*are*-)　～　分ケル(wak*e*-)
積モル(tum*or*-)　～　積ム(tum-)
塞ガル(husag*ar*-)　～　塞グ(husag-)
繋ガル(tunag*ar*-)　～　繋グ(tunag-)
絡マル(karam*ar*-)　～　絡ム(karam-)

以上の他にも、自動詞の母音幹に接辞 -se を附けて他動詞を派生するものには、

似ル(ni-)　～　似セル(ni*se*-)

などがあるが、全く同様にして他動詞の母音幹から使役的動作を表す他動詞幹を派生する場合もある。例えば、「見る」*mi-ru* ～「見セル」*mise-ru* や「着ル」*ki-ru* ～「着セル」*kise-ru* の類いである。文法上からは「寝る」も他動詞であるから、「寝る」*ne-ru* ～「寝セル」*nese-ru* もこの例に入る。更に、自動詞の子音幹末の -r を -se に変えて他動詞の母音幹を作るものには、

乗ル(no*r*-)　～　乗セル(no*se*-)
寄ル(yo*r*-)　～　寄セル(yo*se*-)

などがあるが、全く同じ方法で他動詞の語幹から授与動詞としての他動詞幹を作るものに「被ル」*kabur-u* ～「被セル」*kabuse-ru* の例もあったりして、派生の様相は実にまちまちである。

例外として、一つの動作動詞が自他両性質を具え、文脈(context)に応じて使い分けられるものがある。空間的移行を表す移動動詞がそれであって、

例えば、

　　大空ヲ行ク雁

の「行ク」*yuk-u* は他動詞であるが、

　　札幌ニ行ク乗客

の「行ク」は自動詞である。詳しくは、構文論の面から再論する[2]。

2.　相（VOICE）

主語と述語動詞の動作の方向との関係を示す文法範疇を相と言う。ここに「主語」というのは、主題化せられた主語も勿論含まれる。動作動詞の自他の別に関り無く、

　　親ガ子ヲ叱ル。

　　娘ガ死ヌ。

なる文における「叱ル」*sikar-u*「死ヌ」*sin-u* の様に、述語たる動詞が主語たる動作主の動作・作用を表す時、その動詞の相は**能動相**（Active Voice）であると言う。上に掲げた例文のうち、前者は他動詞「叱ル」を述語とする能動文であり、動作の対象となる「子」は対格に立っている。今、これを主格に置き換えて同じ内容を表し、

　　子ガ親ニ叱ラレル。

と表現すれば、動作主の「親」は為格で示される。英語に訳せば、“the child is scoled by its parents” である。このように、動作の対象となる事物・人物を主語に取る動作の相は**受動相**（Passive Voice）と呼ばれ、「叱ラレル」*sikar-are-ru* の様に、受動の二次語幹を派生する接尾辞 -(r)are- を動詞幹に附けた形で示される。特にこの場合は、他動詞「叱ル」の直接の対象たる「子」が主語に立っているところから、斯かる文は**直接受動**（Direct Passive）の文と呼ばれる。

引き換え、後者の例文は自動詞「死ヌ」を述語とする能動文であり、これを受動相の「死ナレル」*sin-are-ru* に変え、動作主「娘」を為格とし、能動文には無かった「親」を仮に主語に置いて受動文を作ると、

　　親ガ娘ニ死ナレル。

となるが、ここでは、主語の「親」は「娘」の「死ヌ」行為による直接の対象ではなくて、その影響を間接的にこうむる対象である。それ故、自動詞の受動相を述語に持つ文は**間接受動**（Indirect Passive）の文と呼ばれる。間接受動文は、主語が述語動詞の動作によって不利益をこうむる場合に限って用いられる。これが俗に「迷惑受身」とも称せられている所以である。斯かる自動詞による受動文は、日本語にのみ見られる際立った特徴であって、文法的に多くの点で日本語と並行している朝鮮語にすら、この種の間接受動文は無い。因みに、上掲の受動文を英語に直訳して“*the parents are died by their daughter”としても、文法的に文を成さない。

　　客ニ十日モ居ラレテ閉口シタ。

　　アノ人ニ部長ニ成ラレテハ叶ワナイ。

　　ソコニ立タレルト、何モ見エナイ。

の如く、自動詞による受動文は、すべて間接受動文であって、対応する能動文を持たず、また英語等に直訳する事も出来ない。

一方、他動詞による受動文のすべてが直接受動文であるという訳ではない。例えば、他動詞「殺ス」*koros-u* を使った能動文、

　　猫ガ小鳥ヲ殺シタ。

を、「殺サレル」*koros-are-ru* を使った受動文に変え、

　　小鳥ガ猫ニ殺サレタ。

と言えば、これは直接受動文であって、英語の“the bird was killed by a cat”に当る。しかし、主格の「小鳥」を対格に戻し、新たに主語として仮に「妹」なる語を加えて、

　　妹ガ小鳥ヲ猫ニ殺サレタ。

とすれば、「殺サレタ」のは愛頑の「小鳥」であって、主語の「妹」ではない。「妹」は「小鳥」が「殺サレタ」事によって間接的に被害をこうむったものであるから、この文は明らかに間接受動文である。試みにこれを英語に直訳して“*my sister was killed the bird by a cat”と表現しても、文法的に文は成り立たない。受動相の自動詞を述語に持つ文のみならず、対格名詞を伴う受動相の他動詞を述語に持つ文も、また間接受動文であって、対応する能動文を持たないのである。

ソンナ問題ヲ出サレテモ困ル。

アラヌ噂ヲ立テラレテハ皆ガ迷惑スル。

子供ニ時計ヲ壊サレテ大損害ダ。

上例はすべて間接受動文であり、英語等への直訳は何れも不可能である。

そうかと言って、受動相の他動詞が対格名詞を伴う場合でも、必ずしも間接受動文が作られるとは限らない。英語と同様に、日本語にも**授与動詞**(Dative Verb)の存在が認められるからである。授与動詞とは、直接客語と間接客語の双方を同時に伴い得る他動詞を言う。一例を挙げれば、

親ガ子ニ金ヲ送ル。

なる文で、対格の「金」が直接客語を成し、与格の「子」が間接客語を成していて、述語動詞の「送ル」*okur-u* は授与動詞と認められる。今、直接客語たる「金」を主語に据え、動作主の「親」を為格に変えて、この文を直接受動文に直すと、

金ガ親ニ(ヨッテ)子ニ送ラレル。

となる。「子ニ」は与格名詞である。英語で表せば “money is sent the child by his parents” である。更に、為格の「親」をそのまま残し、間接客語たる「子」を主語に据えて受動文を作ると、

子ガ親ニ金を送ラレル。

となる。ここでは、受動相の動詞「送ラレル」*okur-are-ru* が対格名詞「金ヲ」を伴いながら、しかも主語の「子」が「送ル」行為による不利益を何らこうむっていない。すなわち、対格名詞を伴いながら、猶、直接受動文なのである。因みに、この文を英語に直訳しても、“the child is sent money by his parents” となり、完全に文法的な文が得られて、全く不都合は無い。同様にして、

校長ガ優等生ニ賞状ヲ与エタ。

という能動文から、二通りの受動文が作られる。

賞状ガ校長ニ(ヨッテ)優等生ニ与エラレタ。

優等生ガ校長ニ賞状ヲ与エラレタ。

上の何れの受動文も、それに対応する能動文を持って居り、直接受動文と看做されるものである。類似の例を挙げれば、

全課目履習者ダケガ免状ヲ授ケラレル。

今日ヤット未納ノ代金ヲ手渡サレタ。

息子ガ市長ニ善行ヲ誉メラレタ。

等であり、述語動詞はいずれも授与動詞である。授与動詞からは、間接受動文は作り得ないのである。

中相動詞の「見エル」*mie-ru*「聞エル」*kikoe-ru* 等や存在動詞(existential verb)の「在ル」*ar-u* は自動詞であるが、受動の派生接尾辞 -(r)are- は語幹の mie-、kikoe- 等や ar- には附き得ず、従って、これらの動作動詞からは受動文は作り得ない。また形状動詞は能動相にのみ用いられ、受動相の形を持たない事は言うまでも無い。

受動相の主語はもともと有情(animate)の実名詞(概して生物)に限られていて、日本語では、非情(inanimate)の実名詞(概して無生物)は本来受動文の主語たり得なかった旨を通説は唱えるが[3]、これは正しくない。直接受動文の主語は有情物たると非情物たるとを問わない。ただ、非情物を主語とする直接受動文より、その動作主を主語とする能動文の方が一般的であるに過ぎない。あまっさえ、

橋ガ新シク架ケ変エラレタ。

旗ガ戸毎ニ立テラレテイル。

の様に、動作主の不明瞭な時は、受動文で表されるのが普通なのである。間接受動文の主語は、ほぼ有情物に限られる様であるが、これは意味論上の問題ではあっても、文法上の問題ではない。

文の主語(または主題化せられた主語)によって表される事物・人物が、それ以外の動作主をして、或る行為を行う様に仕向ける事を表す動作動詞の相を**使役相**(Causative Voice)と言い、使役相の二次語幹は、動詞幹に派生接尾辞 -(s)ase- を附ける事によって作られる。この他、

一途ノ努力ガ彼ヲ今日アラシメタ。

委員会ヲシテ規約ヲ再検討セシメヨウ。

の様な文における「アラシメタ」*ar-asime-ta*「セシメヨウ」*se-sime-yoo* に見られる -(a)sime- も使役の派生接尾辞であるが、これは文語体の表現であって、普通この接尾辞は現代語としては取り上げられない。

自動詞の一次語幹から派生した使役の二次語幹は他動性を具え、他動詞と同じく対格名詞を伴い得る。対格の有情物を客語に取る時、自動詞より派生せられた使役相の動詞と、その自動詞に対立する同根の他動詞との間には、構文論的にもこの様な共通点があり、意味の上でもかなり近い。例えば、自動詞を述語に持つ文、

子供ガ家ニ残ル。

における「残ル」*nokor-u*を使役相の「残ラセル」*nokor-ase-ru*に変え、仮に「親」を主語に置いて、

親ガ子供ヲ家ニ残ラセル。

と言う時と、対立する他動詞「残ス」*nokos-u*を用いて、

親ガ子供ヲ家ニ残ス。

と言う時とでは、内容的に余り変りが無い。しかし、両者を同じ他動詞と見る説[4]は誤りであって、「残ラセル」が自動詞に「残る」の使役相動詞と認められる所以は、猶、対格に立つ「子供」に対して、「残ル」行為に就いての「親」による強要の意味が含まれているからである。事実、対格を為格に置き換えて、

親ガ子供ニ家ニ残ラセル。

とも言い得るのは、「子供」が「残る」行為の動作主と考えられるからであるが、他動詞の「残ス」を用いた能動文では、為格名詞を用いて、

*親ガ子供ニ家ニ残ス。

と言う事は出来ない。更に、非情物を客語に取る時、両者間に明瞭な相違が見られる。

料理が食卓ニ残ル。

なる文を使役文に変え、仮に「子供」を主語に置いても、

*子供ガ料理ヲ食卓ニ残ラセル。

とは、意味の上からも言い得ないが、他動詞「残ス」を使って、

子供ガ料理ヲ食卓ニ残ス。

と言えば、完全無瑕疵の文が得られる。同様の例を再び示そう。

先生ガ書生ヲ家ニ上ガラセル。

先生ガ書生ヲ家ニ上ゲル。

なる二つの文は、意味的に近似する「上ラセル」*agar-ase-ru* は自動詞「上ル」*agar-u* から派生せられた使役相動詞であり、「上ゲル」*age-ru* は他動詞である。今、両文の客語たる有情物「書生」を非情物「書物」に変えると、

　*先生が書物ヲ棚ニ上ガラセル。

　先生ガ書物ヲ棚ニ上ゲル。

と成り、自動詞より得られた使役文は成立しないが、対立する他動詞による文には何ら問題が無い。その上、使役文では、対格に立つ有情物を為格に置き換えて、

　先生ガ書生ニ家ニ上ラセル。

と表現し得る事も前述の通りである。更に、使役文には、客語たる有情物の行動を許容する**許容使役**（Permissive Causative）としての用法（英語の "to let one do" に当るもの）もある。例えば、

　帰リタイ者ダケ帰ラセル。

の如き用法である。

他方、他動詞に由来する使役相には問題が無い。他動詞「残ス」*nokos-u* から派生した使役相動詞「残サセル」*nokos-ase-ru* を使えば、主語の「親」とは別の動作主「子供」をして非情物たる「料理」を「残ス」ように仕向ける事を意味し、

　親ガ子供ニ料理ヲ食卓ニ残サセル。

なる文は意味的にも無瑕疵である。他動詞「上ゲル」*age-ru* よりの使役相動詞「上ゲサセル」*age-sase-ru* の場合も同様であって、

　先生ガ書生ニ書物ヲ棚ニ上ゲサセル。

となる。つまり、他動詞の語幹より派生せられた使役相の動詞は、常に使役文を作り得て、客語が有情物であると否とを問わない。この際、動作主は常に為格として表される。

自動詞出自の使役相動詞と、それに対立する同根の他動詞との数例を下に示す。

自動詞		**使役相動詞**		**他動詞**
寝ル（ne-）	→	寝サセル（ne-sase-）	～	寝セル（nese-）
逃ゲル（nige-）	→	逃ゲサセル（nige-sase-）	～	逃ガス（nigas-）

起キル(oki-)　→　起キサセル(oki-sase-)　〜　起コス(okos-)
降リル(ori-)　→　降リサセル(ori-sase-)　〜　降ロス(oros-)
生キル(iki-)　→　生キサセル(iki-sase-)　〜　生カス(ikas-)
止マル(tomar-)　→　止マラセル(tomar-ase-)　〜　止メル(tome-)
帰ル(kaer-)　→　帰ラセル(kaer-ase-)　〜　帰ス(kaes-)
住ム(sum-)　→　住マセル(sum-ase-)　〜　住マス(sumas-)

但し、下に示す例のように、自動詞出自の使役相動詞を欠くものも在る。むしろ欠くと言うより、理論上は使役形を作り得ても、実際には用いられないものである。

明ケル(ake-)　→　*明ケサセル(ake-sase-)　〜　明カス(akas-)
割レル(ware-)　→　*割レサセル(ware-sase-)　〜　割ル(war-)
煮エル(nie-)　→　*煮エサセル(nie-sase-)　〜　煮ル(ni-)
焦ゲル(koge-)　→　*焦ゲサセル(koge-sase-)　〜　焦ガス(kogas-)
過ギル(sugi-)　→　*過ギサセル(sugi-sase-)　〜　過ゴス(sugos-)
建ツ(tat-)　→　*建タセル(tat-ase-)　〜　建テル(tate-)

上例のうち、最後に挙げた「建ツ」は「立ツ」と同語である。表意文字の上で「建ツ」を使えば、

家ガ建ツ。
*家ヲ建タセル。
家ヲ建テル。

の様に、客語には常に非情物を取るが故に使役文は成立しないが、「立ツ」の方を使えば、客語に有情物を取り得るから、その使役相も可能で、

教官ガ兵士ヲ立タセル。

の様に言う事が出来る。文法上当然の事である。しかし、逆に他動詞の「立テル」を使う時は全く様相を異にする。有情物を客語に取って、

*教官ガ兵士ヲ立テル。

とは言えないに拘らず、非情物を客語に取れば、自由に、

教官ガ国旗ヲ立テル。

の様に言う事が出来るのであり、この文は、

教官ガ家ヲ建テル。

と同一構造であって、全く問題が無い。要するに、これは文法の問題ではなく、「立(建)テル」という語が非情物のみを客語に取る意味内容を持つ他動詞だからなのである。この例をもって分る通り、上掲の「*明ケサセル」以下の一連の使役相動詞が現実に用いられないのは、「明ケル」以下の一連の自動詞が有情物を主語に取らない意味内容を持つものであるから、当然(非情物を客語に取り得ない筈の)使役相の方も用いられないのである。つまり、「(夜ガ)明ケル」のであって、「(夜ヲ)明ケサセル」事は吾人に不可能なのである。因みに、他動詞の「開ケル」を使って「(戸ヲ)開ケサセル」と言えば、何ら問題は無い。これは各語の意味範疇の問題に属し、文法上の問題ではない。

此処に「有情物」というのは、生物学的な動物に必ずしも限られるものではない。常に有情の実名詞のみを主語に選ぶ「居ル」という動作動詞が、「タクシー」や「潜水艦」を主語に取って、その存在を表し得る事実からも知られる通り、有情物には、自ら可動・可変の能力を備えるあらゆる事物が含まれる。例えば、「固マル」*katamar-u* は自動詞であるから、その使役相の「固マラセル」*katamar-ase-ru* が有情物の「兵士」を客語に取って、

兵士ヲ一個所ニ固マラセル。

と言い得るのは当然の事であるが、非情物の筈の「石膏」を客語に取って、

石膏ヲ型ニ固マラセル。

とも言い得るのである。この際の「固マラセル」は、同根語他動詞の「固メル」*katame-ru* とほぼ同義に使用せられている。これは、「石膏」自身に凝固という可変力が備わっているから、文法的には有情物なのである。

形状動詞も、動作動詞化接辞 -kar- に使役の接尾辞 -(a)sime- を附けて使役相の動作動詞二次語幹を派生するが、

我ガ勇士ハ敵兵ノ胆ヲ寒カラシメタ。

に見る「寒カラシメタ」*samu-kar-asime-ta* の如く、文語としての用法に限られ、現代語に関する限り、形状動詞に使役相の形は存在しない。

3.　補助動詞(AUXILIARY VERBS)

語として本来の持つ実質的意味を失い、他の動詞または繋辞の連用形に後接して、それらに時別な附加的意味を与える様になった動詞を補助動詞と呼ぶ。そのうちの**補助動作動詞**（Auxiliary Action Verb）には、他の動作動詞にのみ附くものと、形状動詞や繋辞にも附き得るものとがある。補助動詞に先行する動作動詞は常に完了連用形である。意味論から言えば、補助動詞は、実質的意味を担う他の本動詞に附いて、補助的ないしは形式的に用いられているに過ぎないかも知れないが、構文論的には、補助動詞こそ述語として文を完結する主動詞(main verb)であって、先行の動詞は必ず連用形であるから、副詞的職能を果しているに過ぎない。

有情物の存在を表す動作動詞「居ル」が他動詞の完了連用形に従う時、「居ル」に内包せられた存在の意味は失われ、先行の連用形動詞と共に**進行体**（Progressive Phase）を表す動詞句を成す。進行体とは、ある動作・作用が特定の時点において猶、継続中である事を示す表現法である。動詞句の非完了・完了・前望の各態は、当然の事として構文論上の主動詞たる補助動詞によって示される。

今、母ハ手紙ヲ書イテイル。

今朝、父ハ原稿ヲ読ンデイタ。

僕達ハ練習ヲ続ケテイヨウ。

否定も同様に補助動詞によって示される。

ソノ時、客ハ庭ヲ眺メテイナカッタ。

他方において、自動詞の完了連用形に補助動詞「イル」の附いた動詞句は進行体を表さず、自動詞の動作・作用の結果として生じた状態が、特定の時点においても猶、保たれている事を表す。これは**状態体**（Statal Phase）であって、自動詞からは進行体の動詞句は作り得ない。例えば、他動詞を使って、

窓ヲ開ケテ イル。

と言えば、何者かが「開ケル」*ake-ru* という動作を目下遂行しつつある事を述べているのであるが、代りに自動詞の「開ク」*ak-u* を使って、

窓ガ開イテ イル。

と言えば、「窓」が一たび「開イテ」、今猶「開イタ」ままの状態にある事を述べているのである。次の諸例はいずれも状態体である。状態体の態も同じく補助動詞によって示される。

今日モ空ガ曇ッテイル。

被害者ハソノ時既ニ死ンデイタ。

ソレマデニハ息子モ家ニ着イテイヨウ。

否定もまた同じく補助動詞によって示される。

港ニ着ク頃、日ハマダ落チテイマイ。

動詞句を作る補助動詞は、構文論的には主動詞なのであるから、

本ヲ読ンデシマウ。

の様な文では補助動詞の「シマウ」が主動詞として働いている。それ故、

本ヲ読ンデシマッテイル。

の様に「イル」が、或る補助動詞の完了連用形（ここでは「シマッテ」）に附き、しかもその補助動詞が（「シマウ」のように）自動詞である時は、たとえ対格名詞（ここでは「本ヲ」）が先行していても状態体であって、進行体ではない。その対格名詞は、先行する連用形動詞（ここでは「読ンデ」）の客語に過ぎないからである。

行為の遂行者たる主語に対して、話者が敬意を籠めた叙述を為す時は、「イル」に対応する**尊敬語**（Honorific Word）の補助動詞「イラッシャル」が用いられる。他動詞の完了連用形に附いては進行体の、また自動詞の完了連用形に附いては状態体のそれぞれ動詞句を作る事、「イル」と全く同じであるが、尊敬語の性質上、その主語は有情の実名詞、特に人物に限られる。

先生ガ昼食ヲ取ッテイラッシャッタ。　　（進行体）

閣下ハマダ見エテイラッシャラナイ。　　（状態体）

逆に、行為者の動作に対する話者の軽蔑を表す同様の補助動詞として**侮蔑語**（Pejorative Word）の「ケツカル」もあるが、俗語以外に用いる事無く、また多分に方言的なものである。同種の補助動詞「オル」は、話者自身の言動を卑下したり、他人の言動を蔑んだりする意味合いを持つ語であるが、「オル」が「イル」に代って同等に用いられる方言もあり、完全な意味での謙譲語（humble word）や侮蔑語とも言い難い。

状態体の動詞句は、自動詞からのみならず、他動詞からも作り得る。他動詞の完了連用形に補助動詞「アル」の附いたものがそれである。その際、動作の対象物は対格接尾辞「- ヲ」を取らず、文の主語として現れる。例えば、再び他動詞の「開ケル」*ake-ru* を用いて、

窓ガ開ケテ アル。

と言えば、何者かが「窓」を一たび「開ケテ」、今も猶「開ケタ」ままの状態にある事を述べているのである。他動詞による状態体は、「他動的 (transitive) 状態体」とでも言うべく、常に或る行為者が動作を遂行した事を前提として居り、同じ場面 (situation) の描写でありながら、自動詞による状態体とはこの点で異なる。自動詞による場合には、行為者の存在は問われない。謂わば「自動的 (intransitive) 状態体」である。両者の意味的相違は、下に示す対照例からも明らかであろう。

自動的状態体		**他動的状態体**
碑ガ建ッテ イル。	〜	碑ガ建テテ アル。
壺ガ割レテ イル。	〜	壺ガ割ッテ アル。
錠ガ掛ッテ イル。	〜	錠ガ掛ケテ アル。
棒ガ倒レテ イル。	〜	棒ガ倒シテ アル。
門ガ閉ッテ イル。	〜	門ガ閉メテ アル。

猶、動作動詞「有ル」*ar-u* は否定の派生接尾辞 -(a)na- の附着を許さず、その結果として否定型「*アラナイ」**ara-na-i* は存在しない為、代って**補助形状動詞** (Auxiliary Qualitative Verb) の「無イ」が他動詞的状態体の動詞句を否定する補助動詞として使われる。例えば、

窓ガ開ケテナイ。

碑ガ建テテナイ。

の如くである。補助動作動詞が数種在るに対し、補助形状動詞は「無イ」の他に願望を表す「欲シイ」が在るのみである。

以上に見て来た通り、各動作動詞の自他の別は、英語などと異なり、日本語では至って明瞭であって、問題を含むものは**移動動詞** (Motional Verb) のみである。移動動詞が文脈に応じて、或いは自動詞として用いられ、或いは他動詞として用いられる事は、先に触れておいた。移動動詞とは、空間的移動

を表す動作動詞の総称である。

　　娘ガ嫁ニ行ッタ。

　　客ガ部屋ニ来タ。

上例における「行ク」「来ル」が自動詞である事は、それらの完了連用形に「イル」を附けて、

　　娘ガ嫁ニ行ッテ イル。

　　客ガ部屋ニ来テ イル。

の様に言えば、共に状態体を作る事実からも容易に知られるのみならず、その受動文、

　　彼ハ娘ニ嫁ニ行カレタ。

　　彼ハ客ニ部屋ニ来ラレタ。

がいずれも間接受動文である事実からも明らかである。然るに、通過地点を、動作・作用の影響を直接に受けるものとして、対格に選ぶ時の「行ク」と「来ル」とは、疑い無く他動詞である[5]。例えば、

　　巡礼ガ山路ヲ行ク。

　　馬車ガ四ツ辻ヲ来ル。

の様な場合である。他動詞として用いられた移動動詞の例を更に示せば、

　　男女ガ砂浜ヲ歩ク。

　　橇ガ雪原ヲ進ム。

　　子供ガ畔道ヲ帰ル。

　　鳶ガ頭上ヲ飛ブ。

　　児童ガ校庭ヲ走ル。

　　物売リガ裏町ヲ通ル。

　　船ガ入江ヲ出ル。

などである。それ故、これら動作動詞の完了連用形に「イル」の附いた動詞句の表すところは進行体であって、状態体の動詞句にはならない。

　　水鳥ガ湖面ヲ飛ンデ イル。

　　鹿ガ野山ヲ駈ケテ イル。

　　兵士ノ一隊ガ森ノ中ヲ進ンデ イタ。

また、これらの受動相も直接受動であって、間接受動文は作らない。他動詞

なるが故である。

　　アノ散歩道ハ多クノ人ニ歩カレル。

　　コノ街道ノ方ガヨク通ラレル。

但し、客語を伴っている時は、勿論の事間接受動となる。

　　我ガ領空ヲ敵機ニ飛バレテナルモノカ。

ただ、移動動詞による直接受動文が、日常余り頻繁に用いられないのは、単に意味論上の問題であって文法上の問題ではない。移動動詞の受動相は、自動詞として用いられれば間接受動文を、他動詞として用いられれば直接受動文を、文脈に応じてそれぞれ作るのである。

　　霧ノ中ヲ霰ガ降ル。

この例文は、移動動詞の「降ル」は他動詞である。故に、

　　霧ノ中ヲ霰ガ降ッテ イル。

と言えば進行体となる。ついでながら、「降ッテイル」なる動詞句は「何カ」が「空間ヲ降ッテイル」事を意味するものであるから、たとえその「空間」が客語として文中に現れずとも、常に進行体と認められるのである。従って、

　　散策中ニ夕立ニ降ラレタ。

と言う時の「降ル」は他動詞である。ここに客語たる通過点の明示(空間ヲ)を欠いていても、文中に客語の存在が想定せられ、この文は明らかに間接受動文である。次の例はこれと趣を異にする。

　　煙ガ出テ イル。

における「出テイル」とは、「煙突カドコカヲ出テイル」のであるから、勿論これは進行体の動詞句であり、ここでの「出ル」は他動詞と看做される。然るに、

　　子供ガ庭ニ出テ イル。

と言えば、対格名詞たるべき通過点を想定し得ず、ここでの「出テイル」は状態体の動詞句であって、「出ル」*de-ru* は自動詞であると看做される。斯くてその受動相は「出ラレル」*de-rare-ru* から、

　　子供ニ庭ニ出ラレテハ迷惑ダ。

の様な間接受動文が作られるのである。

移動動詞に限らず、一般の動作動詞にも、他動詞でありながら、一見したところではその自他性の紛らわしいものもある。実際の文で、多くの場合、客語の明示を欠いているからである。

　　何ヲ泣イテ イルノカ。

における「泣ク」は、客語に「何」を伴って明らかに他動詞である。事実、この文は進行体の形を成すものである。客語の明示を欠いても、

　　女ニ泣カレテ閉口シタ。

と言えば、間接受動となる。同様に、「寝ル」は文語に「イヌ寝(ヌ)ル」と言う通り、本来から他動詞であるから、

　　幼児ガ寝テ イル。

の様な文は進行体である。それ故、

　　隣ノ部屋ニ寝ラレテハ困ル。

と言えば、「寝ル」が客語を文中に持たずとも、間接受動文を作っている。猶、

　　既ニ本ヲ五冊出シテ イル。

の様な文では、「出ス」が他動詞であるにも拘らず状態体であるが、これは自動詞の「シマウ」を補助動詞に取って「出シテシマッテイル」とあるべきところを、対立する自動詞「出ル」の状態体たる「出テイル」からの類推(analogy)による混同も手伝って、誤用せられたものと解せられる。同様に、

　　モウ会社ヲ辞メテ イル。

なども「辞メテシマッテイル」と言うべきところである。また否定の形として、

　　マダ朝刊ヲ読ンデ イナイ。

の様な文が状態体に用いられる事があるが、これも「読ンデナイ」と言うべきところである。すべて混同によるものと解せられる。

補助動作動詞「アル」は、他動的状態体を作る他、形状動詞の順接連用形にも附いて静的な状態を表現する。この場合、連用形動詞と補助動詞の間に提題助辞の置かれる事も多い。

　　確カニ美シクハアル。

又、同様にして繫辞の連用形「-デ」に附いて「である」調の文を作る。

　　ソレコソ我々ノ望ム所デアル。

その否定には補助形状動詞の「無イ」が用いられる。

　ソレホド面倒デモナイ。

変則補助動作動詞の「ゴザル」は「アル」の**丁寧語**(Polite Word)であって、常に語幹に丁寧の派生接尾辞 -(i)mas- を附けて「ゴザイマス」*goza-imas-u* 等の形を取り、「アル」と同様に形状動詞の順接連用形及び繫辞の連用形「-デ」に附いて、「でございます」調の文を作る。その際に生ずる形状動詞の連声に就いては既に述べたから、ここでは繰返さない[6]。

　今朝ハ寒ウゴザイマシタ。

　左様デゴザイマスカ。

などが「でございます」調の文である。

　これらの他に、動作動詞にのみ添えられるものとして、以下の様な補助動詞がある。先ず、完了連用形に「了ウ」の附いた動詞句は動作・作用の完璧なる遂行を表す。

　ソンナ事ヲシタラ、枯レテシマウ。

　桜ハスッカリ散ッテシマッタ。

これに対して、動作・作用が試みに遂行せられる事を表すのが「見ル」である。

　一口食ベテミヨウ。

　ヨク考エテモミロ。

将来に行われるであろう或る動作・作用に備えて、事前に遂行せられる行為を表すものに「置ク」がある。

　前以ッテ断ッテオク。

　忘レナイヨウニ書イテオコウ。

　或る行為が好意をもって話者の側の為に遂行せられる事を表すものに「呉レル」と変則動詞の「下サル」とが在る。後者は前者の尊敬語であって、遂行者に対する話者の敬意が籠められている。

　親切ニ弟ニ教エテクレタ。

　直グ御返事ヲ書イテクダサイ。

上例の様に、好意の受容者は話者自身または話者の身内であるのが普通である。しかし、「クレル」の特殊用法として、話者の側の行為が非好意的にな

される際にも用いられる事がある。例えば、

今ニ目ニ物見セテクレヨウ。

の様な言い方である。猶、「クレル」*kure-ru* は母音幹の動作動詞であるから、その命令形は「クレロ」*kure-ro* が正しい形であるが、子音幹への類推からか、俗には「クレ」*kure-φ* が用いられている。

補助動詞「クレル」「下サル」とは正反対に、話者の側が好意をもって聴者または第三者の為に或る行為を遂行する事を表すのが「ヤル」と「上ゲル」である。後者は前者の**謙譲語**(Humble Word)であって、好意の及ぶ聴者・第三者に対する話者側の謙遜が籠められている。

同僚達ニモ見セテヤロウ。

私共ガ教エテアゲタノダ。

同種の謙譲語には、「上ゲル」に加えて「差上ゲル」があるが、これは「上ゲル」のやや形式ばった語であって、謙譲度に関する限り、両者間に差異は無い。この様な謂わば「固苦しさ」の加わった語は**儀礼語**(Formal Word)と呼ばれ、敬語の範疇には属さない。例えば「存ジル」*zonzi-ru* は儀礼語であるが、「存ジル」に由来する派生名詞の「御存ジ」*go-zonzi-φ* の方は尊敬語であるから、

貴方ハソノ事ヲ御存ジデシタカ。

オ父サンハモチロン御存ジノ筈デス。

の様に使われる。逆に、複合語の「存ジ上ゲル」*zonzi-age-ru* の方は謙譲語であるから、上位者(superior)を客語に取って、

私ハ校長先生ヲ存ジ上ゲテオリマス。

の様に使われるのであって、

*私ハコノ学校ヲ存ジ上ゲテオリマス。

とは言わない。然るに、「存ジル」を使えば、

私ハコノ学校ヲ存ジテオリマス。

と言う事が出来る。これは「存ジル」が「知ル」の儀礼語であって、尊敬語や謙譲語ではなく、敬語の範疇には属さないからである。

主語に立つ事物・人物が他の者に或る行為の遂行を依頼して利益を受ける事を表すものに「貰ウ」と「戴ク」とがあり、後者は前者の謙譲語である。

行為の遂行者たる動作主は為格名詞で表される。

君ニモ会合ニ出テモラウ。

先生ニ翻訳ヲ手伝ッテイタダイタ。

この場合、受益者（beneficiary）たる主語の人称は問わない。話者またはその身内に限らず、

早ク誰カニ来テモラエ。

患者達ハ医師ニ診テモラエナカッタ。

の様に、二人称の時もあり三人称の時もある。

動作・作用の継続を表すものは「行ク」と「来ル」である。前者では現在もしくは或る時点が継続する動作の起点と成るに対し、後者ではそれが終点と成る。

当分ノ間粥バカリ食ベテ行クツモリダ。

三年モノ間工場デ働イテ来タ。

更に、補助動詞「来ル」は、動作・作用の時間的経過による漸増を表すにも用いられる。この場合、先行する動作動詞は自動詞に限られる。

天候ガ次第ニ悪ク成ッテ来ル。

都会ノ生活ニモ段々慣レテ来タ。

以上に列挙した補助動詞のうち、「居ル」と「置ク」とは、動作動詞の否定連用形にも附き得る。否定連用形とは、言うまでも無く、動詞幹に否定の派生接尾辞 -(a)na- の連用形たる -(a)naide、または否定の連用形形成接尾辞 -(a)zuni の附着した形である。

暫ク窓ヲ開ケナイデイタ。

十時マデハ錠ヲ掛ケズニオク。

上例の示す様に「イル」は否定的状態を、「置ク」は否定的行為による将来への備えを表す。補助動詞「クレル」及びその尊敬語「下サル」は、動詞幹に -(a)naide の附着した否定連用形に附いて、否定的行為による話者側への好意を示す。

明リヲ消サナイデクレ給エ。

誰ニモ言ワナイデクダサッタ。

これら上掲の否定表現は、補助動詞そのものを否定する「開ケテイナイ」

「掛ケテオカナイ」「消シテクレナイ」「言ッテクダサラナイ」等とは、それぞれ意味が全く異なる。

補助形状動詞には「無イ」の他に「欲シイ」が在る事は先述した通りであるが、この形状動詞は動作動詞完了連用形に附いて話者の願望を表し、

妹ニスグ来テ欲シカッタ。

の様に、動作主には為格名詞が充てられる。

4.　語性（CHARACTER）

動作動詞が一般に時間的に変化流動する動的な属性観念を叙述するに対して、形状動詞は時間的に変化流動しない静的な属性観念を叙述する語である。両者の叙述する属性の相違は、下に列挙する同根語対照例の表す意味的相違からも明らかであろう。

動作動詞		**形状動詞**
楽シム（tanosi-m-*u*）	～	楽シイ（tanosi-*i*）
悲シム（kanasi-m-*u*）	～	悲シイ（kanasi-*i*）
騒グ（sawag-*u*）	～	騒ガシイ（sawag-asi-*i*）
喜ブ（yorokob-*u*）	～	喜バシイ（yorokob-asi-*i*）
呪ウ（norow-*u*）	～	呪ワシイ（norow-asi-*i*）
悩ム（nayam-*u*）	～	悩マシイ（nayam-asi-*i*）
痛ム（itam-*u*）	～	痛マシイ（itam-asi-*i*）
痛メル（ita-me-*ru*）	～	痛イ（ita-*i*）
高メル（taka-me-*ru*）	～	高イ（taka-*i*）
深メル（huka-me-*ru*）	～	深イ（huka-*i*）

更に、意味的に相反して対立する次の二例も、動作動詞と形状動詞との叙述上の属性観念の相違を明らかにする。

富ム（tom-*u*）	～	貧シイ（mazusi-*i*）
老イル（oi-*ru*）	～	若イ（waka-*i*）

動作動詞の「富ム」（“to become rich”）「老イル」（“to age”）が時間的に変化する動的な属性を表すに対し、形状動詞の「貧シイ」（“to be poor”）「若イ」（“to be young")は没時間的な静的な属性を表す。従って、自動詞の「富ム」「老イル」を状態体の動詞句「富ンデイル」「老イテイル」としてみて、初めて意味的に「貧シイ」「若イ」の正反対の意味を成すものと言える。斯く、形状動詞の「貧シイ」「若イ」の例に見られる様に、時間的に変化流動する事無く、ある時間継続する動作・作用または存在・状態などを叙述する語性の動詞を**継続動詞**(Durative Verb)と言う。形状動詞はすべて継続動詞である。

動作動詞の中のある種のものも継続動詞と認められる。先ず**存在動詞**(Existential Verb)の「在ル」と「居ル」は一定時間継続して存在する事を叙述するものであって、継続動詞と認められる。両者共に自動詞であるが、その完了連用形が補助動詞「イル」を伴って状態体の動詞句を作る事は無い。なぜなら「在ル」「居ル」がそれのみで時間的に継続する状態を表していて、敢えて状態体に表す必要性が認められないからである。継続動詞「在ル」の意味的に正反対の語が形状動詞の「無イ」である。故に否定の派生接尾辞 -(a)na- は、「在ル」の語幹 ar- には附かない。敢えてその必要が無いからである。猶、「在ル」の丁寧語「御座ル」、並びに「居ル」の尊敬語「イラッシャル」・謙譲語「オル」も、当然継続動詞の中に数えられる。

存在動詞の他に、「食ベラレル」*tabe-rare-ru* や「話セル」*hanas-e-ru* など可能の派生接尾辞 -(r)are- や -e- によって派生せられた動作動詞、すなわち**可能動詞**(Potential Verb)も可能な状態の時間的継続を叙述するものであるから、その語性は継続動詞と看做される。一般の動作動詞の定動詞が非完了態である時、習慣的な反復動作(iterative action)を表す以外には、すべて未来時制を指すに用いられる。例えば「酒ヲ飲ム」という動詞述部が、

僕ハ毎晩酒ヲ飲ム。

同僚ハ皆酒ヲ飲ム。

の様な文にあってこそ、「飲ム」行為が現在時制において反復して行われる事を表すが、それ以外では現在時制を示さず、

君ハ水ヲ飲メ。僕は酒ヲ飲ム。

の様に、未来時制を示すに用いられる。ここでの「飲ム」を英語で表せば "will drink" である。然るに、可能動詞の非完了態の定動詞は(敢えて進行体や状態体を使わずして)そのままの形で、

包丁ガ良ク切レル。

眼鏡無シニ新聞ガ読メル。

の様に、現在時制における可能の状態を表す事が出来る。ただ、存在動詞「在ル」「居ル」とは違って、完了連用形に補助動詞「イル」を附ける事は可能である。可能動詞はすべて自動詞であるから、「イル」の附いた動詞句は勿論状態体となる。但し、

去年ハ杖無シニ歩ケテ イタ。

などの例からも分る通り、可能動詞の状態体は、常に或る特定な時点ないしは時間帯における状態を述べる際にのみ用いられるのである。

動作動詞で継続動詞に属するものとして、他に**中相動詞**（Medio-passive Verb）がある。中相動詞とは「見エル」「聞エル」「分ル」「出来ル」「要ル」などに対する称であり、その意味するところも、英語で表せばそれぞれ “to be visible” “to be audible” “to be understandable” “to be possible” “to be necessary” であって、それ自体が中相（medio-passive voice）として働くので、語幹が受動の派生接尾辞 -(r)are- を取ったりする事は無い。これら一連の自動詞の非完了態の定動詞もまた、そのままの形で現在時制での状態を表す事が出来る。

窓カラ海ガ見エル。

家内ハ英語ノ会話ガ出来ル。

しかし、可能動詞の場合と同じく、状態体の動詞句を作る事も可能である。

チョウド今富士山ガ見エテ イル。

ソノ時音楽ガ聞エテ イタ。

などの例に見られる通り、これも同様に、或る特定の時点ないしは時間帯における状態を述べるに用いられるに過ぎない。ただ中相動詞のうち「要ル」だけはこの形を取り得ない。

上掲の存在動詞・可能動詞・中相動詞に属さない凡ゆる動作動詞は、事物の時間的に急変流動する動作・作用を叙述するものであって、語性の上からは**瞬間動詞**（Momentaneous Verb）と称される種類のものに属する。従って、殆どの動作動詞は瞬間動詞という事になる。能動相たると受動相たると使役相たるとを問わない。瞬間動詞の非完了態定動詞は、現在時制として反復動

作を表す場合以外は、常に未来時制における動作・作用を表すものであるから、例えば、

　　彼ハ鎌倉ニ住ム。

と言えば、未来時制を示して “he will live in Kamakura” という事であって、“he lives in Kamakura” を意味しない。現在時制において継続する動作・作用を表す為には、その完了連用形に「イル」を附けて、

　　彼ハ鎌倉ニ住ンデ イル。

としなければならない。英語では単に “has” “knows” “remembers” 等を使って済ませるところを、日本語ではそれぞれの完了連用形に補助動詞の「イル」を附けて、「持ッテイル」「知ッテイル」「覚エテイル」等の形で述べなければならないのも、英語の “to have” “to know” “to remember” 等が特殊な継続動詞であるに対して、日本語側の「持ツ」「知ル」「覚エル」等は普通の瞬間動詞であるからこそ、進行体もしくは状態体での表現が要求せられるものである。これは英文法側の問題であって日本語の問題ではない。

　すべての動詞は、語性的に継続動詞と瞬間動詞とに二分せられ、又それ以外の分類は無いにも拘らず、巷間に、金田一春彦氏などの、「死ヌ」「点ク」「届ク」等は瞬間的動作を表すものとして、別に一類を設ける意見[7]がある様であるが、この意見は文法論として無意味である。自然の事象として「死ヌ」という行動は生涯に通常一度しか無い。その結果として、主語が単数の特定物である限り常に未来時制 “will die” を表す事になろう。現在時制が無い点では確かに特殊かもしれない。しかし、ここに超自然現象を仮定して、

　　魔法ニヨリ毎朝生キ返リ毎晩死ヌ。

と言えば、主語が特定の人物であっても、反復動作として現在時制を表す事になるし、主語が複数であれば、問題無く現在時制を表す。すなわち、

　　交通事故デ毎日五人ハ死ヌ。

の様な表現は極く普通なのである。更に、これら一連の動作動詞は「-テイル最中ダ」の表現を取らない旨も主張せられているが、

　　電報ガ続々届イテイル最中ダ。

の様な文に、何らの不都合は無い。また、これらは「-始メル」の附いた複合動詞を形成しないというのも、一類を立てる理由の一つとせられている様

であるが、複数の主語を取って、

　　村デハ疫病ノ為ニ人が死ニ始メタ。

　　夕闇ガ迫ルト町ニ灯ガ点キ始メル。

の様に言っても、文法的不都合は何ら生じない。つまり、これらの一連の動作動詞は、一般の瞬間動詞以外の何物でも無いのである。加うるに、「聳エル」「優レル」「似ル」の類いに就いても、「第四種の動詞」とか名づけて別の一類を設定すべきであるとの意見[8]も提出せられている。これらの動作動詞は、

　　山々ガ聳エテ イル。

　　彼ノ頭脳ハ優レテ イル。

の様に、必ず状態体たる「- テイル」の形を取るからというのがその理由の様である。しかし、これも文法論的には問題に成らない。なぜなら、上掲の例文こそ普通の瞬間動詞による状態体に他ならないからである。先ず、「山々ガ聳エタ」のは有史以前の出来事であり、その結果として生じた状態が現在の時点において猶も存在している事を述べるのであるから、状態体の動詞句を以て表されるのは至極当然の事である。因みに、摩天楼の建築現場での会話、

　　間モ無ク天ニ聳エルゾ。

との表現に不自然さは全く無い。ここでの「聳エル」は未来時制を示しているのである。同様にして、「彼ノ頭脳ガ優レタ」のは恐らく幼児期かそれ以前であって、現在に至るもその結果としての状態が存続しているものであるが故に、状態体の動詞句「優レテイル」を以て表されるのである。

　　期待シテイ給エ。ソノウチ必ズヤ衆ニ優レル。

と言えば、「優レル」が未来時制を示す事になり、何ら不都合な事は無い。更に、不特定複数の主語を置いて、

　　娘ハ概(オオム)ネソノ父親ニ似ル。

と言えば、立派に現在時制を示している。同類のものとせられる「秀デル」「富ム」等の一連の自動詞に就いても、全く同様の事が言える。これらの論の誤謬は、自然現象や社会現象に関する問題を文法の問題と取り違えたところにある。むしろ滑稽と言うべきであろう。

註

1　然るに、通説は自他の分類を困難且つ不必要と看做す。例えば、山田孝雄、『日本文法學概論』、東京 1936、pp. 229–245; 林大、「自動詞」、国語学会(編)、『国語学辞典』、東京 1955、pp. 504–506; 林、「他動詞」、同書、p. 624。

2　本書本編第 4 章 3、pp. 148–150。

3　例えば、佐久間鼎、『現代日本語の表現と語法』、東京 1966、pp. 208–211; 湯澤幸吉郎、『口語法精説』、東京 1977、p. 132; 松村明、『近代の国語―江戸から現代へ―』、東京 1977、pp. 142, 177–178, 206。

4　例えば、時枝誠記、『日本文法・口語篇』、東京 1950、pp. 124–125。

5　一般には自動詞と看做されているが、松下大三郎氏も「自動の如く思ふのは誤である」と明言する。松下大三郎、『改撰標準日本文法』、東京 1928、p. 263。

6　本書本編第 3 章 2、p. 117。

7　例えば、金田一春彦、「國語動詞の一分類」、『言語研究』15, 1950、pp. 48–63(金田一春彦(編)、『日本語動詞のアスペクト』、東京 1976、pp. 5–26 に再録)。

8　金田一、同書。

第5章
文
(SENTENCES)

1. 主題-陳述(THEME–RHEME)

自然言語の文は、凡そ何らかの事象に就いて叙述を為すものである。

花ガ咲イタ。

月ガ出タ。

の様な文では、「花ガ咲イタ」或いは「月ガ出タ」という事象そのものを客観的事実として全体的に把握し、ありのままに述べているのであって、**客体文**(Objective Sentence)と称せられるべき文を成している。ここでは「花」「月」が格接尾辞の「-ガ」を伴って主格に立っている。これに対し、

花ハ植物ノ繁殖器官デアル。

月ハ地球ノ衛星デアル。

の様な文では、「花」「月」が提題助辞「-ハ」によって文の主題として提出せられ、「-ハ」と共に**主題部**(Theme)を成し、主格名詞「花ガ」「月ガ」は用いられない。これらの文は、「花」或いは「月」に就いて、話者が何らかの解説を施さんとする文であるから、先ず「花」「月」を主題として文頭に置き、然る後に「植物ノ繁殖器官デアル」或いは「地球の衛星デアル」との主体的解説を与えたものであるから、客体文とは発話の上で意図的に相違がある。この解説に相当する叙述の部分を**陳述部**(Rheme)と呼ぶ。序でながら、此処に言う「陳述」とは、主題部の内容を敷陳叙述する部分という意味であって、日本の一部の学説[1]に、主体的判断を反映して文を成立させる統覚作用の籠められているものと信じられている「陳述(modus?)」とは全く別個の概念である。陳述部が動詞述語を持つ事もあるし、名詞述語を持つ事

もある。

日本語では、主題に引き続きその主体的解説を陳述部として展開する「主題-陳述」構造の形式を取る文が多い。この種の文は**主体文**(Subjective Sentence)と称せられるべきものである。英語の文は、すべてが「主語-述語」構造の文であるが、同じ内容を叙述するに際しても、日本語においては多くの場合主体文の構造を取る。自己紹介して英語で“I am Jiro Tamura”と言うところを、日本語では主体文の形を取って、

私ハ田村次郎デス。

の様に言う。先ず主題としての「私」を提出した後、「田村次郎デス」と、謂わば解説としての陳述部が続くのであって、主格名詞の「私ガ」を用いて、

*私ガ田村次郎デス。

とは、特別な脈絡無しには言えない。但し、

私ガ御紹介ニ預リマシタ田村次郎デス。

と言う時の「私ガ」は文法上正しいものであるが、この種の文における「-ガ」は主格接尾辞ではなく、焦点を示す副助辞である事は先に述べたから繰り返さない[2]。

客体文における主格名詞が新情報(new information)を表示するに対して、主格名詞の主題化せられた客体文での主題は、旧情報(old information)を表示するものであるとの考えが、一部に流布している様である[3]。なるほど、

昔々アル所ニオ爺サントオ婆サンガアリマシタ。

なる文における「オ爺サントオ婆サン」は、この童話の劈頭に初めて登場する新情報であり、主格接尾辞「-ガ」を従えて現れる。英語で表せば“*an* old man”と“*an* old woman”である。続く

アル日オ爺サンハ山ニ柴刈リニ、オ婆サンハ川ニ洗濯ニ行キマシタ。

なる文における「オ爺サン」と「オ婆サン」は、既に登場済みの旧情報であり、提題助辞「-ハ」によって主題化せられている。英語で表しても“*the* old man”と“*the* old woman”である。確かに、

鈴木サンハモウ帰ラレマシタ。

の様な文は、話者・聴者の双方にとって「鈴木サン」が既知の情報であれば

こそ成立するものではある。しかし、主題化せられた主語は旧情報であるとの考えは、必ずしも当を得ていない。試みに“I thought Mr. Suzuki to be honest”という英語の文を日本語に直すに、

　　鈴木サンハ正直ダト思ッタ。

　　僕ハ鈴木サンガ正直ダト思ッタ。

の二通りが可能である。前者では、主体文の「鈴木サンハ正直ダ」が接続助辞の「- ト」に導かれて引用節を成しているのであるが、後者では、文全体が主体文を構成していて、陳述部の「鈴木サンガ正直ダト思ッタ」の中に「鈴木サンガ正直ダ」なる客体文が「- ト」に導かれて引用節を成しているのである。変形文法（transformational grammar）流に言えば、深層構造（deep structure）において同一の埋め込まれ文（embedded sentence）から成っているのであるから、両者は、取りも直さず、同一の内容を表現しているものであって、同一物（ここでは「鈴木サン」）が、一方では旧情報と解され、他方では新情報と解されるという矛盾を、この考えでは生ずる結果となり、賛同し難い。

抑々、陳述部自体が一つの文を成す時は、客体文の形を取るのが普通なのである。例えば、

　　象ハ鼻ガ長イ。

なる文では、「象ハ」が主題部を成し、一個の客体文たる「鼻ガ長イ」がこの文全体の陳述部を成す。しかも、「象」は（大きいかも知れないが）「長」くはないから、述語「長イ」の主語は「鼻」であって「象」ではない。つまり、この文における「象」は主題化せられた主語ではない。斯くの如く、主題が何らかの格を代行するものとは必ずしも限らないのである。

　　小説ハアマリ読マナイ。

における主題「小説」は、客体文における対格名詞「小説ヲ」に相当するものであり、

　　日本ハ温泉ガ多イ。

と言えば、主題の「日本」は客体文での位格名詞「日本ニ」に相当するものであろう。然るに、

　　僕ハ鰻ダ。

明日ハ試験ダ。

と言えば、ここでの主題はいずれの格に立つ実名詞にも相当していない。特定の脈絡のもとでは、英語でも “I am eel” “tomorrow is the exam” との表現が同様の意味を表しはするが、上掲の二文を論理的に逐語訳すれば、それぞれ “as for me, it's eel” “as for tomorrow, it's the exam” という事になる。主題部は本来が副詞句なのである。

姉ハ音楽ガ好キダ。

における「姉」も同じく、主格名詞に相当する主題ではない。直訳すれば “as for my sister, music is likable” であって、主語はあくまでも主格の「音楽」である。ここでの「音楽」を客語として取り扱い、附随する「-ガ」を目的格（＝対格）を表すものであるとする考えも、一説として唱えられている様であるが[4]、日本語に「目的格を表すガ」など無い。たとえ英語で “my sister loves music” と言うからとて、それは日本文法とは関りの無い事である。

主題は一つの文に一個のみとは限らないから、陳述部を成す文が、必ずしも客体文の形式を取るとは限らない。陳述部が主体文である事ももちろん可能である。例えば、

象ハ鼻ハ長イ。

と言えば、脚（か何か）は長くなくても「鼻ハ長イ」といった含みを有し、文全体としては、主題「象」に対しての陳述部が一個の主体文たる「鼻ハ長イ」であり、埋め込まれた主体文としては、「鼻」に対する陳述部が述語の「長イ」なのである。斯くの如く、主題が数個提出せられた文においては、各主題に続く残余の部分が各々の陳述部を成すという構成であって、最初の「-ハ」のみが主題を提出して残りの「-ハ」は「対照」を表すとの一部の文法家の主張する説[5]は誤りである。すなわち、

僕ハ週末ニハ本ハ読マナイ。

の様な文において、主題部「僕ハ」に就いての陳述部は残余の全部「週末ニハ本ハ読マナイ」であり、同じく「週末ニハ」の陳述部は続く「本ハ読マナイ」の部分であり、同じく「本ハ」の陳述部は残る「読マナイ」の部分である。これを換言解釈すれば、「僕」に関する限り「週末ニハ本ハ読マナイ」、「週末ニ」関する限り「本ハ読マナイ」、「本」に関する限り「読マナイ」と

いう事なのである。

提題助辞には、「-ハ」の他に「-モ」がある。事情の類似した事物・人物を、共存し得るものとして提題する助辞が「-モ」であって、その点で「-ハ」とは意味的に若干の相違が有りはするが、

僕ハ親戚カラモ挨拶ハ受ケナカッタ。

僕モ親戚カラハ挨拶モ受ケナカッタ。

の様な対照が示す通り、文法上の用法は「-ハ」と変りが無い。但し、主題というものは、その本質から言っても、一般に従節には現れ難いものであって、

*モシ君ハ参加スルナラ、僕ハ参加スル。

の様な文は成り立たないのであるが、同じ提題助辞でありながら、同類の存在を前提として包括的に主題を提示する「-モ」の方は、条件を表す様な従節にさえ普通に用いられる。

モシ君モ参加スルナラ、僕モ参加スル。

の如くである。提題助辞として特に別種に取り扱いはしたものの、本質的には副助辞の一種に他ならないものだからである。

2.　節(CLAUSES)

単一の主語・述語関係からのみ成る、例えば、

花ガ咲ク。

アノ庭ハ広イ。

村ノ人々ハ親切ダッタ。

の様な文を**単文**(Simple Sentence)と言う。提題助辞を以て主題化せられた主語も、勿論ここに言う「主語」に含まれる。日本語では、脈絡によって主語の省略(ellipsis)が見られる事は極く普通であるから、

見事ニ咲ク。

確カニ広イ。

実ニ親切ダッタ。

の様に、たとえ主題の明示を欠いていても、文が述語を持ち、且つ単一の主

述関係が想定せられる限り、単文と看做される。文は常に単文とは限らず、二個以上の主述関係を含む場合の方がむしろ多く見られる。文の一部でありながら、それ自身の中に主語と述語を備えて一まとまりを成す語群が節であるが、同様にして、想定し得る主語が省略せられていても、この種の語群はすべて節と認められる。

動作動詞や形状動詞の連体形が被修飾の実名詞を伴わない時は、動名詞であり、文中に置かれた動名詞は**名詞節**（Nominal Clause）を作る。名詞節とは、文において実名詞と同等の職能を有する（述語を備えた）語群を言う。

潔（イサギヨ）ク非ヲ認メルガ良イ。

顔色ノ悪イガ何ヨリノ証拠ダ。

などにおける「認メル」や「悪イ」は、主格接尾辞の「-ガ」を伴って実名詞として機能し、名詞節を導く働きを為している。

動詞及び繋辞の連体形が直後に被修飾の実名詞を伴う時は、連体形の導く語群が**連体節**（Attributive Clause）を成す。この場合は、後接する被修飾の実名詞をも含めた語群が名詞節を形成するのである。すなわち、

潔ク非ヲ認メル事ヲ恥トシナイ。

顔色ノ大変悪イ青年ガイタ。

波ノ極メテ静カナ海ニ漕ギ出ス。

の様な文では、「潔ク…認メル」「顔色ノ…悪イ」「波ノ…静カナ」が後接の実名詞「事」「青年」「海」をそれぞれ修飾する連体節であり、「潔ク…認メル事」「顔色ノ…悪イ青年」「波ノ…静カナ海」が名詞節を成す。たとえ修飾語が連体形の動詞一個、或いは連体形の繋辞を伴う名詞一個のみから成るものでも、それは名詞節であって、名詞句ではない。

吠エル犬

白イ家

憐レナ少女

はそれぞれ “a dog that barks” “a house which is white” “a girl who is pitiful” の意だからである。日本語で名詞句に当るものは、属格名詞または連体詞と被修飾の実名詞とから成る語群に限られる。

補助動詞を伴う動作動詞の完了連用形や、単に後接の動作動詞の連用修飾

語たるに過ぎない形状動詞の順接連用形は、

　雪ガ降ッテ来ル。

　室内ヲ美シク飾ル。

の如く、節を形成するものではないが、種々の連用形（すなわち種々の副動詞及び繋辞の連用形）によって導かれる節は、すべて**副詞節**（Adverbial Clause）である。連用節と呼んでも同じである。

　刀ハ折レ矢ハ尽キタ。

　灯ガ暗クテモ一向ニ構ワナイ。

　ソンナ安物ナラ今直グ買エル。

の様な文で、「折レ」「暗クテモ」「- ナラ」に導かれた節が各々の副詞節である。

名詞節・連体節・副詞節の三者を総称して**従節**（Subordinate Clause）と呼ぶ。文の中の従節を除いた部分で、それ自身の主語・述語を具えているもの、上例で言えば「矢ハ尽キタ」「一向ニ構ワナイ」「今直グ買エル」の部分が**主節**（Main Clause）である。文が一個の主節と一個または数個の従節とから成っている時、その文を**複文**（Complex Sentence）と言う。従節の一つである副詞節を導くものは、動詞や繋辞の連用形に限らない。連体節に修飾せられた形式名詞も副詞節を作る。本来は「- ニ」「- デ」など連用修飾の格接尾辞を伴うべき筈のところ、それらが省かれる例も多い。

　出掛ケル前（ニ）用意シテ置イタ。

　詳細ヲ聞イタ後（デ）皆ニ知ラセヨウ。

　急用ガ出来タ為（ニ）来ラレナカッタ。

上掲の他、副詞節を作る形式名詞には「時」「折」「際」「頃」「故」「処」「儘（ママ）」「限リ」「以上」などがある。

実質的観念を全く表さない形式名詞の「ノ」の作る名詞節が繋辞の「- ダ」「- デス」等を伴って文末に置かれる形式の復文がある。聴者の未知もしくは不認識の事柄に就いて、話者の確信的叙述を表すに用いられるものであって、日常頻繁に使われる構文形式の「ノダ」文・「ノデス」文である。

　誰モソンナ事ハ知ラナカッタノダ。

　イツモハモット高イノダ。

コレガ最近ノ流行ナノダ。

文法的には、この種の文は名詞述語の文である。英語に直せば、「…ノダ」「…ノデス」で完結する文は（ヴィクトリア朝の英語めくが）“it is that…” に当る。この形の疑問文は、話者の今まで未知であった内容に就いての質問である。丁寧の繋辞「-デス」は問題が無いが、「-ダ」の方は、終助辞の「-カ」が後接する時は常に省かれて「…ノカ」の形を取る。

ソンナニ仕事ガ残ッテイタノカ。

今モ入院中ナノカ。

この文型を英語に直せば、“is it that…?” に当る。同じ構造の文において、終止形「-ダ」「-デス」の代りに連用形の「-デ」を用いると、因由(causal)を表す副詞節と成る。

雨ガ降リ出シタノデ、花見ハ中止シタ。

今日ハ休日ナノデ、人通リガ少イ。

形式名詞「ノ」が格接尾辞の「-ニ」を伴う時は逆接の副詞節を作る。

先刻カラ待ッテイルノニ、マダ来ナイ。

モウ春ナノニ、イツマデモ寒イ。

ここでの「-ニ」は省かれ得ない。

副詞節を導くものには、副助辞を伴う動名詞もある事は先に述べたから省くが[6]、他にも**接続助辞**(Conjunctive Postposition)がある。副詞節を導く接続助辞には、因由を表す「-カラ」、順接を表す「-シ」、逆接を表す「-ケレドモ」などがある。このうち「-ケレドモ」は、略して「-ケレド」ともなり、俗語ではさらに「-ケド」となる事もある。

裏通リハ淋シイカラ、表通リヲ行コウ。

酒モ飲マナイシ、煙草モ嫌イダ。

景色ハ良イケレドモ、気候ガ良クナイ。

の様に用いられる。同じ因由を表すものでも、接続助辞の「-カラ」と、形式名詞「ノ」に繋辞連用形「-デ」の附いた「ノデ」とでは、用法が微妙に異なる。

ホンノ子供ダカラ、マダ無理ダッタ。

ホンノ子供ナノデ、マダ無理ダッタ。

の対照例を見るに、前者では、話者が従節において “since he is a mere child” と述べて、「無理ダッタ」理由を挙げているのであるが、後者では、従節が “being that he is a mere child” の意であり、「ホンノ子供」である事実に基づく帰結として「無理ダッタ」事が主節に述べられているのである。蛇足ながら後者を敷衍すれば、「ホンノ子供ナノデ」当然の事として「マダ無理ダッタ」という事である。斯く、「ノデ」の導く節が先行すれば、主節は必然的帰結を述べる帰結節（consecutive clause）となるのであるから、命令・勧奨など話者の意図を表すものが主節に立つ事は無い。例えば、

風邪ヲ引クカラ、中ニ入ロウ。

とは言い得ても、

*風邪ヲ引クノデ、中ニ入ロウ。

という文は成立しない。

引用の助辞「-ト」も副詞節を導く接続助辞である。

アノ人ハ、何モ覚エテイナイト言ッテイル。

ソンナ事ガ起ロウトハ思エナイ。

の様に「言ウ」「話ス」「語ル」の類いか、或いは「思ウ」「考エル」「望ム」の類いの動作動詞が後続するのが普通であるが、

早クオ入リト慈（イツク）シンダ。

注射ハ嫌ダト逃ゲ出シタ。

の例でも分る通り、後続の動作動詞に特別な制限は無い。また、間接疑問（indirect question）の副詞節を導く「-カ」も接続助辞である。

誰ガ来ルカ分ラナカッタ。

何ガアッタカ教エテ欲シイ。

の様に用いられるものがそれで、同じく文中に用いられていても、

ドコカラ来タカト訊ネタ。

の様な文における「-カ」は、直接引用文（direct quotation）の中での終助辞であって、接続助辞ではない。

日本語で述語を形成する動詞や繋辞は、本来、態（アスペクト）のみを表して時制の文法標識を持たない性質のものである。然して、従節における述部の態は、主節における述語の示す態との相関関係において表されるを常とする[7]。

日ハ落チ、山々ハ霞ミ、夕闇ガ迫ッタ。

電車ヲ降リル時、チラリト見掛ケタ。

迎エハ来ナイシ、雨ハ降リ出スシ、アノ時ハ困ッタ。

の例にある通り、主節の述語が完了態であれば、従節の述部は非完了態の形でありながら、実際には主節と同じく過去の意味を結果としては表す事になるのである。然るに、接続助辞の一つである「-ガ」の導く節のみは、職能的に主節と全く対等の関係にある。従って、

彼ハ一介ノ教員ダガ、夫人ハ校長ダッタ。

と言えば、先行の節は非完了態、後続の節は完了態で、“he *is* a mere teacher, but his wife *was* a principal” の意味となる。正確には、主従関係は無く、各述部の表示する態も互いに対等の関係に立っているのである。接続助辞「-ガ」の導く節と後続の節とは、相互に対等な**等位節**（Co-ordinate Clause）であって、対等である以上は、相互に文体上の一致も要求せられ、常体の文では、例えば、

突然ダッタガ別ニ驚カナカッタ。

となり、敬体の文では

突然デシタガ別ニ驚キマセンデシタ。

の様になる。二個の等位節により成る文を**重文**（Compound Sentence）と言う。接続助辞「-ガ」は、結ばれる二つの節を意味的に逆接と為す場合の多い印象を与えはするが、等位節を導くをその職能とするものであって、元来、順逆とは関りの無いものである。

名画ト聞イテイタガ、全ク失望シタ。

と言えば、「-ガ」が英語の “but” に当るが、

名画ト聞イテイタガ、本当ニ素晴シカッタ。

と言えば、英語では “and” に当る。日本語に接続詞は無いから、等位節を繋ぐものは、接続助辞「-ガ」のみである。

3.　語順（WORD ORDER）

語が語群の中に占める位置を語順と言う。凡そ言語表現は、言語音の継起

性に依存し、時間的線条を辿るものであって、同時に二語を発話する事は不可能であるから、常に語はある前後関係をもって配列せられる事になる。日本語では、主語は述語に先行し、修飾語は被修飾語に先行し、客語は述語動詞に先行する。一般に、語順の変更は、日本語においては比較的自由であると言われている。確かに、

貴方ハ新シイ薬ヲ飲ミマシタカ。

と言うべきところを、強調などの表現効果を狙う目的から客語を文頭に置き換えて、

新シイ薬ヲ貴方ハ飲ミマシタカ。

と表現する事も可能である。この文は、慣用的に一定している語順に意図的に変更を加えたものであり、これを**倒置**(Inversion)と言う。しかし、倒置にも制限があって、実名詞を修飾する語句は必ず被修飾の実名詞に先行するという語順は固定的である。「新シイ薬ヲ」を倒置して「*薬ヲ新シイ」とする事は出来ない。また、述語が必ず文末に位置するという鉄則も動かし得ない。故に、

*貴方ハ飲ミマシタカ新シイ薬ヲ。

*飲ミマシタカ貴方ハ新シイ薬ヲ。

という文は成立しない。敢えて線条的に上の様な順序での配列を望むならば、それぞれが二文に分割せられて、

貴方ハ飲ミマスタカ。新シイ薬ヲ…。

飲ミマシタカ。貴方ハ新シイ薬ヲ…。

という構成を取る。使用せられた句読点の種類の如何を問わず、

咲イタ、咲イタ、桜ガ咲イタ。

は三個の単文であって、複文でもなければ、重文でもない。抑々、「倒置」という概念の存在する事自体が、日本語の語順が慣用的に一定している事実を意味しているのである。

先ず、実名詞が、或る語句に修飾せられる場合に、その実名詞は必ず後置せられるという鉄則に就いて考察しよう。有意音の下位分類における語類(word-class)は、概ね語形を基準とした分類であり、単独に孤立した個々の有意音を、辞典的価値において取り扱ったものであると言う事が出来る。こ

れに対して、ある語群内における語の相互関係によって生ずる職能を基準とした分類があり、各有意音の語群内での職能を**階**(Rank)と呼ぶ。階には三類がある[8]。ある名詞句・名詞節での被修飾の実名詞は、その句または節における謂わば中核的存在である。斯くて、或る語群中の中核的存在に該当する語句を、階の上からの分類では**一次要素**(Primary Element)と言う。

アラユル言葉

極ク難解ナ書物

の様な語群では、「言葉」や「書物」がそれぞれの名詞句・名詞節における一次要素である。これに対し、「言葉」を修飾する連体詞の「アラユル」とか「書物」を修飾する連体節の「極ク難解ナ」とかは、一次要素への附随的存在と看做され、階の上からの分類では**二次要素**(Secondary Element)と認められる。ここから、名詞句・名詞節における二次要素は必ず一次要素に先行するという法則を結論的に導く事が出来る。

続いて、上掲の二次要素「極ク難解ナ」なる語群の中での副詞「極ク」は、更に形状名詞の「難解ナ」への附随的存在であるから、一次要素たる「書物」からすれば三次要素(tertiary element)という事になるのであるが、この語群、すなわち上記の連体節内に限れば、「極ク」が二次要素となって「難解ナ」が一次要素と認められるのである。すなわち、或る語群の内部にあっては、修飾する語句はすべて二次要素であり、被修飾の語句はすべて一次要素なのである。此処でも二次要素は一次要素に先行している。

動詞述語であれ名詞述語であれ、述語は必ず文末に置かれるという鉄則も、同じ法則の支配による結果である。述語こそが文という一個の語群における中核的存在である。言い換えれば、述語が文における一次要素なのであり、且つそれ故に、述語は常に文末に位置し、述語を除くすべての部分が二次要素としてこれに先行しているという事なのである。

郷里ノ父親ガ息子ニ長イ手紙ヲ書イタ。

という文では、主部の「郷里ノ父親ガ」が二次要素であり、述部の「息子ニ長イ手紙ヲ書イタ」が一次要素である。更に述部という語群の内部では間接客語の「息子ニ」が二次要素である。続く述部の「長イ手紙ヲ書イタ」が一次要素であるが、更にこの語群内では、直接客語の「長イ手紙ヲ」が二次要素、述語動詞の「書イタ」が一次要素となる。名詞句の「郷里ノ父親」並びに名詞節の「長イ手紙」における「郷里ノ」と「長イ」とが、各語群の二次要素を成す事は言うまでも無い。

主体文において、主題が文頭に置かれ陳述部がこれに続くのも、陳述部が主体文の一次要素だからである。

桜ハ花ガ美シイ。

における主題部「桜ハ」は二次要素で、陳述部「花ガ美シイ」は一次要素であり、更に一次要素たる語群の内部では「花ガ」が二次要素、「美シイ」が一次要素となる。副詞の中、「今朝」「今日」「来年」などの**時称副詞**(Temporal Adverb)や、同じく時を表す「六時ニ」「今週中ニ」などの位格名詞がしばしば文頭に置かれるのも、これらが続く残りの部分全体を修飾する語だからである。例えば、

今日僕達ハ久シ振リニ芝居ヲ見タ。

と言えば、「今日」なる二次要素が、「僕達ハ…見タ」なる一次要素の文の全体を修飾しているのである。時称副詞に更に先行する語もある。二個以上の文の連続から成る文章(discourse)の中で、後続の文の文頭には「ソシテ」「ダカラ」「シカシ」「シカルニ」などの**接続副詞**(Conjunctive Adverb)がしばしば使われるが、後続の文中において接続副詞があらゆる語に先行するのは、これが続く残余の部分全体を修飾する性質の語だからである。つまり、

シカシ今日ハ欠席スル訳ニハ行カナイ。

と言えば、「シカシ」が二次要素、続く「今日ハ…行カナイ」なる文が一次要素となるのである。

副詞節を従節に持つ複文においては、常に従節が先行し、従節が二個以上ある様な場合でも、主節は必ず後置せられる。例えば、

遠クマデ買物ニ出掛ケナガラ、財布ヲ忘レテ行ッタ為ニ、セッカク良イ品ヲ見付ケタノニ、買ワズニ帰ッテ来タ。

という様に、複文においては、常に主節が一次要素を成すからである。終助辞は常に文末に置かれる。終助辞は自立音ではなく、文末の述語に附く助辞という従属音の性質上、文法的に当然の事ではある。意味論的に言えば、終助辞が話者の感情を表示する唯一の音である事から極めて重要な存在で

ある。

先生ハモウ見エマシタカ。

本当ニ今日ハ晴レルカナア。

上例の内容を英語で表現すると、文頭から "Did the teacher..." また "I wonder if..." となるところである。終助辞は、この点でも他の従属音に比して自立性が高く、半ば自立化していて、先行する全部分に対する一次要素と看做され、常に文末に置かれる事になるのである。

斯くの如く、日本語の語順は、二次要素が先行し、一次要素は常に後置せられるという一法則にのみ支配せられて成立したものと結論する事が出来る。

日本語の語順には、古来殆ど変化が見られなかったという事実の秘密は、挙げて此処にある。凡そ此の法則を所有するあらゆる言語は、結果的に全く同一の語順を取る事になるのである。序でに言えば、ウラル・アルタイ諸言語や朝鮮語が(フィンランド語の様に隣接言語の影響の下に語順を変えたものを除き)すべて日本語と同一の語順を取るのは、これら諸言語が偶々同じ法則の所有者であったという事であって、系統的に日本語と関係があるという事ではない[9]。

4.　省略(ELLIPSIS)

文として完全な形を整える上での必要な要素を欠く事が省略である。省略は、不完全な形ながら、猶完全な形とほぼ同等の価値を担い得る文に行われるのが普通である。二個以上の文の連続によって一つの言語行動が遂行せられる時、その文の連続体を称して**文章**(Discourse)と呼ぶが、或る文章の中で、先行する文に明示せられた語句が、聴者の理解の上で、再度の明示を繰返すまでも無いと思われる時、後続の文においてはしばしば省略せられる。それらの語句に代って、英語なら代名詞が用いられるところであろうが、日本語にあっては省略という形を選ぶ。

ヤッパリ面白クナカッタネ。

ドウシテ見テ置カナカッタノカ。

上掲の二文は、主語と客語とをそれぞれ欠いているが、何が「面白クナカッタ」のか、また何を「見テ置カナカッタ」のかは、ここに明示せられるまでも無く、聴者にとって**脈絡**(Context)から容易に理解し得るものなのである。脈絡は、必ずしも先行の文中に明示のあるものとは限らず、発話の際の場(situation)からも得られるのであって、或る特定の場が設定せられていれば、それで充分である。例えば、廊下に立って、

　　ドウゾコチラヘ。

とのみ言えば、「オ出デ下サイ」などの述語を添えるまでも無く伝達の目的は果される。何らかの脈絡無しに、慣用的に省略の行われる、例えば、

　　一寸ノ虫ニモ五分ノ魂。

　　女、氏ナクシテ玉ノ輿。

の様な表現も、言語経験や一般知識などによって容易に補えるものであるから、それぞれ「ガ有ル」「ニ乗ル」を省略して支障を来たさないのである。脈絡などから補い得るこの種の省略は、構文論上必要な語句が省略せられているのであって、特に**要語省略**(Brachylogy)と呼ばれる。補助動詞「クレ」「下サイ」の省略と見られる文、

　　ココデ待ッテイテ。

　　シバラク見ニ来ナイデ。

などの他、敢えて欠いても支障の無い述語を省略した文、

　　タントオ飲ミ。

　　マア、ソウ仰シャラズニ。

の類いも、同種のものと看做される。

　要語省略以外に、文法的構造を完全にする為には必要でありながら、文脈から容易に補足し得る部分を、特に冗語法(redundancy)を避けて省略する場合もある。それは文法的慣用に拠るものであり、この種の省略は**論理的省略**(Logical Ellipsis)と呼ばれる。複文における述語の省略は、従節において為される。

　　兄ト姉ハ大阪デ、弟ト妹ハ東京デ<u>生レタ</u>。

の如くである。ただ、従節中の述語の省略は話者の恣意によるものであって、必ずしも省略せられるとは限らないが、たとえ順接連用形による述語の

繰返しが行われたとしても、述語の態（上例では完了態）を示す文法接尾辞は、主節においてのみ明示せられる。これに反して、複文において一たび明示せられた主語または客語は、主節を含めての後続の節において省略せられ、

雑誌ヲ買ッテ、一日中読ンデイタ。

の様に言うのが普通であって、

＊買ッテ、雑誌ヲ一日中読ンデイタ。

とは言わない。しかし、主語または客語に相当するものが主題化せられている時は、省略は従節において為されるのが常である。

何度読ンデモ、コノ本ハ分ラナイ。

この主体文の主題を文頭に移して、

コノ本ハ、何度読ンデモ、分ラナイ。

と言い換えても、主題は依然として主節に属しているのである。

単文においても、主語または客語が、主題として提出せられたものと同一内容である時は、必ず省略せられる。

アノ建物ハ銀行ダ。

ソノ映画ハ子供ノ頃ニ見タ。

上の文が主格名詞や対格名詞（ここでは「アノ建物ガ」や「ソノ映画ヲ」）をそれぞれ欠いているのは、既に主題として提題助辞「-ハ」によって文頭に提示せられている為、敢えて主語・客語としては繰返されないのである。従って、主題化せられた主語、主題化せられた客語という概念は、主語・客語の省略が根底にあって導き出された便宜的解釈なのである。

同じ文法的慣用による省略ではあるが、省略の慣用が文法史の上から固定してしまったものもある。これは**歴史的省略**（Historical Ellipsis）と呼ばれ、その省略は文法的に必須であって、話者の恣意が介入する余地は無い。先に述べた実名詞の省略属格は、歴史的省略の所産である。属格名詞に続く形式名詞の「ノ」は常に省略せられて、「*私ノノ」「*父ノノ」とは決して言わない[10]。単に「私ノ」だけで “mine” を意味し、「父ノ」だけで “father's” を意味する。また、繋辞の非完了終止形「-ダ」は、疑問（interrogative）の終助辞（及び間接疑問の接続助辞）たる「-カ」の後接する時は常に省略せら

れる。

　　アレハ駅デスカ。

なる文における敬体の「-デス」を常体の「-ダ」に置き換えても、

　＊アレハ駅ダカ。

とは言わない。但し、完了態「-ダッタ」と前望態「-ダロウ」は、「-カ」の直前でも省略せられる事は無い。終助辞の「-サ」が後接する時も「-カ」における場合と全く同様であり、「-ダ」は「-サ」の前では省略せられる。

　社会方言（social dialect）の一つである女性語においても、非完了態の「-ダ」に終助辞の「-ヨ」や「-ネ」が直接に附く時、「-ダ」は常に省略せられる。

男性語		女性語
ソレハ間違イダヨ。	〜	ソレハ間違イヨ。
随分賑ヤカダネ。	〜	随分賑ヤカネ。

女性語では、非完了の「-ダ」に限らず、完了の「-ダッタ」すら直後に「-ヨ」や「-ネ」が附く事無く、通常は女性語特有の終助辞「-ワ」を伴って「-ダッタワヨ」「-ダッタワネ」の形を取る。動詞述語の文もまた同様である。これと並行して、上述の「-ヨ」「-ネ」が「-ワ」を介して附く時などは、非完了の「-ダ」も省略せられない。

ソレハ間違イダ。	〜	ソレハ間違イダワ。
ソレハ間違イダヨ。	〜	ソレハ間違イダワヨ。
随分賑ヤカダネ。	〜	随分賑ヤカダワネ。

猶、前望態の「-ダロウ」は、女性語では使われず、敬体繋辞の「-デショウ」が代替するので、ここには関係が無い。

　疑問文では、代りに上昇の音調（intonation）を文末に附加する事によって、終助辞「-カ」は女性語では省略せられる。

外ハ寒カッタカ。	〜	外ハ寒カッタ？
ソンナ事モ分ラナイノカ。	〜	ソンナ事モ分ラナイノ？
散歩ニ出掛ケナイカ。	〜	散歩ニ出掛ケナイ？

の如くである。

　日本語に非人称代名詞（impersonal pronoun）なるものは存在しない。その結果、論理的に非人称の主語の想定せられる文においては、常に主語が省略せられる。

　　マダ夜デハナイ。

　　明ケ方非常ニ寒カッタ。

　　湖マデ五哩アル。

　　今丁度八時ダ。

の類いの文は、英語では非人称主語を置いて、それぞれ“*it* is not yet night”“*it* was very cold at dawn”“*it* is five miles to the lake”“*it* is just eight o'clock now”と成るが、日本語の場合は、存在すべきものが省略せられている訳ではないから、むしろ主語の欠如（defective）とでも言うべき性質のものであろう。同様に、総称人称（generic person）なるものも存在しないから、英語では“*they* speak Engish in North Ameirca”と言うべきところを、日本語では、

　　北米デハ英語ヲ話ス。

とのみ言って、主語は置かない。

　主格や対格を表示する格接尾辞を省いた、例えば、

　　コノ辺ニ古本屋$\underline{\phi}$一軒モ無イネ。

　　映画$\underline{\phi}$見ニ行コウカ。

　　私$\underline{\phi}$ソンナ事$\underline{\phi}$全然知ラナカッタワ。

の様な表現が日常普通に行われているが、元々ゼロ形態が主格・対格の標識なのであって、これは省略とは言えない。

註

1　例えば、山田孝雄、『日本文法學概論』、東京 1936、p. 95; 時枝誠記、『國語學原論』、東京 1941、p. 243ff.。

2　本書本編第 2 章 2、pp. 87–88; 第 2 章 3、p. 101。

3　例えば、松下大三郎、『標準日本口語法』、東京 1930、p. 341 ff.; Wallace L. Chafe, *Meaning and the Structure of Language*, Chicago 1970, p. 233。

4　例えば、久野暲、『日本文法研究』、東京 1973, pp. 48–57; Susumu Kuno, *The Structure of the Japanese Language*, Cambridge 1973, pp. 79–95。

5　久野、上掲書、pp. 30–31; Kuno, *op. cit.*, pp. 48–49。

6　本書本編第 3 章 1、p. 115。

7　本書本編第 3 章 1、pp.110–112。

8　Otto Jaspersen, *The Philosophy of Grammer*, London 1924, pp. 96–107.

9　詳しくは、Gisaburo N. Kiyose, "Universal Order of Meaningful Elements in Ural-Altaic, Korean, Japanese, and Some Other Languages," John H. Koo and Robert N. St. Clair (eds.), *Cross-Cultural Communication: East and West*, Seoul 1986, pp. 377–386 参照。

10　尤も、ある時期には使われたと言う。湯澤幸吉郎、『口語法精説』、東京 1977、pp. 302–303。

第3編
日本語動詞体系発達史

序　言

米国インディアナ州のほぼ中央に位置する州都インディアナポリスから五十哩ほど離れたところに、ブルーミントンと言う静かな大学町がある。此の町に在る大学がインディアナ大学であって、若き日、私はその大学院で学んでいた。苦しくはあったが充実した日々であり、デニス・サイナー教授のアルタイ比較音韻論の講義などには、目を開かれる思いがあった。

或る年、西独ゲッティンゲン大学のゲルハルト・デルフェル博士が客員教授として赴任せられ、アルタイ比較形態論の講義を持たれた。それは1960年代半ばの事である。開講初日に、博士は、アルタイ諸言語はすべて膠着言語であり、然も接尾辞のみによって膠着性が示される事、膠着の様態はひとえに機械的であって、膠着語の語幹は語形変化しない事等々を述べられた。此の講義では、トルコ諸言語・蒙古諸言語・ツングース諸言語のみを取り扱い、朝鮮語や日本語は含めない旨を最初に断っていられたので、私はその日の講義の終るのを待って、日本語は膠着語の一つに数えられているに拘らず、動詞語幹もそれに附着する接辞(即ち「助動詞」)も活用するが、此の事実をどう解釈されるかと、兼ねてよりの疑問を個人的に質した。博士は、自分は日本語は知らないがと断られた上、しかし其れは妙だ、そんな筈は無いが…と首を傾げられた。伝統的日本文法に疑問さえ懐いた事も無かった私は、不遜にも、ああ此の大学者にして矢張り日本語の事は何も御存じ無いのかと、内心密かに歎じたものである。しかし、私は軈て此の不遜を深く恥じなければならなく成る。日本語動詞の本格的な形態素分析に取り組んだところ、語幹には接尾辞が機械的に連接して行くのみであり、母音幹に接尾して連結子音が顕れ、子音幹に接尾して連結母音が顕れる其の様相は、アルタイ諸言語の接辞膠着に全く並行していると言う事実を知ったからである(但し、此の事は、日本語が系統的にアルタイ諸言語と関係があると言う意味ではない)。

斯くて成った現代日本語動詞組織に関する私の考えを纏め、先ずは米国の学界に問うたのが1960年代の末であった事は第2編の「序言」に述べた通りである。しかし猶、古代語動詞組織の謎は解けなかった。所謂「下二段活用」動詞の例えば「受く」の語幹は ukë- の筈であるが、何故にその「終止形」が恰も子音幹と同じく uk-u の形を取り、且つ「連体形」が uku-ru の形を取るのかと云う類の疑問である。其後も此の問題が片時も頭を離れず、解き得ぬ儘に悶々として十七年を経ての後、漸く古代動詞接尾辞に於ける代替母音の存在に気附くを得て、すべてが一挙に氷解した。第1章として本編に収めた「古代日本語の動詞接尾組織」なる一篇は、私の古代日本文法の謂わば序論である。

日本語動詞大系の発達史上、最も大きな変化とは、平安時代に遡り得る「音便形」の発生とその定着、鎌倉時代から「終止形」は「連体形」に取って代えられ消滅した事、また室町時代中ごろから「二段活用」が「一段」化し、やがて定着した事、等であろう。これらの起因は凡て余の三章の中で文法的に解明せられている。但し、各章に先後関係は無く、それぞれが独立した論文であるから、古代動詞組織の基本原理に関しては、論述に反履される個所が在ると諒承されたい。

第1章
古代日本語の動詞接尾組織

1. 古代日本語動詞の一次語幹

古代語におけるも、動詞の語構成は、本質的に現代語動詞と変るところは無い。一次語幹に派生接尾辞が附着して二次語幹の派生を展開し、語末に附着する文法接尾辞によって終止形(定動詞)・連体形(動名詞)・連用形(副動詞)、或いは命令形を形成する。語幹にも接尾辞にも「活用」は見られない。語幹にも、同じく子音で終る子音語幹と母音で終る母音語幹とがある。ただ、子音終止の語幹なる概念に就いて、言語学的無理解からか、一部に誤解もある様に見受けられるので、ここに一言附け加えねばなるまい。

抑々、言語とは有意音であり、語幹とは語の不変化部分を指すのであるから、例えば動作動詞「咲く」sak-u、「咲かむ」sak-am-u、「咲きぬ」sak-in-u、「咲かば」sak-aba など一連の動詞形から“blooming”の意味を担う音として sak- を抽出し、この部分を語幹と呼ぶのである。事実、濱田敦氏は「四段活用型」の動作動詞は「原始日本語に於いて語幹が子音に終つたもの」[1] との推定を示されたし、この考えを継承せられた大野晋氏も、語幹子音終止型式・語幹母音終止型式・混合型式に語幹を三分して動作動詞の「活用形」の起源に就いての自身の論を展開せられた[2]。これに対して川端善明氏は、「文献的に上代日本語は開音節の言語である、そして日本語が、閉音節をもつところのアルタイック言語に属するものであるということが仮に正しいとしても、「原始日本語」に閉音節が在ったとすることと、上代日本語が現に開音節だという事実との間は依然つながらない」[3] と述べられ、子音終止型式の語幹の設定を否認せられた。蓋し、濱田氏の説が「日本語がその構造上の種々の特徴から見て、アルタイ諸言語と著しい類似を示し、而もその類似が、なんらかの系統関係の存在を予想せずには考へられない程度のものであると云ふ点に就いては、恐らく異論はあるまいと思ふ。而るにこのアルタイ語に属する諸言語には、本来開音節であつたと考へられるものは全く見られない」[4]との考えに基づいたものであったが故であろう。馬淵和夫氏も、「語幹といえども、それが一つの意味を持った音連続とすれば、やはり母音終止と考えるのが穏当であろう。ことに上代では、語幹は一語に近い意味単位であり、文法的にも一単位として認めなければならない場合もあるから、閉音節終止の形を考える事は問題があろう」[5]とせられ、大野氏の語幹子音終止型式なる考えに異議を唱えられた。しかし、両氏の批判は言語学上の焦点から完全に逸脱してしまっている。語幹とは要するに文法的抽象なのである。それが語として認定せられると否とは個別の問題である。例えば、アルタイ諸言語では、動詞の語幹はそのままの形で二人称の命令形として文中に用いられるが、ウラル諸言語にあっては、動詞の語幹はすべて文法的抽象に過ぎず、命令形と雖も常に一定の文法接尾辞を伴って文中に現れる。然も猶、語幹を抽出する事無くしては、ウラル諸言語の動詞接尾組織は論じ得ない。日本語を含め、いずれの言語を対象とするも、方法論はすべて同じである。これが文法学と言うものである。本章は、濱田氏や大野氏とは論旨を異にし、古代日本語を共時的に捉えて考究せんとするものであって、「原始日本語」だの「活用の起源」だのに言及せんとするものではない。しかし、課題を形態論に取る限り、猶、語幹の抽出が語構成追究の起点となるのである。

古代語の子音幹動詞における語幹末子音は -k、-g、-p、-b、-t、-m、-r、-s に限られる。子音の s は、古代においては破擦音であったと考えられるから、むしろ c とすべきかも知れないが、［s］～［c］の自由変異音であった可能性も考えられるので、/s/ の意味で本章には s をもって写し、其の濁音を z で写す。語頭の子音 /p/ は、奈良朝（710–784 年）から平安朝（794–1192 年）を通しても猶［p］であり、両唇摩擦音に変ったのはそれ以降と推定せられるから[6]、p を用いて Φ（又は F）は用いない。猶、「死ぬ」「往ぬ」の様に、末尾に -n の立つかに見られる語幹は、純粋な子音語幹ではないから、子音幹から除外した。古代語母音幹動詞の語幹末母音は -i、-ï、-ë の三種であり、加えて -ö と -e の例が各一語ずつ見られる。猶、文献時代を少しく遡れば k-、g-、p-、b-、m- 以外の子音にも乙類の母音 ï や ë が附いて音節を成し得たものとの推定の下に論を進める[7]。

古代語動詞の非完了終止形には、「聞く」「見る」「生く」「上ぐ」に代表せられる諸種に加えて「來」と「爲」とがあった。それぞれに形態素的分析を施せば、kik-u、mi-ru、ik-u、ag-u、k-u、s-u の各形が得られる。これらの中、子音幹動詞の「聞く」と語幹末に -i を持つ母音幹動詞の「見る」のみは現代語と同形の kik-u と mi-ru であるが、その他の動詞は、現代語に反映せる語形から推してすべて母音幹動詞と知れるに拘らず、恰も子音幹動詞におけると同じく接尾辞 -u を伴いつつ語幹末の母音を明示しない。つまり、非完了態の終止形からは、語幹末母音を知り得ないのである。諸種の膠着語のうち、日本語と同様に接尾辞によってのみ膠着性を示すアルタイ諸言語は、語幹そのものが命令形としても機能し、同じ性質のウラル諸言語においては、語幹に一定の文法接尾辞を添えて命令形を作る事は前述した。日本語もこの点は全く同様であって、動詞の語幹はすべて命令形に示されているのである。この事は、日本語がウラル・アルタイ諸言語と系統的に関係があると言う事ではなく、これらの諸言語が日本語との構造的平行性を示し、語構成を形態論的に良く示唆するという事に過ぎない[8]。

子音幹動詞「聞く」の命令形は「聞け」である。ここから kik-e における接尾辞 -e を抽出し得る。母音幹動詞の命令形は、「見よ」「生きよ」「上げよ」の様に、後代に接尾辞「- よ」を伴うようになったが、この接尾辞は本来終助辞と思しく、文献時代に至るも『古事記』(712 年)・『仏足石歌』(753 年以後)・『万葉集』(771 年以後) などに、

吉野よく見よ良き人よく三(見)　(万一・27)
都止米(勤め)もろもろ進めもろもろ　(仏足石歌)
刈り薦の乱れば美陀礼(乱れ)　(古事記・允恭 81)
家人は帰り早許(來)といはひ島　(万十五・3636)
明日着せさめやいざ西(爲)小床に　(万十四・3484)

等々の例を見出す。いずれも接尾辞 -yö を伴わずに mi-、tutomë-、

*midarë-、kö-、se- が夫々命令形として用いられている。殊に「來」の命令形は平安朝に至るも「來」として現れ、「來よ」の形は取らなかった。これらは、結果的には、母音語幹がそのままの形で命令形として機能している事になるが、命令形接尾辞 -e が子音語幹に現れるところから、形態論的に見て、この接尾辞が母音語幹に附いて潜在形を取り、ゼロ形態をもって附着しているものと解せられる。つまり、一個の連結母音より成る -(e)が古代語における命令形形成の文法接尾辞なのであって、上掲母音幹動詞の各命令形は、形態論的に言えば mi-ϕ、tutomë-ϕ、*midarë-ϕ、kö-ϕ、se-ϕ なる形だったのである。末尾母音に -ï を持つ母音幹動詞の命令形は、古文献に語例を見ない。但し、これは、その命令形の記述が偶々現存する文献に見当らないという事であって、命令形を欠いたという事では勿論ない。斯くて、前掲の「見る」「生く」「上ぐ」を以て代表せられる三種の母音幹動詞の語幹はそれぞれ mi-、ikï-、agë- であった事が知られると共に、「來」と「爲」の語幹がそれぞれ kö- と se- であった事も知られるのである。

2.　古代日本語動詞の派生語幹

以上に述べた語幹は一次語幹であって、種々なる派生接尾辞の連接に依り、ここから二次の動詞語幹が派生せられる事になる。古代語の派生接尾辞は、其の種類のみならず形態においても現代語との間にかなりの隔たりがある。派生接尾辞形に、伝統文法での各「助動詞終止形」を仮名文字で添えておこう。

使役(causative)の派生接尾辞は、奈良朝迄の文献に見る限り -(a)simë-【しむ】のみであるが、平安時代に成った文献から推定するに -*(s)asë-【す・さす】も一部に存在していたかと思われる。受動(passive)や可能(potential)を表す接尾辞には -*(r)arë-【る・らる】と其の異形 -*(r)ayë-【ゆ・らゆ】があった。否定(negative)の派生語幹を作るものには、-(a)n-【*ぬ】、-(a)z-【ず】、-(a)zu-【ず】の他に、(-(a)z- と補助動詞「あり」ar-i の語幹との合成接尾辞である) -(a)zar-【ざり】があった。いずれも形を変えて現代語に受け継がれている。

完遂（completive）の派生接尾辞には -*(i)të-【つ】と -(i)n-【ぬ】[9] との二つがあり、前者は作意（intentional）動作を表す動詞幹に、後者は無作意（nonintentional）動作を表す動詞幹にそれぞれ附いて、動作の完璧な遂行を表す派生動詞の語幹を作った。

足乳根の母にも<u>告都</u>(告げつ)　(万十一・2570)

秋風は涼しく<u>成奴</u>(成りぬ)　(万十・2103)

の例に見られる通り、-*(i)të-【つ】と -(i)n- [9]【ぬ】の表す意味は、現代語の「テシマウ」「テシマッテイル」に近く、態としては非完了態であって、所謂「完了」ではない。これらの様な連結母音 i を持つ接尾辞が所謂「変格活用」動詞の「來」や「爲」に附く時には、常にその連結母音が語幹の母音 ö や e と交替する。すなわち、語幹の kö- や se- を k*i*- や s*i*- に変え、然る後に接尾辞が附着する事になる。状態（statal）の派生語幹を作る -(i)tar- も連結母音 i を持つ接尾辞である。通時的に、この接尾辞は、

<u>老爾弖</u>(老いにて)<u>阿留</u>(ある)我が身の上に　(万五・897)

の様な例が其の原形と見られ、完遂の -*(i)të- の順接連用形 -*(i)të に補助動詞「あり」の語幹が融合して -(i)tar-【たり】と成った合成接尾辞と思われるから、完遂せられた動作の結果生じた状態を表すものであって、意味は現代語の「テイル」「テアル」に近い。同じく状態を表す派生語幹を作るものに -(e)r-【り】がある。この連結母音は i でなくて e であるが、この e は例外的に「來」や「爲」の語幹母音 ö や e と交替するのみならず、通常の母音幹動詞の末尾母音とも古い時代には交替した。母音幹動詞「爲」の語幹母音は元々が e であるから、連結母音と交替しても、結果として母音は変らない事になるが、

玉づさの使の<u>家礼婆</u>(來ればば)嬉しみと　(万十七・3957)

このあが<u>家流</u>(着る)妹が衣の　(万十五・3667)

の例に見られるが如く、語幹の kö-(來)や ki-(着)を ke- に変えてそれぞれ *k*e*-r-ëba、k*e*-r-u の形を作った。子音語幹に附着する時には、連結母音の e を顕在せしめて「聞けり」kik-*er*-i や「思へり」omöp-*er*-i の形態を取るのは当然であるが、この e が命令形を作る文法接尾辞の -e と同音（甲類）であるところから、橋本進吉氏がこれを命令形「聞け」「思へ」等に所謂「助動

詞」の「り」が附いたものとの誤った解釈を示された為、[10] この考えが通説と成っている。形態論的認識の欠如がなせる業と言えよう。

連結母音 i を持つものには、回想(retrospective)を表す派生語幹を作る -(i)ker-【けり】もあった。過去(preterite)を表す接尾辞に -(i)ke-【き】があって、これに上述の状態の派生接尾辞 -(e)r-【り】が附いて -(i)ker-【けり】と成った合成接尾辞で、本来は過去における状態を表した。回想の派生接尾辞は「ダッケ」「タッケ」の「ケ」として現代語に化石的に残っている。その非完了連体形 -(i)ker-u に由来するものである。過去推量(preterite conjectural)の派生語幹を作る接尾辞に -(i)kem-【けむ】があるが、これも過去を表す接尾辞 -(i)ke-【き】に前望(prospective)を表す -(a)m-【む】が附いて -(i)ke-m-【けむ】と成った合成接尾辞である。前望の -(a)m- が附くとは言え、この合成接尾辞が一人称の意思や勧奨を表す事無く、常に推量の意味でのみ用いられた。想定(suppositional)を表す派生接尾辞 -(u)ram-【らむ】も、派生接尾辞の -(u)r- に、同じく -(a)m-【む】の附いた -(u)r-am-【らむ】なる合成接尾辞と思われるが、-(u)r- の意味は定かでない。後述する -(u)ras-i【らし】の -(u)r- と或いは関係があるかも知れない。合成せられた -(u)ram-【らむ】も想定のみを表して、一人称の意思や勧奨を表さない。この接尾辞は、後に形を変えて「見るらむ」の如く、恰も「終止形」に「らむ」が附いたと同じ形態を取る様になるのであるが [11]、

　　妹らを<u>美良牟</u>(見らむ)人のともしさ　(万五・863)

における「見らむ」に猶、古形を見る事を得る。これは、母音幹動詞の mi-(見)に -(u)ram-【らむ】が附き、その非完了態として mi-ram-u の形を取ったものである。従って、「これは恐らく、上一段活用の終止形が i で終つた頃の古形の化石的残存例なのではあるまいか」[12] との大野氏の推論は誤りであると言える。この連結母音 u も、母音幹動詞「來(く)」「爲(す)」の語幹母音 ö、e と交替して k*u*-ram-u、s*u*-ram-u と成るのみならず、-i 以外の語幹末母音と交替して koy*u*-ram-u(越ゆらむ)や n*u*-ram-u(寝らむ)のような形を作った。現代語での「前望」とは一種の態(アスペクト)であるが、古代語においては -(a)m-【む】による派生語幹という形を取った。意味内容は現代語の -(y)oo と同じであるが、例えば、

まさきくてまたかへり見六(見む)　(万七・1183)

における「見む」が形態素的に mi-m-u である事からも、態に関する限り非完了態であると解せられる。

一般に「推量」を表すと言われているものに、様相(evidential)の派生語幹を作る -(i)mer-【めり】も古代語に存在したかの如く、

並べて見ればをぐさ可知馬利(勝ちめり)　(万十四、3450)

の例が見られるが、これが文献に残された唯一の例である上、もと「まり」であったとの説[13]もあり、しかも東歌であるから、正確な形態は不明である。平安朝に至って「勝つめり」の如く、所謂「終止形」に「めり」の附いたと同形を取って、文献に頻出する事になる。その他にも、派生接尾辞には、所謂「ハ行延言」を作る -(a)p-【ふ】も在った。しかし、この接尾辞は子音語幹にしか附き得ない性質のものである点、果して法的(modal)機能を担う接尾辞であったのか、甚だ疑問である。或いは継続・反復といった意味を持つ語彙的接尾辞であったかとも思われる。

以上に挙げた派生接尾辞が同一の語幹に連接する際には、使役の接尾辞があらゆるものに先行し、受動・可能の接尾辞がこれに次ぐ。続いて、完遂と状態が回想に先行し、前望と否定がこれに次ぎ、語末には常に文法接尾辞が置かれる。これらの派生接尾辞がすべての文法接尾辞を取り得るものではなく、その種類に依って一定の制約があり、また派生接尾辞相互間にも、附着に就いての一定の制約がある。ただ、語構成上の制約とは言いながら、現存する古文献の中にその様な例がたまたま見られないという事であって、古代語における形態素結合の実際に就いては、正確にはこれを知る由は無い。

3.　古代日本語の代替母音

古代語の終止形(定動詞)と連体形(動名詞)は別形態を取っていたが、現代語では、終止形と連体形は非完了・完了・前望の三態を通して完全に同形である。現代語の終止形は古代語の終止形に由来するものではなく、現代語の終止形・連体形の両形が、共に古代語の連体形に由来するものだからである。しかし、現代語の終止形・連体形と、その祖形である古代語の連体形と

の間には、語幹及び接尾組織の双方においてかなりの相違が見られる。例えば、現代語における非完了態の終止形・連体形の文法接尾辞は -(r)u であるが、古代語において同じく連体形の接尾辞が、-(r)u であると解して問題を生じないのは、子音幹動詞と末尾母音に -i を持つ母音幹動詞の場合のみである。古代語動作動詞の連体形「聞く」や「思ふ」は、それぞれの子音語幹 kik- や omöp- に非完了連体形を作る -(r)u が附いて kik-u や omöp-u が成立したものと解しても良かろう。同様にして、連体形の「見る」や「着る」も、それぞれの母音語幹 mi- や ki- に -(r)u が附いて mi-ru や ki-ru が成立したものと見て良い。語幹が子音終止或いは母音 -i 終止である限り、非完了連体形を形成する接尾辞は、現代語と同じく -(r)u であるかの如くである。しかしながら、「見る」「着る」の類いはむしろ例外であって、-ï や -ë を語幹末母音とする「生く」や「上ぐ」の類い並びに -ö、-e を語幹母音とする「來」「爲」の非完了連体形は、それぞれ ik*u*-ru、ag*u*-ru 並びに k*u*-ru、s*u*-ru であって、一様に語幹末母音を -u に変えている。すなわち、それぞれの語幹 ikï-、agë- 並びに kö-、se- は、接尾辞 -(r)u の附着に附随する逆行同化により、其の語幹末母音を一律に -*u* に交替せしめて ik*u*-、ag*u*- 並びに k*u*-、s*u*- に変るのである。古代語には、連結子音や連結母音に加えて、接尾辞の附着に伴い逆行同化して語幹末母音と交替する母音が存在した。この種の母音を代替母音(alternate vowel)と呼ぶ。

古代日本語の非完了連体形を形成する文法接尾辞は単なる -(r)u ではなく、代替母音 *u* を左肩に小字をもって示す事により -^{u}(r)u と表記し得る接尾辞であった。代替母音の *u* は、-i 以外の語幹末母音と交替するという性質のものであって、子音語幹に附く時には関りが無く、連結子音 r も子音に後接して潜在形を取るから、子音幹動詞に -^{u}(r)u が接尾すれば kik-u(聞く)、omöp-u(思ふ)、töb-u(飛ぶ)、nör-u(乗る)等の形を作るし、母音の -i で終る母音語幹に附く時にも代替母音は関与せず、ただ連結子音 r のみを顕在せしめるから、語幹末に -i を持つ母音幹動詞では mi-ru(見る)、ki-ru(着る)、ni-ru(似る)、i-ru(射る)等の形を作ったのである。

古代語の非完了終止形は、子音幹動詞や語幹末に -i を持つ母音幹動詞に関する限り非完了連体形と同形であって、「聞く」「思ふ」や「見る」「着る」の形を取るから、其の接尾辞として -(r)u が想定せられよう。しかしながら、「見る」「着る」等 -i で終る母音幹動詞を例外とし、その他の母音幹動詞の非完了終止形は一様に語幹末の母音 -ï、-ë、-ö、-e を失って、恰も子音幹動詞の如く ik-u（生く）、ag-u（上ぐ）、k-u（來）、s-u（爲）の形を取る。すなわち、それぞれの語幹 ikï-、agë- の類い並びに kö-、se- は、非完了終止形の接尾辞 -(r)u の附着に附随する逆行同化により、語幹末母音を一律にゼロ形態に交替せしめて、恰も子音語幹と同形の ikφ-、agφ- 並びに kφ-、sφ- に変るのである。斯くてこの場合はゼロ形態の母音 φ が代替母音と認められ、これを左肩に小字で示せば、古代語の非完了終止形を形成する文法接尾辞は -$^{\phi}$(r)u と表記する事が出来る。ここでも代替母音 φ は、子音語幹に附く時には関係が無く、-i で終る母音語幹に附く時にも関与しないから、子音幹動詞や語幹末母音を -i とする母音幹動詞では、非完了連体形と同形の kik-u（聞く）、omöp-u（思ふ）、töb-u（飛ぶ）、nör-u（乗る）等や mi-ru（見る）、ki-ru（着る）、ni-ru（似る）、i-ru（射る）等の形を結果において取り、非完了終止形が形成せられたのである。

何故に非完了終止形の接尾辞 -(r)u は代替母音に φ を取り、同じく連体形の -(r)u は代替母音に *u* を取ったのか、その理由は判然としない。奈良朝の東国方言では、子音幹動詞の非完了連体形の接尾辞 -u が、

　　あきなの山に比古（引こ）船の　（万十四・3431）

の様に -o に転ずる事があるに対して、終止形には其の様な現象の見られないところから、北條氏は両形の接尾辞母音の音価に差があったと考えられ、[14] この見解を承けた山口佳紀氏は「終止形」の母音は -u、「連体形」の母音は -ü（<-au）と仮定せられた [15]。別途に泉井久之助氏は「前代」の母音組織と称して u の他に *ü を再構せられ [16]、また別見地から、福田良輔氏も同様に *ü を再構せられた為か [17]、春日和男氏も、「史前」の母音組織として *ü を加えた九母音を認めて、「連体形」の「活用語尾」に -*ü と -*urü とを立てられた [18]。両接尾辞の母音が音価を異にしていたと仮定すれば、一方は先行する語幹末母音を -φ に変え、他方はそれを -u に変えたという二様の逆行同化の説明は、確かに容易となろう。しかし、日本語の八母音組織は史前起源のものと考えられる上、u の音価は中舌的な［ʉ］であり、o（甲類

オ)の音価が［u］であったと推定し得るものであるから[19]、仮令それが二次母音であったにせよ、u の他に“ü”の存在は考えられない。更に、接尾辞自身の中に母音の u を含まない逆接(adversative)連用形(伝統文法に所謂「已然形」と同じ形)の -*(r)ë、因由(causal)や譲歩(concessive)の連用形を作る -*(r)ëba や -*(r)ëdö も、代替母音の *u* を取る -^{*u}(r)ë、-^{*u}(r)ëba、-^{*u}(r)ëdö であった点から見て、逆行同化が接尾辞における u と“ü”との別に起因するとは思えない。代替母音を持つ接尾辞には、前置(prefactory)連用形(所謂「カ行延言」又は「ク語法」)を作る -^{u}(r)aku も在った。かく見るに、逆行同化作用に依る代替母音を持つ接尾辞は、すべて連結子音 r を持っている事実に気附く。然も、此等の接尾辞が -i 以外の母音(すなわち -ï、-ë、-ö、-e)に後接して r が潜在する時の代替母音が ϕ であり、r が顕在する時の代替母音が *u* であるところから、むしろ連結子音に r_1(＝$^{\phi}$r)と r_2(＝^{u}r)の二種を想定した方が理に叶う。さればとて、受動の派生接尾辞である -*(r)arë-【る・らる】や -*(r)ayë-【ゆ・らゆ】は、連結子音 r を有しつつも猶、代替母音は持たなかったのであるから、二種の r の推定も合理的ではない。結局、二種の区別は、超分節音素(supra-segmental phoneme)例えばアクセントなどの相違に依るものかも知れない。事実、子音幹動詞(「四段活用」動詞)と語幹末に -i を持つ母音幹動詞(「上一段活用」動詞)とは、各々非完了態での終止形と連体形とが、分節音素の上では全く同形でありながら、平安朝末期において両「活用形」はアクセントが相違していたという事である[20]。

代替母音を有する文法接尾辞と諸種の動詞語幹との結合の態様をここに一括例示する。語幹末の -n は、否定の派生接尾辞 -(a)n-【*ぬ】の場合には明らかに子音と認められるが、「死ぬ」「往ぬ」における語幹末の -n は子音でありながら母音に準ずるものと認められるので、ゼロ形態の母音 ϕ を附して、語幹をそれぞれ sinϕ-、inϕ- として表す。然してこの ϕ は代替母音と交替し得るものであった。完遂の派生接尾辞 -(i)n-【ぬ】における -n も準母音であるから、-(i)nϕ- と表記する。猶、表 1 に見られる語形のすべてが現存の古文献に記録せられているという訳ではない。

猶また、交替母音 ϕ の作用は、むしろ異化(dissimilation)であるかに見えようが、先行する全く別の母音を脱落せしめて消し去るのであるから、やは

表 1　代替母音に依る母音の交替例

接尾辞 / 語幹	非完了終止形 $-^{\phi}$(r)u	非完了連体形 $-^{u}$(r)u	逆接連用形 $-^{*u}$(r)ë	前置連用形 $-^{u}$(r)aku
(聞く)kik-	kik-u	kik-u	kik-ë	kik-aku
(見る)mi-	mi-ru	mi-ru	*mi-rë	mi-raku
(過ぐ)sugï-	sug*φ*-u	sug*u*-ru	*sug*u*-rë	sug*u*-raku
(寢)*në-	n*φ*-u	n*u*-ru	*n*u*-rë	n*u*-raku
(來)kö-	k*φ*-u	k*u*-ru	*k*u*-rë	k*u*-raku
(爲)se-	s*φ*-u	s*u*-ru	*s*u*-rë	s*u*-raku
(死ぬ)sin*φ*-	sin*φ*-u	sin*u*-ru	*sin*u*-rë	sin*u*-raku
(散らむ)tir-am-	tir-am-u	tir-am-u	tir-am-ë	tir-am-aku
(有りつ)ar-itë-	ar-it*φ*-u	ar-it*u*-ru	*ar-it*u*-rë	ar-it*u*-raku
(經ぬ)pë-n*φ*-	pë-n*φ*-u	pë-n*u*-ru	*pë-n*u*-rë	pë-n*u*-raku

り一種の同化である。

これら接尾辞の附着に際し、何故に語幹末の母音 -i のみが代替母音と入れ替わらなかったのか定かでない。語幹末に -i を持つ語幹はすべて単音節語幹であるからというのが其の理由とも言い得ない。何故なら、語幹母音を代替母音と入れ替えた「干」「廻」「居」などの語幹もそれぞれ単音節語幹の pï-、mï-、*wï- であったと推定せられるからである。ただ、後代にこれらが一様に pi-、mi-、wi- へと推移した事実は、何らかの示唆を与えはする。然るに、同じ単音節の母音語幹を持ちながら、「經」「得」「寢」「消」の語幹は奈良朝を通して pë-、*ë-、*në-、kë- であって変らず、平安朝に至るも猶、単音節語幹を保っていたのである(尤も「消」は平安朝に例を見ない)。

4.　古代日本語の四動詞形

終止形を形成する文法接尾辞には、非完了を表す $-^{\phi}$(r)u に加えて、過去(preterite)を表す -(i)ki があった。この接尾辞は、前述した回想を表す -(i)ke-r-【けり】や過去推量を表す -(i)ke-m-【けむ】における -(i)ke- と同源であろう。猶、過去は時制であって、事実上の過去における動作・作用を表現し、或る時点において行為の遂行が完了している事を表現する完了態は、古代語の終止形には無い。接尾辞 -(i)ki が「変格」動詞の「爲」の語幹 se- に附く時は、語幹母音の e を規則通り連結母音と交替せさせて si-ki の形を取ったが、「來」の語幹 kö- に附く事は無かった。むしろ附かないと言うより、古文献に附いた例の記載を見ないのである。完遂の派生接尾辞 -*(i)të-【つ】や -(i)nϕ-【ぬ】に附いて -*(i)të-ki、-(i)n-iki の形を取る例は多く、其の意味は現代語の「テシマッタ」に近い。また、状態の派生接尾辞 -(i)tar-【たり】や -(e)r-【り】に附いて -(i)tar-iki、-(e)r-iki の形を取れば、現代語の「テイタ」「テアッタ」に近い意味を表す。

連体形を形成する文法接尾辞には、非完了態の -^{u}(r)u に加えて、完了態を表す -(i)si が在った。此の接尾辞が「変格」動詞の「來」の語幹と結合する時は、語幹母音の ö が規則通り連結母音と交替して k*i*-si と成る事もあったが、単純に kö-si と成る事もあったし、「爲」の語幹と結合する時には母音の交替は無く、単純に se-si の形を取った。連体形とは動名詞形でもあるから、被修飾名詞が後続していない時の連体形動詞はすべて名詞と同等の機能を持つもので、例えば「爲る」は「スルノ」、「爲し」は「シタノ」の意であって、連体形が文末に位置する時は名詞節を作ったのである。従って、連体形で結ぶ「係結」とは山田孝雄氏の所謂「感動喚体」[21]と変らず、例えば、

照るべき月を白妙の雲か隠流(隠せる)（万七・1079）

過ぎにし君が形見とぞ來師(來し)（万一・47）

における文末はそれぞれ「隠シテイルノカ」「来タノゾ」の意であって、所謂「係り」とは強調倒置(emphatic inversion)の問題に過ぎない。

連用形(副動詞)を形成する文法接尾辞には種々なるものが含まれる。順接(copulative)連用形は接尾辞 -(i)によって作られた。一個の連結母音のみから成る接尾辞であるから、母音語幹に後接する際には顕れず、語幹のままで順接連用形を成す。前々節に述べた通り、連結母音の i が「変格」動詞の「來」と「爲」の語幹に附く時は、例外無く語幹母音の ö、e と交替するから、語幹はそれぞれ ki-、si- の形を取る。順接連用形の用法は、伝統文法にいう「連用中止法」であって、その形は所謂「連用形」と結果的に同形であ

るが、文法接尾辞 -(i)の後に他の接尾辞が接続する事は無い。完遂の派生接尾辞 -*(i)të-【つ】の順接連用形は -*(i)të として文法接尾辞化した。逆接連用形に就いては先にも触れたが、代替母音の *u* を持った -^{*u}(r)ë によって作られる。伝統文法に所謂「已然形」の「結び」と同形であるが、この形は連用形の一つであるから、文を完結する機能は無く、文末に置かれる時は逆接の意味の連用節を作り、主節を省略して余情を残す。所謂「こそ」の「係り」とは、「こそ」と逆接連用形とが作る相関語句(correlative)の問題に過ぎない。因みに相関語句とは、現代語で言えば「タトヘ…テモ」とか「モシ…ナラバ」とか「シカ…ナイ」とかの類いを言う。

因由と譲歩の連用形も代替母音の *u* を持つ -^{*u}(r)ëba と -^{*u}(r)ëdö であった事も先に触れた。後者にはしばしば強意の -mö が附いて -^{*u}(r)ëdömö の形を取った。否定の派生接尾辞 -(a)n-【*ぬ】の -n- は純粋な子音であったから、因由や譲歩の連用形形成に際し、代替母音とは関りが無く -*(a)n-ëba、-*(a)n-ëdö の形をそれぞれ作ったが、完遂の -(i)nϕ-【ぬ】の方は ϕ を代替母音と交替せしめ、それぞれが -*(i)n*u*-rëba、-*(i)n*u*-rëdö と成った。語幹の末尾に準母音の -nϕ を持つ「死ぬ」「往ぬ」もまたこれと同様である。完了態の逆接連用形は -(i)sika によって作られ、同じく因由と譲歩の連用形は -(i)sikaba と -(i)sikadö によって作られた。語幹に附着して条件(conditional) 連用形を作る接尾辞は -(a)ba であった。この連用形に詠嘆(exclamatory)の助辞「や」の附いた形 -(a)ba-ya は “ah, if I could...!” と言った意味を表し、現代語の「レバナア」「タラナア」にほぼ当り、平安朝に至って頻出する事になるが、奈良朝においても、

妻と伊波波夜(言はばや)しことめしつも　(常陸風土記・茨城郡)

として既に『風土記』(716 ～ 740 年) に見え、“ah, if I could call her my wife!” に近い意味を表している。完了態の条件連用形接尾辞は -(i)seba であった。完了態の連用形を作る一連の -(i)sika、-(i)sikaba 等に見られる -(i)si-【*し】と此処に見られる -(i)seba の -(i)se- とは、完了態連体形を作る -(i)si と同源であろう。然も、-(i)seba における -(i)se- の形は、完了態を表す接尾辞の -(i)si- に条件連用形の -(a)ba が続き、その逆行同化から -(i)s*e*ba に変ったものと思われる。譲歩を表す接尾辞としては、-^{*u}(r)edö よりも仮

定の意味の強い連用形を作る -(u)tö もあり、またしばしば強意の -mö を伴って -(u)tömö として現れ、

万代に見友(見とも)飽かめや　(万六・921)

の様に用いられた。これが古形と思われるが(恐らくは想定の派生接尾辞 -(u)ram-【らむ】におけると同様に、一時期は交代母音 φ を持つ -φ(r)utö または -φ(r)utömö に変り)、遂には非完了終止形に附く接続助辞「とも」に移行して了った。

否定連用形の -*(a)dë は、否定の派生接尾辞 -(a)n-【*ぬ】に、先述した連用形接尾辞 -*(i)të が附いて出来た縮約合成接尾辞であろう。否定条件(negative conditional)を表す -(a)na はしばしば強意の -mö を伴って -(a)namö 又はその異形 -(a)namu の形を取り、現代語の「ナケレバ(ナア)」「ナクテハ(ネ)」に近い意味を表した。古代歌謡は当時の俗語を反映するものと考えられるから、むしろ「ナキャ(ナア)」「ナクチャ(ネ)」と言ったところであろうか。この連用形は、

兒らは安波奈毛(逢はなも)ひとりのみして　(万十四・3405)

植木の樹間を奈伎和多良奈牟(鳴き渡らなむ)　(万二十・4495)

の様に文末に現れるところから、「希望」を表す「終助詞」との誤った解釈が採られて来たが、文末に置かれても連用節を導くのみで、文を完結しない。

以上の他に、-(i)tutu や -(i)nagara も動作の反復や持続を表現して同時(simultaneous)連用形を作る文法接尾辞である。殊に後者は、

加牟奈我良(神ながら)思ほしめして　(万十八・4094)

の様に一定の名詞と結合する語彙的接尾辞としても現れるが、

妻依し來せね妻と言長柄(言ひながら)　(万九・1679)

の例に見られる通り、連用形をも作った。

命令形を形成する文法接尾辞には、先に述べた -(e)の他に否定命令形を作る -φ(r)una があった。命令形の接尾辞がすべての語幹に附いた訳ではなく、否定の -(a)z-【ず】や -(a)n-【*ぬ】、前望の -(a)m-【む】、想定の -φ(r)uram-【らむ】、過去推量の -(i)kem-【けむ】、回想の -(i)ker-【けり】などの派生する二次語幹には附着しなかった。受動の -*(r)arë-【る・らる】

や -*(r)ayë-【ゆ・らゆ】に命令形接尾辞の附いた例は、古代文献にこそ見当らないものの、後代の例から推して、少くとも肯定命令の -(e)の方は実際には附き得たものかと思われる。同じく肯定命令形接尾辞 -(e)が無作意完遂の派生接尾辞 -(i)nϕ-【ぬ】に附いた例も文献に記録せられていないが、作意完遂 -*(i)të-【つ】の肯定命令形 -*(i)të-ϕが、

愛しき言(こと)盡手(尽して)よ　(万四・661)

の様に用いられた点から推して、-(i)n-e なる形も存在したものと思われる。事実、平安朝に至っては、

おきつる宿世違はゞ海に入りね　(源氏・若紫)

の如く『源氏物語』(1001 年頃)その他の文献に用例を多く見出す。現代語の「テシマエ」の意味に近い。

命令形に限らず、文法接尾辞の結合する語幹の種類には一定の制約があった。例えば、完了の派生接尾辞 -(i)se-【し】の作る派生語幹は条件連用形を作る -(a)ba 以外を附けず、又、此の文法接尾辞 -(a)ba や順接連用形の文法接尾辞 -(i)は、前望の派生接尾辞 -(a)m-【む】と其の合成派生接尾辞 -$^{\phi}$(r)ur-am-【らむ】、-(i)ke-m-【けむ】などの作る二次語幹には附かず、否定の派生接尾辞 -(a)z-【ず】に附く時には必ず其の異形である -(a)zu-【ず】を択んだ。非完了態終止形の文法接尾辞 -$^{\phi}$(r)u が否定の二次語幹に附く時は、逆に -(a)z-【ず】を択び、非完了連体形の -^{u}(r)u の他、前置連用形の -^{u}(r)aku や逆接連用形の -^{*u}(r)ë などは、-(a)z-【ず】と其の異形 -(a)zu-【ず】の作る派生語幹には附かず、接尾辞 -(a)n-【*ぬ】の派生する否定二次語幹にのみ附く。完了態では、連体形を作る -(i)si や逆接連用形を作る -(i)sika などは否定の合成接尾辞 -(a)z-ar-【*ざり】による派生語幹のみを択び、過去終止形を作る -(i)ki もこれと同様であったが、

心ゆも吾は不念寸(思はずき)　(万四・601)

などに見られる様に、古くは -(a)zu-【ず】による派生語幹にも附いた。

非完了態終止形を作る -$^{\phi}$(r)u は、動詞「有り」「居り」「侍り」の一次語幹 ar-、wor-、paber-(pabër-?)及び状態の -(i)tar-【たり】や -(e)r【り】-、回想の -(i)ker-【けり】、様相の -$^{\phi}$(r)umer-【めり】、否定の合成派生接尾辞 -(a)zar-【*ざり】による二次語幹とは結合する事が無い。これが伝統文

法に所謂「ラ行変格活用」である。

5.　古代形状動詞接尾辞

現代語の形状動詞接尾辞には連結母音も連結子音も存在しない。しかし、古代語形状動詞の接尾組織は、若干様相を異にする。語幹にも母音語幹と子音語幹との別が在り、非完了終止形の「高し」「速し」は形態素的にtaka-si、paya-siと分たれて、語幹のtaka-やpaya-は母音で終る語幹と認められるが、同じく「楽し」「苦し」は形態素的にはtanos-i、kurus-iと分たれ、語幹のtanos-やkurus-は子音終止であった。子音形状動詞語幹の末尾には常に-sが来て、それ以外の子音の立つ事は無かった。これらの例からも分る通り、非完了態の終止形を作る接尾辞には-siと-iとの二形が在り、前者は母音語幹に附き、後者は子音語幹に附くという様に、相補分布を成しているものであるから、この二者は同一接尾辞の異形態という事になる。しかも、-siにおける子音のsは母音語幹と結合する際にのみ顕在し、子音語幹と結合する際には潜在してしまって単に-iの形を取るのであるから、この子音は連結子音と看做され、両者は-(s)iと表記し得る一個の接尾辞である事が知られる。すなわち、上述のtaka-si、paya-siはそれぞれtaka-(s)i、paya-(s)iに由来し、tanos-i、kurus-iはそれぞれtanos-(s)i、kurus-(s)iに由来して成った終止形なのである。非完了態の連体形も、「高き」「速き」は形態素的にtaka-ki、paya-kiであり、「楽しき」「苦しき」は同じくtanos-iki、kurus-ikiであるから、ここに現れる接尾辞-kiと-ikiの二形に関しても、連結母音iを持つ一個の接尾辞-(i)kiの異形態に過ぎない事が知られる。形状動詞の順接連用形を形成する文法接尾辞は、「高く」taka-ku及び「楽しく」tanos-ikuの例に見られる通り、連結母音iを持つ-(i)kuであった。世に謂う「ク活用」「シク活用」とは、母音語幹と子音語幹の存在及び連結母音と連結子音の存在を認識し得なかった伝統文法家の誤った解釈であって、形状動詞と雖も、別に「活用」などしていた訳ではない。

然るに、有坂秀世氏は「美し」「悲し」の「し」を重ねないのは“euphony”の為と解され[22]、山口氏は「語幹末がすでにシであったため、これに終止形語尾としての役割を与え直した」[23] ものと解された。更に大野氏を始め馬淵氏などは、日本語の発達史上「ク活用」が本来の「活用」であって、「シク活用」は時代的に可成り遅れて成立した旨を主張せられる[24]。形状動詞の「好し」が存在した時代に「悪し」は未だ存在せず、更に年代を降って初めて「悪し」なる語が出現したと解釈する事自体、完全に無意味である。終止形の「好し」yö-si と「悪し」as-i の形は、それぞれの語幹 yö- と as- とに接尾辞 -(s)i が附いて成立したものであり、連体形の「好き」yö-ki と「悪しき」as-iki は、同じく語幹に接尾辞 -(i)ki が附いて成立し、連用形の「好く」yö-ku と「悪しく」as-iku も同様に -(i)ku が附いて成立したものである事は、言うまでも無い。

形状動詞「高し」「楽し」の過去終止形は「高かりき」「楽しかりき」である。動作動詞の過去終止形を作る文法接尾辞 -(i)ki は、直接に形状動詞語幹には附き得ないから、動作動詞化の派生接尾辞 -(i)kar- に依って先ず、形状動詞語幹たる taka- や tanos- を動作動詞語幹たる taka-kar- や tanos-ikar- に変え、然る後に文法接尾辞の -(i)ki が附いて taka-kar-iki、-tanos-ikar-iki の形を成したものである。一般に動作動詞接尾辞は動作動詞語幹にのみ附いて形状動詞語幹には附かない。完了連体形の「高かりし」「楽しかりし」も、同様に -(i)kar- によって動作動詞化せられた語幹 taka-kar- や tanos-ikar- が作られ、然る後に動作動詞接尾辞である -(i)si が附いて taka-kar-isi、tanos-ikar-isi と成ったものである。同様に、前望の派生接尾辞 -(a)m-【む】、否定の派生接尾辞 -(a)z-【ず】や -(a)n-【*ぬ】、回想の派生接尾辞 -(i)ker-【けり】、命令形の文法接尾辞 -(e) 等々の動作動詞接尾辞は、すべて形状動詞語幹には附着し得ないものであったから、動作動詞化の -(i)kar- を介してのみ附いたのである。

形状動詞の一次語幹を動作動詞化する語彙的接尾辞には、上述の -(i)kar- の他に -(i)ke- もあった。然して、-(i)kar- は引き続き平安朝以降の文献にも見られるが、-(i)ke- は奈良朝までの記録にしか見られず、後接する派生接尾辞は、

　住むと來鳴かば聞かぬ日奈家牟(無けむ)　(万十七・3909)

の様な -(a)m-【む】の例以外にも、

恋之家波(恋しけば)形見にせむと　(万八・1471)

命遠志家騰(惜しけど)せむすべも無し　(万五・804)

などの例があって -(i)ke- に -(a)ba や古形 -*(ë)dö の附いた -(i)keba と -(i)kedö が、それぞれ因由と譲歩の連用形を作る文法接尾辞に成ったと看做される。同じく、前置連用形を作る接尾辞も -(i)keku であった。所謂「ク語法」である。斯くて、連用形を形成する接尾辞として -(i)keba、-(i)kedö も認められる事になるが、他に因由の -*(i)kerëba と譲歩の -*(i)kerëdö も併存していて、この方は平安朝にも引継がれて行く。これらは、語彙的接尾辞の -(i)ker- に、動作動詞の連用形接尾辞たる因由の -^{*u}(r)ëba と譲歩の -^{*u}(r)ëdö とがそれぞれ附いて成った合成接尾辞であると思われるから、同様に逆接連用形の -^{*u}(r)ë が附いて成った -*(i)kerë(伝統文法での所謂「已然形」と同じ形)も存在したものと推定せられるが、現存する文献には記録をとどめていない。形状動詞語幹に附いて動作動詞化する接尾辞 -(i)kar-、-(i)ke-、-(i)ker- は、動作動詞接尾辞の附着に際して介入するのみであって、特に意味内容は持たなかった。動作動詞化の接尾辞はこれらに限らず、例えば -(i)m-【む】は形状動詞の語幹を他動詞の語幹に変えた。この派生接尾辞に動作動詞の順接連用形を作る -(i)の附いたものが所謂「ミ語法」であって、

野を奈都可之美(懐しみ)一夜ねにける　(万八・1424)

の様に用いられた。

動作動詞の語幹に附着して、逆に之を形状動詞化する派生接尾辞も存在していて、種々なる意味を添えつつ二次語幹を派生した。現代語で言えば、願望の -(i)ta-i とか否定の -(a)na-i とかの類いである。先ず、派生接尾辞の -$^{\phi}$(r)ubë-【べし】は、動作動詞語幹に附いて必然(apodictic)を表す形状動詞二次語幹を派生した。後接する文法接尾辞には、当然の事として形状動詞接尾辞を択び、非完了態の終止形は -$^{\phi}$(r)ubë-si、同じく連体形は -$^{\phi}$(r)ubë-ki と成る。順接連用形は -$^{\phi}$(r)ubë-ku であり、動作動詞化する -(i)kar- や -(i)ke- を介して否定を表す -$^{\phi}$(r)ubë-kar-az-u や前望を表す -$^{\phi}$(r)ubë-ke-m-u の様な動作動詞の終止形も派生した。この接尾辞の古形は -(u)bë-【べし】であったと思われ、

咲きたる野辺を行きつゝ見倍之(見べし)　(万十七・3951)

の様な例が見出される。本義は必然を表したところから、可能・推量・義務などの意味を語幹に添えるに用いられた。

同じ様に動作動詞の語幹から形状動詞を派生するものに、想定を表す -$^{\phi}$(r)uras-【らし】があった。非完了終止形と連体形はそれぞれ -$^{\phi}$(r)uras-i と -$^{\phi}$(r)uras-iki である。この古形は -(u)ras- であったと思われ、

春野のうはぎ採みて煮良思(煮らし)も　(万十・1879)

吾が妻はいたく古比良志(恋ひらし)　(万二十・4322)

の様な例がある。母音幹動詞の ni-(煮) と kopï-(恋ひ) のそれぞれに -(u)ras-i が附いた非完了終止形である。この接尾辞は -(u)r-as-【らし】なる合成接尾辞と思しく、想定を表す動作動詞の派生接尾辞 -(u)r-am-【らむ】と一対を成すものであろう。

類似の派生接尾辞に -(a)ma-【まし】がある。これは前望の動作動詞派生接尾辞 -(a)m-【む】と同源と思われる形状動詞派生接尾辞であって、非完了終止形には、当然形状動詞接尾辞たる -(s)i を附けて -(a)ma-si の形を取る。前望を表すものながら、一人称の意思や勧奨を表す事無く、反事実に関する仮定的推量の意味でのみ用いられる。但し、非完了連体形の -(i)ki などを附けた例は見当らない。条件連用形として -(a)ma-seba の例が見られるが、この形は、完了態の条件連用形を作る -(i)seba が動作動詞化接尾辞を介せずに附着した唯一の例外である。平安朝に於ける諸例から推して、完了態の因由や譲歩の連用形を作る -(i)sikaba や -(i)sikadö の附いた形も存在したものと考えられるが、何れも文献に記録が無い。

否定推量を表す形状動詞派生接尾辞に -$^{\phi}$(r)umasiz-【ましじ】があった。非完了終止形はもちろん -$^{\phi}$(r)umasiz-i である。古形は恐らく -*(u)masiz-i であろうと推定し得るが、限られた記録にはその痕跡を残していない。これは、恐らくは否定の -(a)z-【ず・じ】との合成接尾辞 -*(u)masi-z-i であろうが、-*(u)masi- の意味は定かでない。非完了連体形の -$^{\phi}$(r)umasiz-iki の例は『万葉集』に若干見られるが、何れも訓仮名「不可」を以て転写せられたものであるから、正確なところは不明である。ただ、『続日本紀』(797 年) 所収の宣命には、

暫くの間も忘れ得末之自美(得ましじみ)なも悲しび給ひ　(宣命 58 詔)

の如く所謂「ミ語法」の例が見える。平安朝に至って -$^{\phi}$(r)umaz-【まじ】と形を変え、形状動詞派生接尾辞として頻出する事になる。同じく平安朝以降の文献に現れる願望(desiderative)の -(a)mapos-【まほし】とその俗語 -(i)ta-【たし】も形状動詞派生の接尾辞であるが、奈良朝迄の記録には見当らない。

否定の派生接尾辞 -(a)z-【ず・じ】は、動作動詞の文法接尾辞 -$^{\phi}$(r)u を附けて非完了終止形 -(a)z-u の形を作る事は前述したが、同時に形状動詞の文法接尾辞 -(s)i を附けて -(a)z-i の形も取り得た。終止形に限られるが、-(a)z- は動作・形状の両動詞二次語幹を派生し得る特殊な派生接尾辞であった。所謂「助動詞」の「ず」と「じ」が同一の「幹」に由るものなる事は、夙に山田氏の論ぜられたところであり、前者は「動作的」にして後者は「形状的」なる旨が指摘せられている[25]。然らば、動作動詞語幹に附着して共に動作を否定する -(a)z-u と -(a)z-i の意味的相違は、ひとえに文法接尾辞 -$^{\phi}$(r)u と -(s)i との相違に基づくものなる事は明らかである。言うまでも無く、一方は動作動詞の非完了態を表し、他方は形状動詞の非完了態を表すものである。それ故、両者における意味的相違は、懸って動作動詞と形状動詞との語性(character)の上の相違に依拠するものであるという事に他ならない。その詳細は次節に説く。

6.　所謂「ラ行変格活用」の淵源

山田氏は、形状動詞が「固定的存続的の静止的性質状態につき述べたるもの」であるに対し、動作動詞は「時間的制約の下に起れる発作的変遷的性質状態をあらはすもの」[26] であると断ぜられた。正に両動詞の性質を端的に言い得て妙である。形状動詞が「存続的」な性質状態を叙述するという事は、語性的に見て、それが継続動詞(durative verb)だという事を意味する。また、動作動詞は時間的に「発作的」な動作・作用を叙述するのであるから、語性的分類では瞬間動詞(momentaneous verb)に属するという事である[27]。

両種の動詞の語性的相違は、「正し」「痛し」「清し」「新たし」「侘し」「荒し」などの形状動詞が、時間的に変化流動しない性質・状態を表すに対して、それぞれの同根語たる「正す」「痛む」「浄む」「改む」「侘ぶ」「荒ぶ」などの動作動詞が、一般に、時間的に変化流動する動作・作用を表す事実からも明瞭である。形状動詞「貧し」の反意語と言えば、先ず動作動詞の「富む」が想起せられよう。しかし、「貧し」が "to be poor" の意であるに反して、「富む」は "to become rich" を意味して反意語たるべき "to be rich" を意味しない。同じく、「若し」("to be young") の反意語は動作動詞の「老ゆ」("to age") ではなくて、形状動詞の「老よし」("to be old") の方である。ここに上述の同根語の語幹を対照列挙すれば、下の如くである。

表2　形状動詞と動作動詞の同根語幹

形状動詞			動作動詞	
(正し)	tadas-	～	(正す)	tadas-
(痛し)	ita-	～	(痛む)	itam-
(清し)	kiyo-	～	(浄む)	kiyomë-
(新たし)	aratas-	～	(改む)	aratamë-
(侘し)	wabïs-	～	(侘ぶ)	wabï-
(荒し)	ara-	～	(荒ぶ)	arabï-
(老よし)	*öyös-	～	(老ゆ)	*öyï-

上の表を一瞥して知り得る事は、形状動詞の語幹には継続動詞性を表示すべき何らの共通標識を見出し得ないという事実である。この事実と、前述した形状動詞的否定の接尾辞 -(a)z-i (<-(a)z-(s)i) の場合とを考え合せて、形状動詞の持つ継続動詞性は、語幹とは全く無関係であっても、もっぱら文法接尾辞の -(s)i の部分に内在するものである事が歴然とする。

古代語の動詞の中で「有り」「居り」「侍り」の三語のみは非完了態終止形の文法接尾辞に -$^{\phi}$(r)u を取らず、語尾に -i を取ってそれぞれ ar-i、wor-i、paber-i の形が用いられる。これが世に謂う「ラ行変格活用」であり、その起源に就いても様々な推論が提出せられて来た。例えば、山口氏は「ラ変の終止形も、古くはアリでなくて、アルだったのではないかと思われるふしがある」と考えられ、その理由として「一般に終止形接続を行なうラム・ラシ・ベシなど推量系助動詞が、ラ変に限って、終止形アリでなく、連体形アルから接続しているという事実があるから」であって、「古い終止形アルが残ったものと解釈すべきであろう」[28]とせられる。しかし、「あるらむ」「あるらし」「あるべし」の形は古い「終止形」の「ある」に「助動詞」が接続して出来たものでは決してなく、先ず語幹の ar- に接尾辞の -$^{\phi}$(r)uram-【らむ】と -$^{\phi}$(r)u が連接したものが「あるらむ」ar-uram-u であり、同じく語幹の ar- に -$^{\phi}$(r)uras- と -(s)i が連接したものが「あるらし」ar-uras-i であり、-$^{\phi}$(r)ubë- と -(s)i が連接したものが「あるべし」ar-ubë-si てある事は、既に本章に見て来た通りである。然も、氏は「終止形がなぜアルからアリに変ったかというと、勢力の強い連用形が、終止形の領分を侵したものではあるまいか」[29]と推論せられた。これとは別に「日本語の動詞の終止形は（中略）進行形に代用される」との誤った前提から出発せられた大野氏は、「奈良朝の形を見るとラ変のアリが［i］で終つてゐるのに他の動詞すべてが［u］で終つて終止の母音を異にしてゐる」が、これは「那覇語では「あり」を除いた動詞の終止形はすべて「連用形＋居り」といふ形によつて成立してゐる」事実から推して、古代日本語の「saku といふ形は saki-u（咲きをりと同じ意味）といふ結合に於て（中略）母音 i が脱落して成立した」ものと見られた上、「ラ変のアリにはこの「居(う)」がつかなかつた。それは、両語の意味上当然結合し難いからであらう」[30]と推論せられた。村山七郎氏の見解も大野氏とほぼ同じで「ラ変以外の活用形の終止形は -u に終りますが、これは連用形と居(ウ)（中略）との結合に由来します。ところで有りのばあいは、それ自体、存在動詞ですから、別の存在動詞居(ウ)との結合が不必要であり、連用形（有り）がそのまま終止形として用いられたのです」[31]と断定される。但し、大野氏が「有り」を ar-i と正しく形態素に分析せられたのに対し、村山氏は「有りのステムは a- と見られます。それに、ラ、リの接尾したのがア・ラ（未然）、ア・リ（連用・連体(ママ)）であります」[32]と主張せられるのであるから、村山説は大野説から一歩後退してしまったと言って良い。とまれ以上の三氏とも、「有り」の語尾 -i を所謂「連用形」と見る点では一致している。しかし、何れも誤りであって、この -i が順接連用形を形成する -(i) とは別個の存在である事は言うまでも無い。ただ、山口氏だけは、その推論の根拠として「なぜアリ系統の語にのみそのようなことが起こったかという理由は明瞭ではない」とせられつつも、「アリ系の語が状態的な意味をもつ動詞であるということと、状態的な意味を表わす形容詞の終止形が同じくイ段で終っていることとを、結びつけて考えるべきかも知れない」[33]と含みのある言葉で結ばれた。着眼点は評価せられるべきであろうが、氏自らも認められる通り、これは氏の創見ではない。

動作動詞たる「有り」が形状動詞的性質を有する事実に就いての指摘は古く、鈴木朖（あきら）氏の『言語（げんぎよ）四種論』(1824年)[34]に遡り得る。氏の「作用（しわざ）ノ詞」とは概ね動作動詞を指すものであり、形状動詞と「あり」とは「形状（ありかた）ノ詞」として一括せられる。山田氏も「「あり」に至りてはその性質は動詞にも形容詞にも通ずる点あり、意義は形容詞に似、形は動詞に似たり」[35]として「存在詞」なる一品詞を設けられた。亀田次郎氏は、「夫れ良行変格は他の動詞と基趣を異にし、存在状態をあらはすものなり。形容詞も、また存在状態をあらはすものなり」と指摘せられ、「形容詞の活用形に類推せられて、元來動詞の本体ウ音なるべき終止段ルが、形容詞の本体イ音と同韻なるリ音と変じ、以て今日吾人の見る如き、良行変格の活用を成立せしめたるなりと考」[36]えられた。所謂「形容詞」とは形状動詞、「動詞」とは動作動詞の事であるから、(「良行変格」の「終止段」が「類推」(analogy)によって成立したとの考えだけは正しくないとしても)「有り」の語尾 -i が形状動詞非完了終止形の語尾と同源である旨の最初の指摘者は亀田氏である。事実、形状動詞「無し」の正確な反意語は動作動詞の「有り」である。「無し」とは“to be non-existent”の意であり、「有り」とは“to be in existence”という意味であるから、語性的に言って、「有り」は継続動詞と認められる。形状動詞の形状動詞性は、もっぱら文法接尾辞の -(s)i の部分に依って表示せられる事は先に述べた。斯くて、継続動詞たる「有り」は、語幹の ar- に形状動詞接尾辞 -(s)i が結合して ar-i の形を成したものであると認める事が出来る。

他の所謂「ラ変動詞」たる「居り」「侍り」も、同様に語幹の wor-, paber- に -(s)i が附いて wor-i, paber-i の形を成したものであって、語性の上からは共に継続動詞である。平安末期以降の事ではあるが、金田一氏に拠れば、「原則として《一つの活用形(例えば終止形)が同じアクセントを持つものは、活用の様式や拍の数が同じであるかぎり、他の活用形(例えば連体形)

も同じアクセントを持つ》という傾向がある」にも拘らず、「ラ行変格活用の動詞が四段活用と似ていながら、ちがうアクセント交替を行な」[37] うとの由である。その非完了終止形に、動作動詞接尾辞 -$^{\phi}$(r)u を取らず、別の接尾辞 -(s)i を取ったが故に、アクセントも異ったものと思われる。

非完了態での終止形の形成に際して、否定の派生接尾辞 -(a)z-【ず・じ】の様に、語性に応じて、或いは -$^{\phi}$(r)u を取り、或いは -(s)i を取り得たものは勿論例外に属し、二次語幹を派生する接尾辞は、通常何れか一方のみを択び得た。状態を表す派生接尾辞の -(i)tar-【たり】や -(e)r-【り】は、当然ながら継続動詞を作る -(s)i の方を取った。継続動詞とは、一定時において継続する状態を表すものだからである。従って、回想を表す -(i)ker-【けり】も同様に -(s)i を取った。平安朝文献の例から推定して、様相を表す -(u)mer- > -$^{\phi}$(r)umer-【めり】も -(s)i を取ったと思われるが、東歌に一例

表 3　派生接尾辞と文法接尾辞の結合例

文法接尾辞 ＼ 派生接尾辞		動作動詞非完了態		形状動詞非完了態	
		終止形 -$^{\phi}$(r)u	連体形 -^{u}(r)u	終止形 -(s)i	連体形 -(i)ki
使役	-(a)simë-	-(a)sim-u	-(a)simu-ru	——	——
受動	-*(r)arë-	-(r)ar-u	-(r)aru-ru	——	——
完遂	-*(i)të-	-(i)t-u	-(i)tu-ru	——	——
	-(i)nϕ-	-(i)n-u	-(i)nu-ru	——	——
状態	-(i)tar-	——	-(i)tar-u	-(i)tar-i	——
	-(e)r-	——	-(e)r-u	-(e)r-i	——
回想	-(i)ker-	——	-(i)ker-u	-(i)ker-i	——
前望	-(a)m-	-(a)m-u	-(a)m-u	——	——
過去推量	-(i)kem-	-(i)kem-u	-(i)kem-u	——	——
否定	-(a)z-	-(a)z-u	——	-(a)z-i	——
	-(a)n-	——	-(a)n-u	——	——
想定	-$^{\phi}$(r)uram-	-$^{\phi}$(r)uram-u	-$^{\phi}$(r)uram-u	——	——
	-$^{\phi}$(r)uras-	——	——	-$^{\phi}$(r)uras-i	-$^{\phi}$(r)uras-iki
否定推量	-$^{\phi}$(r)umasiz-	——	——	-$^{\phi}$(r)umasiz-i	-$^{\phi}$(r)umasiz-iki
必然	-$^{\phi}$(r)ubë-	——	——	-$^{\phi}$(r)ubë-si	-$^{\phi}$(r)buë-ki

を見るのみで確証は無い。補助動詞の「あり」に依る合成接尾辞は、否定の-(a)z-ar-【*ざり】も必然の-$^{\phi}$(r)ubë-k-ar-【*べかり】も、当然-(s)iを取る事が予想せられるものの、-(a)zar-iや-$^{\phi}$(r)ubëkar-iの用例は見当らない。動詞の「有り」「居り」「侍り」に加えて、以上の派生接尾辞が「ラ行変格活用」に属すると言われて来たものである。

文法接尾辞と派生接尾辞との結合に関する制約は、非完了終止形の-$^{\phi}$(r)uや-(s)iに限らず、ある種の文法接尾辞は或る種の派生接尾辞とは結合し得ない。ここに、非完了態の終止形・連体形に於ける結合の様相を例示する(表3)。

7.　結語

所謂「ラ行変格活用」動詞とは、何れも非完了終止形に形状動詞接尾辞-(s)iを伴って、語性的に継続動詞を作る性質を有する動作動詞「有り」「居り」「侍り」の俗称であった。動作動詞的二次語幹を派生する接尾辞-(i)tar-【たり】、-(e)r-【り】、-(i)ker-【けり】等もまた同じ性質を共有するところから「ラ行変格活用」と看做されて来た。所謂「ナ行変格活用」とは、「死ぬ」「往ぬ」が語幹末に準母音-nϕを持つ動作動詞であった為、非完了終止形に-$^{\phi}$(r)uを伴ってsin-u、in-uの形を取り、非完了連体形に-^{u}(r)uを伴ってsinu-ru、inu-ruの形をそれぞれ取ったのが故の俗称であった。斯くて完遂の派生接尾辞-(i)nϕ-【ぬ】も「ナ行変格活用」と看做されて来た。所謂「カ行変格活用」と「サ行変格活用」も、連結母音iを持つ接尾辞を伴う時に、それぞれの語幹母音öとeとが連結母音と交替して、語幹をki-とsi-に変える性質の動作動詞「来（く）」と「爲（す）」の俗称に過ぎなかった。形状動詞の「ク活用」とは、母音語幹を持つ形状動詞の俗称であり、同じく「シク活用」とは語幹末に子音-sを持つ形状動詞の俗称であった。抑々、古代語も現代語も、語幹に対する職能の附与は、接尾辞の機械的膠着によってのみ行われ、「活用」と俗称せられて来た語形変化など全く見出し得ないのである。

伝統文法家は、「未然形」以下の六「活用形」を立てる。然も、形態論的論議から乖離して、「四段活用」は「典型的な母音変化（強変化）の活用形式」[38]であると確信し、「活用語尾は所詮、母音の交替現象であ」[39]ると断言して憚らない。更には、「現代語でこそ単なる接続のための語形変化にすぎないやうに見えてゐても、本来は活用は何か実質的な、意義の差を表現するためのものであつたのではないか」[40]という無意味な疑問から出発して、「動詞の未然形は、その動詞の示す動作が想定される一つの事態の表現であるといえよう」[41]といった類いの無意味な結論に至る。動作動詞の「咲く」を例に採れば、「未然形」は「sakaの如く～aの形を取るが、これは」阪倉篤義氏や北原保雄氏「などのいうように、「情態言」としてとらえたい」[42]旨を山口氏は述べられる。しかし、形態論的に見て、「未然形」なる「活用形」は存在しない。動詞語幹sak-に続くaとは、連結母音aを持つ接尾辞（-(a)m-【む】、-*(a)simë-【し　む】、-(a)z-【ず・じ】、-(a)n-【*ぬ】、-(a)baなど）の結合に伴って顕れる連結母音a（例えば、sak-*a*m-）か、或いは連結子音の直後にaを持つ接尾辞（-*(r)arë-【る・らる】、-*(s)asë-【す・さす】、-^{u}(r)akuなど）の結合に伴い、連結子音の潜在した際の頭母音のa（例えば、*sak-*a*rë-）かの何れかであって、形態素的にsaka-なる「活用形」は無いのである。しかるに、「活用」なる固定観念は揺るぎ無く、「未然形」なる概念に固執する伝統文法家に拠ると、平安朝に至って一般化する使役の「助動詞」に「す」「さす」の二様があったと言う。阪倉氏に従えば、「さす」は「す」の「肥大形」であり、「二接尾語の膠着による新形」であって、「活用語尾にア列音を有しない動詞にはこの「さす」が接尾し、それによつて、この「す」といふ接尾語がつよく有してゐる、「ア列音に接続せんとする傾向」（中略）を満足せしめてきたもの」[43]という事になる。しかし、事実は斯く複雑なものでは決してなく、所謂「す」とは、派生接尾辞-*(s)asë-が子音語幹と結合して連結子音を潜在せしめた形であり、所謂「さす」とは、母音語幹と結合して連結子音を顕在せしめた形に過ぎない事は、今更言うを俟たない。猶、金田一氏の研究によれば、「未然形」と呼ばれているもののうち「ず」「なん」「ば」の附く形がアクセントの上から一類を成し、他は別のアクセントであるとの事であるから[44]、この事実も、所謂「未然形」末尾のaが、相異った接尾辞に属する母音である事を立証している。それぞれの接尾辞がそれぞれのアクセントを持っていた筈だからである。

事態は「未然形」のみの問題ではない。古代動作動詞の「四段活用は特殊仮名遣いの発見後、五段活用であることがわかりました。(中略) 語尾は a、i、u、ë、e の5つであります。これがどのようにして成立したかは深い謎につつまれています」[45] との村山氏の疑問は、八衢学派的文法観に囚われている限り、永遠に氷解すまい。これらの母音は語尾ではなく、すべて後接の接尾辞に所属するものだからである。

富士谷成章(1738–1779年)流の思考[46]に基づけば、山口氏の言われる通り、「日本語の動詞の語形変化とは、詮ずる所、語末の母音の交替と、所謂靡(ル)・靡伏(レ)の接着によるもの」[47]という事になろう。母音語幹(及び-nϕ終止の準母音語幹)の動作動詞の所謂「連体形」(及び -i 終止母音幹動詞の「終止形」)や「已然形」の末尾に現れる「- る」「- れ」の性格に就いては、諸家によって様々に独自の解釈が試みられて来た[48]。しかし、所謂「靡」とは、文法接尾辞の -$^{\phi}$(r)u や -^{u}(r)u の母音語幹への附着に伴う連結子音 r の顕在形の謂いであり、「靡伏」とは、文法接尾辞 -^{*u}(r)ë、-^{*u}(r)ëdö、-^{*u}(r)ëba などの母音語幹への附着に伴う連結子音 r の顕在形の謂いに過ぎなかった。

有坂氏に拠れば、「國語ニ於ケル動詞活用ノ起源ハ、コレ國語學上ノ一大問題デアツテ、有名ナル Chamberlain 氏スラ、コレニ對シテハ全ク匙ヲ投ゲタ」[49] 由である。膠着語である筈の日本語の動詞に、もし活用がありとすれば、勿論「一大問題」であろう。しかし、本章に論証した通り、日本語の動詞は、古今を通じて活用などしていなかったのである。

註

1　濱田敦、「原始日本語に於ける閉音節語存在の仮説」、『國語學』9、1952、p. 118。

2　大野晋、「日本語の動詞の活用の起源について」、『國語と國文學』30: 6、1953、p. 51 ff.。

3　川端善明、「名詞の活用以後(下)」、『國語國文』37: 8、1968、pp. 39–40。

4　濱田、前掲書、p. 118。

5　馬淵和夫、『上代のことば』、東京 1972、p. 215。

6　清瀬義三郎則府、「平安朝波行子音P音論」、『音声の研究21』、東京1985、pp. 73–87並びに清瀬義三郎則府、「平安朝波行子音P音論・修正」、『音声学会会報』181、1986、pp. 26–27参照。

7　清瀬義三郎則府、「日本語の母音組織と古代音価推定」『言語研究』96、1989、pp. 39–40。

8　そもそも、「アルタイ語族」の存在すら認め難い。詳細は、清瀬義三郎則府、「ウラル諸言語と日本語―ガザール氏の比較とミラー氏の反論」、日本語の系統を考える会(編)、『日本語の系統・基本論文集1』、大阪1985、pp. 150–159参照。

9　ここでの語幹末 -n は純粋な子音語幹を作らず、準母音と見られるから、ゼロ形態の母音を添えて -nϕ とすべきものである。詳しくは本章次節参照。

10　橋本進吉、「上代の文献に存する特殊なる仮名遣と当時の語法」、『國語と國文學』8: 9、1931、pp. 1–14。

11　後に代替母音の ϕ を持つ -$^{\phi}$(r)uram- に移行したのである。猶、代替母音に就いては本章次節に説く。

12　大野、前掲書、p. 54。

13　北條忠雄、『上代東國方言の研究』、東京1966、p. 50及びpp. 246–247。猶、平安朝の形は代替母音の ϕ を持つ -$^{\phi}$(r)umer- であった。

14　北條、同書、p. 474。

15　山口佳紀、「動詞活用の成立」、『國語と國文學』53: 12、1976、pp. 51–52。

16　泉井久之助、「上代日本語における母音組織と母音の意味的交替」、『音声科学研究』1、1961、pp. 1–28(もと京都大学文学部、『五十周年記念論文集』、京都1956、pp. 989–1020)。

17　福田良輔、「古代日本語における語構成と音節結合について」、『國語と國文學』36: 3、1964、pp. 1–14。

18　春日和男、「動詞の活用形式はどうして生まれたか」、『國文學』27: 6、1982、p. 90。

19　清瀬、「日本語の母音組織と古代音価推定」、pp. 35–39参照。

20　金田一春彦、『四座講式の研究』、東京1964、pp. 41–42に拠る。

21　山田孝雄、『日本文法學概論』、東京1936、pp. 936–963。

22　有坂秀世、『語勢沿革研究』、東京1964、p. 145。

23　山口佳紀、「形容詞活用の成立」、『國語と國文學』50: 9、1973、p. 26.

24　大野晋、「(日本語)Ⅶ　歴史」、市河三喜・服部四郎(編)、『世界言語概説・下巻』、東京1955、p. 280；馬淵、前掲書、p. 244。

25　山田孝雄、『奈良朝文法史』、東京1913、p. 192。同頁に「「ず」は動詞的にして「じ」は形容詞的なり」ともある。因みに、ここでの「動詞」とは動作動詞、「形容詞」とは形状動詞の事である。

26　山田孝雄、『日本文法論』、東京 1908、p. 229。

27　但し、金田一春彦氏の所謂「継続動詞」や「瞬間動詞」を意味しない。金田一春彦、「國語動詞の一分類」、『言語研究』15、1950、pp. 48–63。氏の「継続動詞」や「第四種の動詞」は文法学的に瞬間動詞であり、氏の「状態動詞」には継続動詞と瞬間動詞の双方が含まれている。本書第2編第4章4、pp. 155–159参照。

28　山口佳紀、「動詞活用の成立」、『國語と國文學』53: 12、p. 56。

29　同書同頁。

30　大野晋、「萬葉時代の音韻」、平凡社(編)、『萬葉集大成6・言語篇』、東京 1955、pp. 320–321。

31　村山七郎、『日本語の誕生』、東京 1979、p. 233。原文に「存(ウ)在動詞居」とあるは誤植と思われるので、訂正引用した。

32　同書同頁。猶、「連体」とあるは「終止」の誤りか。

33　山口、「動詞活用の成立」、p. 56。

34　福井久藏(撰輯)、『國語學大系・語法總記1』、東京 1965、pp. 149–159に収録。

35　山田、『日本文法論』、p. 199。

36　亀田次郎、『國語學概論』、東京 1909、pp. 270–271。

37　金田一、『四座講式の研究』、p. 358。猶、「居り」のアクセントに就いては、同書p. 369を参照。

38　上代語辞典編修委員会(編)、『時代別国語大辞典・上代編』、東京 1967、p. 38。

39　春日和男、『存在詞に関する研究』、東京 1968、p. 91。

40　大野、「萬葉時代の音韻」、p. 316。

41　『時代別国語大辞典・上代編』、p. (39)。

42　山口、「動詞活用の成立」、p. 50。

43　阪倉篤義、『語構成の研究』、東京 1966、pp. 135–136。

44　金田一、『四座講式の研究』、p. 359。

45　村山七郎、『日本語系統の探究』、東京 1978、p. 285。

46　富士谷成章、『あゆひ抄』、京都 1778、「おほむね」pp. 9a–12a。

47　山口、「動詞活用の成立」、p. 49。

48　春日、『存在詞に関する研究』、pp. 70-73参照。草野清民・佐伯梅友・森重敏・大野晋・江実・福田良輔各氏の所説が簡潔に紹介せられている。

49　有坂、前掲書、p. 123。

第2章
上代語「加行延言」又は「久語法」の本質

1. 「延言」から「添加」へ

現代語に化石的に残る「曰く」「思惑」「須く」のような動詞語形は、江戸時代（1603–1867）から加行延言と称されて来たが、現在はク語法なる呼称がほぼ定着している。延言はまた延音とものべごととも呼ばれた。先ず賀茂眞淵『語意考』（成立1759）に於いて古語の意義の説明に延言が説かれ、本居宣長『詞の玉緒』（自序、1779）で「らくはくを延べたる辞」と言い、東條義門『山口栞』（成立1818）で「居らくは『る』をのべたる」ものと言い、鹿持雅澄『舒言三轉例』（刊行1893）では舒言を「隠る」→「かくらす」「かくらふ」「かくらく」の三種に限った上、夫々「尊む方の意」「引つづき絶ず物する意」「することの意」とし、大槻文彦氏も猶、「「ぬ」ヲ延ベテ、「知らなく、」言はなく、」あらなく、」ナド用ヰ」云々と言われ、「む」の条に「「まく」アリ、此ノ條ノ「む」ノ延ビタルモノナルベシ」とされて延言説を受け継がれた[1]。

富士谷成章『あゆひ抄』（1778）の「久隊」の条に「いはく」「かよはく」は「すくに「いふこと」「かよふこと」ゝ書すへし」（巻五、二三丁オ）とあるを承けられた岡倉由三郎氏は、

> かう云ふ点から考へて見ると、このくはどうも延ばりではなく、返つて添はりの方でありそ（ママ）うに思はれる。（中略）それなら其くは何かと云ふなら、私は「物」とか「事」とか云ふ様な意味を持つて居た独立の語が崩れて今では遂に用言から名詞を作る為の一つの語尾と成り下がつたもの（中略）と思ふ[2]。

と独立語起源説を提唱され、更にその語源に就いては、

> これは「こと(事)」と云ふ現在の語と、或は同根の語ではあるまいか、多分さうらしく思はれる。(中略)若し外国語に就いて云はうなら、日本語と血兄弟とも云ふべき国語の朝鮮語に、今日つた「こと」(ママ)を同語らしい「kot(事)」がありその外、用言から名詞を作る語尾の「キ」がある。また満洲語にも、名詞を造る語尾の「ンゲ」が見えて居る。それらは、茲のくと深い関係があるらしく思はれる[3]。

と述べられた。岡倉氏の所謂「語尾のく」とこれら朝鮮語や満洲語の形態素とが同源であるか否かは別として[4]、現在では、一般に、接尾辞または助動詞の接続したものとして説明されている様であるから、「上から延びたもの」とは考えずに、「下から附いたもの」と考える岡倉説に沿っているものと言って良かろう。猶、この語尾をクとラクの二種と見る安藤正次氏が「ク語形」と呼ばれた[5]のに対して、岡田希雄氏が、これは「語法の一種とも見られるので」とて「「クの語法」と云ひ、便宜上、「久語法」と書く事と」[6]されて以来、この名称が一般化して「ク語法」と呼ばれるように成った。

2.　ク・ラクの所謂「接続」の問題

山田孝雄氏は、「この「く」は場所をあらはす詞なりとすなり」とのみ言われて、名詞であるとも接尾辞であるとも示されず、「この「く」は又「こ」ともいひて「ここ」「そこ」「いづく」などいへるものなり」として、「思想上のある点を指示する」ものであると論ぜられた[7]。これに対して岡田氏は「要するにクは其の意味は点であるにしても、コトであるにしても、体言にて名詞又は其れに準ずべき接尾辞である事が認められる」とされ、更に「クの意味のみを考へる今は、クが名詞・準名詞である事だけを云へば自分には事足るのである[8]」と述べられた。斯くて体言クが連体形に接続した形がク語法の原形だとの説を氏が強く主張するに至ったのであるが、事実は、此の説もまた岡倉氏が先駆を成すのである。既に岡倉氏が、

> こゝに云ふくが名詞の崩れだと云ふ事は、それがいつも用言又は助用言の連躰形と思はれるものにそふと云ふ事だが、余の思ふのに、この事実

の、今日までの文法家に気づかれなかつたのは、僅に一箇の場合に於ての外、其そへられる連躰形が其まゝ用ゐられずに、その連躰形の最後母韻が少しくもじ(ママ)られた為であると信じる。

と論ぜられている。ここに「僅に一箇の場合」と言うは、「寝しく」「思へりしく」のように「き」の連躰形「し」にそのままクが附くという場合を指し、「最後母韻が少しくもじ(ママ)られた」とは、「連躰形に附けられたのであるが、どう云ふわけでか、

(一)形容詞の場合には、其末尾のイの母韻をエに

(二)動詞の場合には、其末尾のウの母韻をアに

変へて添へるので其結果」[9]として(一)「白けく」「おそろしけく」の様に言い、且つ(二)「あらく」「ゆかく」「いぬらく」「すらく」の様に言うという意味だと岡倉氏は説明された。

山田氏は、「曰く」「言へらく」「思へらく」に就いて「くは(中略)外より添はりたるものにして、その際に上なる用言は未然言即ちア韻よりするを常とせり」と未然形接続説を提唱されたが為、「恨むらく」に就いて「この「うらむ」は上二段活用にして、四段活用にあらざれば、「らく」といふ形の理由なきが如し」[10]と苦悩された。佐伯梅友氏の旧説も未然形接続説であり、佐伯氏新説は前述の安藤氏と同じくク・ラク二語形説であるが、それらに就いては井手至氏の「ク語法の研究史」と題する論文[11]に手際よく纏められているので、同論文を参照されたい。猶、氏の同論文の初出の原題には「アクの説は悪説か」とあるので、そのアク説とやらを一瞥しよう。

所謂「アク説」とは、各動詞の連体形にアク(aku)なる体言的接尾辞が附いたとする説で、金田一京助氏が講義(東京帝國大學、1942年)で示され、大野晋氏によって主唱・流布されたものと一般に思われているが、実際は岡田氏が「国語の活用は大体が、活用する部分の語尾の母韻変化であり、四段・良変は其の適例である事から考へると

nusum＋aku＝盗まく

であらうか、など考へられない事も無いが」と1941年に提示されたのを以てその嚆矢とする。ただ「是れは先づ鑿説に過ぎるから」と続け、自ら「差控へ」[12]られてしまった為か、惜しむらくは此の岡田説は忘れ去られてし

まった。

大野氏に拠れば、コトとかトコロとかいう意味の接尾辞 aku が動詞の連体形に接続して ua という母音連続が生じるので、前の狭い母音（＝高母音）の u が落ちて ua→a という変化が起るのだと言う[13]。大野氏に従って其の変化例を示せば、

（四段）聞く	kiku＋aku→kik*a*ku	（聞かく）
（ラ変）有る	aru＋aku→ar*a*ku	（有らく）
（上一）見る	miru＋aku→mir*a*ku	（見らく）
（上二）起くる	okuru＋aku→okur*a*ku	（起くらく）
（下二）告ぐる	tuguru＋aku→tugur*a*ku	（告ぐらく）
（サ変）する	suru＋aku→sur*a*ku	（すらく）
（カ変）来る	kuru＋aku→kur*a*ku	（来らく）
（ナ変）死ぬる	sinuru＋aku→sinur*a*ku	（死ぬらく）

という事である。更に所謂「助動詞」の附いた形も、矢張り連体形＋aku で同様の変化が起るのだと言われる。同じく大野氏に従って其の若干例を示せば、

行かむ	-mu＋aku→-m*a*ku	（行かまく）
明かしつる	-turu＋aku→-tur*a*ku	（明かしつらく）
明けぬる	-nuru＋aku→-nur*a*ku	（明けぬらく）
知れる	-ru＋aku→-r*a*ku	（知れらく）
有らぬ	-nu＋aku→-n*a*ku	（有らなく）

という事である。更に形容詞でも連体形＋aku で説明できると言われ、この場合は ia という母音連続が生じるが、ここでは ia→e という音韻変化が起るのだと言われる。例えば、

（ク活）寒き	samuki＋aku→samuk*e*ku	（寒けく）
（シク活）悲しき	kanasiki＋aku→kanasik*e*ku	（悲しけく）

の如くである。過去の助動詞と謂われる「き」の連体形「し」のク語法が右の様な音韻変化を起さず、依然として「しく」であるのは、「し」が乙類の *sï であったからだと氏は説かれる。

アク説には賛否両論がある。この説は上代に於ける母音変化を唯一の拠り

所とするもので、此のように「音約されたと一様に解するのが最も合理的な説」と讃せられる築島裕氏は、「この説は、語源的説明として妥当であるが、共時論的説明としても、少くともこの語が広く行はれた奈良時代については、成立ち得たと考へられる」[14]と言われる。動詞に見るu＋a→aの変化とは『語意考』に謂う約言（つづめこと）であって、これは母音連続（hiatus）回避のための母音脱落で共時的変化と言えるかも知れないが、形容詞に見るi＋a→eの変化とは、これが実際に起ったとしても、接触同化（contact assimilation）であるから、通時的変化なのである。更に、アクなる独立語の無い事から、大野氏はこのアクを「あくがる」の「あく」と結びつけて説かれたが、これに対しては、吉田金彦氏がアク説と共に真向から異論を唱えられた[15]。

3.　上代語連体形の語構造

ク語法の語構成が果して連体形にakuが附いて出来たものか否か、極めて疑わしくはあるが、先ずは連体形の語構造から見よう。夙に濱田敦氏が、「アルタイ語に属する諸言語には、本来開音節であつたものは全く見られない」として、「四段活用型」の動詞は「原始日本語に於いて語幹が子音に終つたもの」[16]であるとの卓見を提出された。之を承けてか、直ちに大野氏が、活用の起源を説くに、語幹子音終止型式・語幹母音終止型式・混合型式の三種に動詞を分類された[17]。しかし、敢えて原始日本語と言わずとも、現代語でも「四段活用」動詞の語幹は子音終止である。仮名文字に馴れた現代人は、その文字（即ち音節）を最少単位と把えて「呑-マ・-ミ・-ム・-メ」のような「活用」（変化形）を聯想する。しかし、言語習得中の幼児は文字を識らない。ただ“nom”と発話して“ものを嚥下する”概念を表出し、“anai”と発話して“否定”の概念を表出する。同様に“nom”と発話した直後に“u”と発話して“肯定”の概念を表出する。又、“mi”と発話して、“目によって外見を知る”概念を表出し、“nai”と発話して“否定”の意を表出する。同様に“mi”と発話した直後に“ru”と発話して“肯定”の意を表出する。即ち、「呑ム」の語幹は子音終止のnom-であり、「見ル」の語幹は母音終止のmi-なのである。

“否定” を表す語尾(接尾辞)は -(a)na-i であって、括弧の附いた(a)は連結母音(union vowel)と呼ばれ、子音終止の語幹に膠着する際にのみ顕れる。連結母音は多くのアルタイ型言語の(子音で始まる)接尾辞に見られる。“肯定” を表す語尾は -(r)u であって、括弧の附いた(r)は連結子音(union consonant)と呼ばれ、母音終止の語幹に膠着する際にのみ顕れる。連結子音も多くのアルタイ型言語の(母音で始る)接尾辞に見られる[18]。

上代に於ける識字層は極く少数の上層の人々に限られ、一般大衆は万葉仮名など知らなかった。仮名文字などの表記法とは無関係に、上代語にあっても「呑む」の語幹は子音終止の nöm- であり、「見る」の語幹は mi- であった。伝統文法に「四段活用」と呼ばれる子音終止語幹の動詞の連体形は、上代語でも「呑む」nöm-u、「聞く」kik-u、「言ふ」ip-u[19] 等であり、同じく「上一段」と呼ばれる一群の母音終止語幹の動詞の連体形は「見る」mi-ru、「着る」ki-ru、「似る」ni-ru 等であるから、上代語の連体形を造る語尾——正しくは文法接尾辞(grammatical suffix)——は、現代語と同じく -(r)u であったかの様に見える。猶、「ラ行変格」動詞の連体形は ar-u の形を取るから、その語幹は子音の -r 終止であった。

日本語の凡ての語(word)が開音節化した関係上、子音終止語幹動詞の命令形だけは例外的に母音 -e を添える。しかし、全アルタイ言語に平行して、他の凡ての動詞の語幹は命令形として表れると思われるから、上代の「上二段」動詞の語幹は乙類母音の -ï 終止であり、同じく「下二段」動詞の語幹は乙類母音の -ë 終止であったと看做される。即ち、「起く」の語幹は okï-、「恋ふ」の語幹は kopï-、「恨む」の語幹は uramï- であり、「受く」の語幹は ukë-、「経(ふ)」の語幹は pë-、「誉む」の語幹は pomë- であった。若し連体形を造る語尾が現代語と同じ -(r)u であったのなら、「起くる」や「受くる」の形を取らず、夫々が okï-ru や ukë-ru の様な形に成ってしまう筈だが、実際の連体形は語幹末母音の -ï や -ë を u に変えて、夫々が ok*u*-ru や uk*u*-ru の形を取ったのである。斯くて、上代語の連体形を造った語尾は単なる -(r)u ではなく、-X(r)u と想定せねばならず、更に ok*ï*-X(r)u → ok*u*-ru、uk*ë*-X(r)u → uk*u*-ru と成るところから、その X の正体は語幹末の -ï や -ë を -u と交替させる要素であった事が知られる。即ち、此の X とは “u” という代替母音だったのである。此の“u”を仮に左肩に小さく記入すると、上代語の連体形語尾を -^{u}(r)u と記す事が出来る。上代語では okï-^{u}(r)u や ukë-^{u}(r)u に於いて語幹末の -ï や -ë が“u”と交替し、その結果「起くる」ok*u*-ru や「受くる」uk*u*-ru が造語されたのである[20]。

伝統文法に謂う「上・下二段活用」の動詞はカ行・ハ行・マ行には限らないのであるから、書契以前の太古日本語には、乙類母音の -ï と -ë が凡ての子音と結合して音節を成し、また単独でも音節を成し得たものと内的再構(internal reconstruction)する事が出来る。従って、「朽つ」「恥づ」「悔ゆ」の語幹は夫々 *kutï-、*padï-、*kuyï- であり、「荒る」「尋ぬ」「得」の語幹は夫々 *arë-、*tadunë-、*ë- であったと推定できる[21]。

所謂「サ行変格」動詞「為」の語幹として、その命令形から se-[22] が得られ、「カ行変格」動詞「来」の語幹として、同じく kö- が得られる。これらの語幹 se- と kö- に連体形語尾の -^{u}(r)u が膠着する際、語幹末の -e と -ö が夫々“u”と交替して「為る」s*u*-ru と「来る」k*u*-ru が造語された。所謂「ナ行変格」動詞の「死ぬ」は、命令形「死ね」sin-e からは子音終止語幹の如く見えるが、此の語の語幹末の“n”は準母音で、実際は潜在した母音 -ϕ を伴っていて、其の語幹は sinϕ- であった。それ故、-^{u}(r)u の代替母音“u”が -ϕ と交替して連体形は sin*u*-ru の形と成った。

上代の「上一段」動詞の連体形を造る語尾も -(r)u ではなくて実は -^{u}(r)u だったのであるが、その代替母音“u”は、何故かは不明ながら(前舌高母音という調音点の故か)語幹末の甲類母音 -i とは交替しなかった。それ故、mi-^{u}(r)u→mi-ru の様に、結果的には現代語と同じく「見る」の形を取った。「四段」動詞は子音終止語幹であるから、代替母音とは無関係であったし、連結子音の(r)も顕れない(ϕ として顕れる)ので、nöm-^{u}(r)u→nöm-u(＝nöm-ϕu)の如く、現代語と同じ様に「呑む」の形を取ったのである。

日本語の形容詞は adjective ではなくて動詞の一種であるから、朝鮮語文典での「形容詞」の取り扱いと同じく形状動詞(qualitative verb)とすべきものであるが、茲では形容詞として置く。形容詞には子音 -s で終る語幹と母音で終る語幹との二種があった。而して、終止形を造る語尾は連結子音(s)を持つ -(s)i であった。前者の例は「悪し」で、語幹の as- から as-(s)i→

as-i（＝as-ϕi）なる終止形が造られ、後者の例は「吉し」で、語幹の yö- から yö-（s）i→yö-si なる終止形が造られたのである。「シク活用」とは子音の -s で終止する語幹の、「ク活用」とは母音で終止する語幹の、伝統文法的な夫々の呼称である。

形容詞の連体形を造る語尾は、連結母音の（i）を持つ -（i）ki であった。前者の連体形とは語幹の as- に語尾の -（i）ki が膠着して「悪しき」as-iki と成ったもので、後者では語幹の yö- に語尾の -（i）ki が膠着して「吉き」yö-ki（＝yö-ϕki）と成ったものである。

4.　久語法の構造の実体

先に挙げた『あゆひ抄』久隊の条に「靡なき詞をは「く」とうけ、靡ある詞をは「らく」とうく」（巻五、23 丁ウ）とあるのがク・ラク二語形説の元祖の如くに見えるが、富士谷氏の「靡」とは、母音終止語幹に附く連体形語尾の「る」の謂いであるから、これは「る」の替りに「らく」が附いた事を意味している。又、福田良輔氏は「体言的接尾語「ク」を修飾するために、連体形の語尾母音 u と母音 a が交替したのである」[23]（傍点は引用者）と論ぜられた。これはアク説の唱える母音変化とは別見解である。事実、動詞のク語法を造る語尾は -^{u}（r）aku であって、連体形語尾と同じく代替母音 “u” を持ち、且つ、同じく連結子音（r）を持つが、続く音形が -u ではなくて、-aku だったのである。

子音終止語幹に -^{u}（r）aku が膠着する時は、代替母音は無関係であり、且つ連結子音も顕れないから、結果的には -aku が附いたと何ら変らず、先に引用した岡田氏の「nusum＋aku＝盗まく」が正しかった。而も、「四段」や「ラ変」の動詞を子音終止語幹と見た魁でもあった。氏は「差控へる」必要など無かったのである。

母音の -i で終止する「上一段」動詞の語幹に此の接尾辞が膠着する時だけは、連体形に於けると同じく代替母音 “u” が甲類 -i とは交替する事なく（mi-^{u}（r）aku→mi-（r）aku）、連結子音のみが顕れて恰も -raku が附いたと同じ結果と成り、「見らく」mi-raku の様な形が造られた。他の母音終止語幹の動詞は、凡て連体形の造語に見られたところと同様に代替母音の“u”が語幹末母音と交替し、連結子音(r)がその母音の直後に顕れて、各ク語法の形が造られた。それら各形の構造は次に示すが如くである。但し、「ナ変」動詞の例は上代の文献に見当らないのだが、口頭言語では存在したであろう。

思はく　（四段）　omöp-^{u}(r)aku → omöp-ϕaku　= omöp-aku
在らく　（ラ変）　ar-^{u}(r)aku → ar-ϕaku　= ar-aku
見らく　（上一）　mi-^{u}(r)aku → mi-raku　= mi-raku
恋ふらく　（上二）　kopï-^{u}(r)aku → kop^{u}-raku　= kopu-raku
告ぐらく　（下二）　tugë-^{u}(r)aku → tug^{u}-raku　= tugu-raku
来らく　（カ変）　kö-^{u}(r)aku → k^{u}-raku　= ku-raku
為らく　（サ変）　se-^{u}(r)aku → s^{u}-raku　= su-raku
*往ぬらく　（ナ変）　inϕ-^{u}(r)aku → in^{u}-raku　= *inu-raku

動詞の語幹(一次語幹)には、種々の派生接尾辞(derivational suffix)が膠着し、種々の意味を添えて二次の語幹を派生する。ク語法を造った派生接尾辞(所謂「助動詞」)の主なものを挙げると、使役の意味を添える -(a)simë-、前望の -(a)m-、否定の -(a)n-、状態の -(e)r-、作意完了の -*(i)të-、無作意完了の -(i)nϕ-、回想の -(i)ker-、過去推量の -(i)kem- 等がある[24]。見られる通り、凡ての派生接尾辞が夫々の連結母音を持っている。これらの膠着した二次語幹からのク語法の造語法も、以上に論じた所と変りはない。その各構造は次に示すが如くである。

思はしむらく　omöp-(a)simë-^{u}(r)aku → omöp-asim^{u}-raku
　= omöp-asimu-raku
散らまく　tir-(a)m-^{u}(r)aku → tir-am-ϕaku　= tir-am-aku
飽かなく　ak-(a)n-^{u}(r)aku → ak-an-ϕaku　= ak-an-aku
遇へらく　ap-(e)r-^{u}(r)aku → ap-er-ϕaku　= ap-er-aku
明かしつらく　akas-*(i)të-^{u}(r)aku → akas-it^{u}-raku　= akas-itu-raku
経ぬらく　pë-(i)nϕ-^{u}(r)aku → pë-ϕn^{u}-raku　= pë-nu-raku
在りけらく　ar-(i)ker-^{u}(r)aku → ar-iker-ϕaku　= ar-iker-aku
語りけまく　katar-(i)kem-^{u}(r)aku → katar-ikem-ϕaku
　= katar-ikem-aku

形容詞の語幹には、子音 -s で終止するものと母音で終止するものとの二種が在った事は既に述べた。而して、形容詞のク語法語尾は連結母音 (i) を持つ -(i)keku であった。ここから次に示す様なク語法の形が造られた。

悲しけく (シク活) kanas-(i)keku → kanas-ikeku =kanas-ikeku

寒けく (ク活) samu-(i)keku → samu-ϕkeku =samu-keku

以上に見て来たところから、動詞連体形の造語法と同じく、代替母音の "u" が語幹末の (甲類 -i 以外の) 母音と交替し、加えて動詞 (含「形容詞」) の凡ゆる接尾辞 (含「語尾」) の持つ連結子音が母音終止語幹に膠着して顕れ、同じく連結母音が子音終止語幹に膠着して顕れると云うアルタイ型言語の通則の通りに、上代日本語のク語法が造語されたと云う事実を知った。他の例、例えば「言ふならく」の「ならく」なども nar-^{u}(r)aku → nar-ϕaku = nar-aku のようにその語構造を解く事が出来るのである。

但し、未だ残された若干の問題がある。その一つは、

住吉(すみのえ)の名児の浜辺に馬立てて玉拾ひし<u>く</u>常忘らえず (『萬』七・1158)

に見る「拾ひしく」の形で、この「しく」は過去の「助動詞」と謂われる「き」の連体形「し」のク語法と解されていて、先述したク語尾の連体形接続論者には唯一の好都合な例である。しかし、先に引用した通り、岡倉氏は此れを唯一の例外とされた。アク説の大野氏は「し」が乙類の sï であったが為に「しく」と成ったのだと弁明されたが、太古語での「し」の甲乙類別はもとより不明なのである。而も、若し乙類「し」であったのなら、*sï-^{u}(r)aku → s^{u}-(r)aku = su-raku と成って、「しく」とは成らない。『萬葉集』には、他に「殖ゑしく」「来しく」「念へりしく」の例がある。森重敏氏は「これは実は比較的新しい形で、かくなる以前は「拾ひけく」の如き形だつたのではなからうか」[25] と言われる。つまり、

水停(たま)る 依網(よきみ)の池の 堰杙(ゐぐひ)打ちが 刺しける知らに 蓴繰(ぬなはく)り 延(は)へけ<u>く</u>知らに 我が心しぞ いや愚(をこ)にして 今ぞ悔しき (『記』中・歌謡44)

とある「延へけく」の「けく」が古形であろうと言う訳である。確かに上の「刺しける知らに」も『日本書紀』の類歌では、

……蓴繰り 延へけ<u>く</u>知らに 堰杙築く 川俣江の菱茎(ひがら)の 刺しけ<u>く</u>知らに……

(「應神紀」十三年・歌謡36)

の如く「刺しけく」と成っている。氏は「けく」の「け」が、古く「き」の未然形であったと見られたのである。しかし、前述の如く未然形接続説は意味が無い。而も、「き」は甲類であるから、もし之が「き」のク語法なら、ki-^{u}(r)aku→ki-raku と成った筈であるし、更に『古事記』にも、

道の後(しり)こはだ嬢子(をとめ)は争はず寝しくをしもぞ愛(うる)はしみ思ふ

（『記』中・歌謡46）

のように「寝しく」の形が見られ、『續日本紀』所収の宣命にも「天皇の詔ひ之久(しく)」（14詔）の例があるのだから、「しく」が新しい形だとは言えない。佐竹昭廣氏の「きあく→けく」[26]説などもある。果してこの両者は「き」のク語法だったのである。抑々、「き」も「し」も、派生接尾辞（-(i)k- や -(i)s- のような形）に、前出の形容詞終止形語尾 -(s)i が語末に膠着して造語を完成した語尾（文法接尾辞）の -(i)ki や *-(i)si なのである。その代りに別のク語法接尾辞 -(e, i)ku が膠着したものが[27]、結局、語末の「けく」「しく」の正体である。

上代語に於いて自由に造語されたク語法も、中古語に入るや一部の語が歌語として個定的に残存して引用句的に体言用法が具わり、一方では「日く」「願はくは」「恨むらくは」等々が漢文訓読や漢文調の日本文に多く用いられ、同種の文に「須く」（se-$^{\phi}$(r)ubë-(i)kar-^{u}(r)aku→s$^{\phi}$-ϕubë-ϕkar-ϕaku＝s-ubë-kar-aku）[28] や「体たらく」（tei＋tar-^{u}(r)aku→tei＋tar-ϕaku＝tei＋tar-aku）のような語が造語された。「惜しむらくは」「望むらくは」等は、「言へらく」などの、恰も語尾であるかに見える「らく」が熟生した後に、類推によって生じた誤用である。同種の誤用に「思ふらく」「疑ふらく」「喜ぶらく」等がある。では「老いらく」の例はどうなのか。

天なるや月日の如く吾が思(も)へる公(きみ)が日にけに老落惜しも

（『萬』十三・3246）

沼名(ぬな)河の底なる玉求めて得し玉かも拾ひて得し玉かもあたらしき君が老落惜しも

（『萬』十三・3247）

扨、元々「老ゆ」は「上二段」動詞であるから、右の二首に見る「老落」は当然「おゆらく」を書写したものである（*oyï-^{u}(r)aku→oy^{u}-raku＝oyu-raku）。それが中古語に至ると、

桜花散りかひ曇れ老いらくの来んと云ふなる道まがふがに

（『古今』七・業平）

老いらくの来んと知りせば門さして無しと答へて逢はざらましを

（『古今』十七・読人不知）

女郎花匂ふ盛りを見る時ぞわが老いらくは悔しかりける

（『後撰』七・読人不知）

のように体言的に用いられ、而も「老いらく」に変っている。岡田氏は「「老い」と云ふ言葉に引かれて、萬葉の歌を誤読して作つたか、又は萬葉の歌とは無関係に作つたかの何れかであらう」[29]と述べられた。「老ゆらく」の語は『萬葉集』に多用されたものではなく、右に掲げた二例しか無いのであるから、「誤読」ではなくて「無関係に作」られたものであろう。奈良朝（710–784）以前に甲類 yi と乙類 *yï の別は失われていたにも拘らず、文法形態だけは保守的に、猶、残されていた[30]。平安朝（794–1192）にあっては「老い」の語幹は oyi-（後に oi-）と認識されていたので、交替母音が作用せず、oyi-^{u}(r)aku→oyi-raku で「老いらく」の形が造語されたと見るべきである。

5.　久語法の職能

先述したように、『あゆひ抄』が「いはく」「かよはく」とは「日ふ事」「通ふ事」である旨を先唱し、岡倉氏が之を承けられて此の「く」を意味の上から「事」であるとされ、更に山田、岡田、大野、福田、井手その他の諸氏の論を経て、吉田氏に「「く」が体言であること、岡倉氏以来の不動の定説とすべきもの」[31]（傍点も原文）とまで言われている。つまり、語尾の「く」は「いづく」「こもりく（隠久）」の「く」と同じ語尾で、「ここ」「そこ」の「こ」、「あらか（在処）」「おくか（奥処）」の「か」と同源であり、場所や事を表す体現的接尾辞であると見るのである。岡倉氏が「語尾のく」を朝鮮語の kŏt や -ki 及び満洲語の -ngge と関聯づけられた事は先に引用したが、岡田氏もまた朝鮮語の名詞化接辞の -ki と関係在りと考えられ、大野氏は此の -ki が例の aku に対応すると見られた[32]。尤も、中にはク語法が名詞形であると同時に副詞形である旨を論じたものもある[33]が、ク語法語尾を助動詞と看做す森重氏以外は、「良く」「悪しく」の「く」又は他の副詞語尾（例えば「ここだく」の）「く」と同源と論じたり、或いは体言の持ち合せる副詞的機能を説いたりしたに過ぎない。因みに言えば、形容詞連用形の語尾の「く」は -(i)ku であって、ク語法語尾とは別物なのである。

斯く、朝鮮語・満洲語の形式名詞や名詞化接辞との対応が云々されるに至ったのも、全く帰納的帰結とは言えず、ク語法は体言であるとの前提が先ず設けられたからではなかったか。抑々「曰く」や「告ぐらく」は、本当に動詞が体言化したものなのか。

アルタイ型言語の動詞が現実の文中に於いて其の職能を果すには、四つの動詞形のうちの何れか一つの形を取る。その一は定動詞として機能する「終止形」で、伝統文法に謂う活用形としての終止形のみならず、前述の派生接尾辞（所謂「助動詞」）に依って派生した二次語幹の終止形も凡て含める。その二は後接の名詞を修飾する「連体形」で、これも二次語幹の連体形を含める。「連体形」はまた動名詞としても機能する。その三は「命令形」であるが、アルタイ諸言語では、二次語幹を含めた語幹そのものが「命令形」として機能するので、之を除外して三動詞形とする見解もある。その四は converb と呼ばれるもので、副詞的に機能する動詞の形であり、副動詞なる訳語が当てられている。広い意味での「連用形」と云う訳語も用いられているが[34]、活用形の一つである連用形との混同を避けて、此処では副動詞と呼ぶ事とする。日本語も全く同様で、凡ゆる動詞がこの四動詞形の一つの形を取って文中に現れる。副動詞とは、現代語で言えば、スレバ、シタラ、シテモ、シテハ、シナガラ、シツツ、シテ、セズニなど、文の中で副詞的に機能する凡ての動詞の謂いである。上代語の文中に現れるク語法は、この副動詞だったのではないのか。

満洲語に -me なる副動詞語尾がある。語幹に -me の附いた動詞は、通常は日本語の連用形のように中止法的に用いられるが、「言う」や「思う」を意味する動詞の語幹がこの -me を伴う時には、多くの場合、直接引用文がその後に続くのである。例えば、「言う」を意味する語幹 hendu- に -me の附いた hendu-me が直接引用文の直前に置かれて「曰く」と成る。類例として、引用文が後続する jabu-me「答ふらく」、fonji-me「訊ぬらく」、gûni-me

「思はく」等を挙げる事が出来る。蒙古語にも -(u) run/-(ü) rün なる副動詞語尾が在る。母音調和のために交替形があり、且つ連結母音の (u) / (ü) を持っている。此の語尾は専ら「言ふ」の類いを意味する語幹に附き、必ず直接引用文が後続する。例を挙げれば、ögülë-rün「曰く」、asaγ-urun「訊ぬらく」、jarliγ bol-urun「詔、告ぐらく」(直訳は「詔、成らく」) 等である[35]。日本語の文法は常にアルタイ諸言語の文法に平行する。依って、上代語の「曰く」や「告ぐらく」の類いもまた副動詞であるとは思われる。

引用文を導く此の種のク語法は何らの助詞を伴わない(即ち、ゼロ形態の助詞を伴う)。ゼロ形態の助詞とは本居宣長『てにをは紐鏡』(1771) に謂う係りの「徒(ただ)」であるから、若し其のク語法が体言ならば、此れに呼応する結びの用言が述語として要求される筈である。果せるかな、「曰く」に引用文が後続する形式の文では、「「……ガイハク」が主語(体言)」であり、引用文に続く「「イフ」が述語となつてゐる」[36] と断ずる論が築島氏によって出された。然るに、その結びの用言は、それ(ク語法の語)が「何々デアル」「何々スル」と述べる語(述語)ではなくて、同語幹の動詞か類義の動詞なのである。寧ろク語法の語が副動詞であればこそ、その文を結ぶに、同語乃至は類義の語を述語動詞として必要としたのだ。次の如し。

……少女らが夢(いめ)に告ぐらく「汝が恋ふるその秀(ほ)つ鷹は……懇(ねもころ)にな恋ひそよ」とぞいまに告げつる　（『萬』十七・4011）

古ゆ言ひ継ぎ来らく「恋ひすれば安からぬもの」と玉の緒の継ぎては言へど……　（『萬』十三・3255）

……世のなかの愚(おほほし)人の吾妹児に告りて語らく「しましくは家に帰りて父母に事も告らひ明日の如我は来なむ」と言ひければ……　（『萬』九・1740）

この上代語の語法が漢文訓読にだけは後世まで忠実に伝えられ、「曰ク「……」トイフ」の如く引用句の後に「トイフ」の送り仮名を附した。因みに言えば、訓読での再読字「須」は「須カラク……ベシ」と訓むが、「為(す)べかり」のク語法である「須ラク」は「ベシ」と呼応する相関 (correlative) 副詞である。また、古語の「恐るらく」に由来する現代語の「恐ラク」も副詞である。平安時代には、

揖取のいふやう「黒鳥のもとに白き波寄す」とぞいふ

（『土佐日記』承平五年一月二十一日）

の様に、「曰く」が用法的に「言ふやう」に該当したが、此れは副詞的に用いられていて主語ではなく、意味は現代語の「言ウコトニャ」にほぼ当る。上代語の「曰く」は「言ウニハ」、同じく「告ぐらく」は「告ゲルトコロデハ」に類する意味を表す副動詞であったのだ。宣命の

かけまくも畏き天皇（すめら）が御世御世仕へ奉りて

（『続紀』慶雲四年四月十三日・２詔）

に見る「かけまく(も)」なども、決して体言的な「(心ニ)掛ケル事(モ)」の意などではなく、副詞的な「掛ケルニ(モ)」の意であると解される。

昨日見て今日こそ隔て吾妹児がここだくつぎて見まく欲しきも

（『萬』十一・2559）

の様に、「む」のク語法「まく」の直後に用言の来る例が(「まく惜し」など)多いが、「まく」に限らず、斯かる用法でのク語法は副詞的に直後の用言を修飾すると考えられるものが殆どである。仮令直後の用言を修飾せずとも凡て副詞的に機能している。「隠口（こもりく）の泊瀬（はつせ）……」(『萬』三・428)を「隠（かく）らくの泊瀬…」(『夫木抄』7870)と訓んだりするのは後世の事である。

本来は属格を職能とする助詞の「の」と「が」が連体節では主格に立つが故に、

草枕旅に久しくあらめやと妹に言ひしを年の経ぬらく

（『萬』十五・3719）

山振（やまぶき）の立ち儀（よそ）ひたる山清水酌（く）みに行かめど道の知らなく

（『萬』二・158）

泊瀬（はつせ）川流るる水脈（みを）の瀬を早み井（ゐ）堤（で）越す浪の音の清けく（『萬』七・1108）

あしひきの山の黄葉（もみち）にしづくあひて散らむ山道（ち）を君が越えまく

（『萬』十九・4225）

の様な例を、ク語法が体言である証しだとする見解がある[37]。

しかし、上代語に「の」や「が」が主格に立つのは連体節に於いてのみではない。「高照らす吾が日の皇子の座（いま）せしば……」(『萬』二・173)、「心なく雲の隠さふべしや」(『萬』一・17)、「立ち別れ君がいまさば……」(『萬』二

十・4280）の如くである。猶、ク語法が一首の末尾に来ても、その歌は体言で結んでいるのではない。森重氏がいみじくも指摘された通り、「く」止めの歌は「「つつ」止「して」止に類する表現上の技巧」[38] なのである。語幹に「つつ」-(i)tutu や「て」-*(i)të の語尾の膠着した動詞が副動詞である事は今更言う迄も無い。

6. 「添加」か「延言」か

エストニアのヴィーデマン（F. J. Wiedemann）氏が 1838 年（我が天保 9 年）にウラル・アルタイ諸言語の共有する特徴として、一つ、母音調和が在る、一つ、語形の変化は接尾辞に依る、一つ、云々と都合十四ケ条を挙げた [39]。その中の一つに、動詞の派生形が多いと云う一項目があった。日本語もこれら諸言語に平行して、一つの語幹から多くの派生形を造る。前述した通り、一次語幹に種々の派生接尾辞が膠着して二次語幹が作られ、そこに文法接尾辞が膠着して更に種々なる動詞形が派生される。

ク語法とは一次または二次の語幹に語尾（文法接尾辞）-^{u}(r)aku が附いた派生形で、種々なる副動詞の中の一つである事は先に述べた。接尾辞の側から見れば、此れが語幹に膠着するのであるから「添はり」であるに違いない。翻って語幹の側から見れば、ク語法とは接尾辞を附けて派生した形なのであるから、これは「延ばり」なのである。此の見地からは、「加行延言」なる術語は言語学的に誤りではない。とは言え、江戸時代の国学者が考えた様な語末音節の延びではない。「延言」とは派生の一つの謂いだったのである。「波行延言」[40] また然り。

註

1　夫々、『語意考』、24 丁ウ。『詞の玉緒』巻五、38 丁オ。『山口栞』下、34 丁ウ。『舒言三轉例』、15 丁ウ。大槻文彦、『廣日本文典』、東京（大槻文彦）1897、92 頁、105 頁。

2　岡倉由三郎、「語尾のくに就いて」、『言語學雜誌』第 1 巻 1、1900、36 頁。

3　同書、46–47 頁。

4　形式名詞の것(kŏt)は中期朝鮮語では kes であったし、기(-ki)は中期語に稀にしか用いられなかったが、独立語ではなくて、本来から接尾辞である。又、この満洲語の名詞化接尾辞には、-ngga/-ngge/-nggo と、母音調和による三変異形があり、「ンゲ」は単にその一異形態である。

5　安藤正次、「『都良久』『去良久』などについての考」、『古典と古語』、東京(三省堂)1935、447–475 頁。

6　岡田希雄、「久語法の接續に就いて(上)」、『國語國文』第 11 巻 9、1941、55 頁。

7　山田孝雄、『奈良朝文法史』、東京(寶文館)1913、451–453 頁。

8　岡田、前掲書、82–83 頁。

9　岡倉、前掲書、40–42 頁。

10　山田孝雄、『漢文の訓讀によりて傳へられたる語法』、東京(寶文館)1935、夫々 55 頁、59 頁。

11　井手至、『遊文録・国語学篇』、大阪(和泉書院)1996、254-272 頁(初出は「ク語法(加行延言)アクの説は悪説か—クの語法研究の展開—」、『国文学・解釈と鑑賞』第 29 巻 11、1964、67–75 頁)。

12　岡田、前掲書、62 頁。

13　大野晋、「古文を教へる國語教師の對話—文法史の知識はどのやうに役立つか—」、『國語學』8、1952、87–94 頁。大野晋、「万葉時代の文法」、『時代別作品別・解釈文法』(『国文学・解釈と鑑賞』一月臨時増刊号)、1983、66–78 頁。

14　築島裕、『平安時代語新論』、東京(東京大学出版会)1969、495 頁。

15　吉田金彦、『上代語助動詞の史的研究』、東京(明治書院)1973、484–496 頁。

16　濱田敦、「原始日本語に於ける閉音節語存在の假説」、『國語學』9、1952、118 頁。

17　大野晋、「日本語の動詞の活用の起源について」、『國語と國文學』第 30 巻 6、1953、51 頁以下。

18　詳しくは、清瀬義三郎則府、「連結子音と連結母音と—日本語動詞無活用論—」、『國語學』86、1971、56–42(左 13–27)頁［本書所収］参照。

19　上代語のハ行子音は破裂音の p を以て記す。

20　本節に述ぶるところの詳細は、清瀬義三郎則府、「古代日本語の動詞接尾組織」、『日本語文法新論—派生文法序説—』、東京(桜楓社)1989、141–176 頁［本書所収(pp. 185–213)］参照。

21　詳しくは、清瀬義三郎則府、「日本語の母音組織と古代音価推定」、『言語研究』96、1989、23–42 頁、及び清瀬義三郎則府、「所謂『二段活用の一段化』の起因——音韻変化が文法変化を」、*Ex Oriente*(『えくす・おりえんて』)2、1999、137–155 頁［本書所収］参照。

22　サ行子音は破擦音 c（＝ts）であったが、便宜上 s と記す。

23　福田良輔、「ア列音の活用機能とク語法」、『文学研究』65、1968、11 頁。

24　詳細は本書本編前章 2、188–191 頁を参照。

25　森重敏、「加行延言の考察」、『國語國文』第 15 巻 6、7、1946、19 頁。

26　佐竹昭廣、「上代の文法」、『日本文法講座 3・文法史』、東京（明治書院）1957、99 頁。

27　清瀬、『文法新論』、68 頁［本書所収（p. 124）］。

28　必然の意味を添える派生接尾辞 -$^{\phi}$(r)ubë- に就いては、同書、164 頁［本書所収（p. 203）］参照。この接尾辞は代替母音の“ϕ”を持っていた。

29　岡田、前掲書、65 頁。

30　詳しくは、清瀬、「二段活用の一段化」、147 頁［本書所収（p. 279）］以下参照。

31　吉田、前掲書、500 頁。

32　夫々、岡田希雄、「久語法の接續に就いて（下）」、『國語國文』第 11 巻 10、1941、57 頁。大野晋、『日本語の起源』、東京（岩波書店）1957、187 頁。

33　岡澤鉦次郎、「岡倉氏の語學上の二論文を讀みて所見を述ぶ・承前」、『國學院雜誌』第 6 巻 9、1900、17 頁。金澤庄三郎、『日本文法新論』、東京（早稻田大學出版部）1912、172–173 頁。阪倉篤義、『語構成の研究』、東京（角川書店）1966、271 頁、330 頁。山田、『奈良朝』、451–453 頁。金澤氏は、同書の 173 頁、175 頁に於いて朝鮮語の名詞化語尾기（-ki）の他に「スルヨウニ」の意味の副動詞（後出）語尾게（-kŏi＝-ke）とも比較する。猶、森重、前掲書、12–44 頁だけはク語法が体言であるとは認めない。

34　藤岡勝二氏や服部四郎氏は converb に「連用形」を用いられた。筆者も通常は此の訳語を用いる。

35　これらの英訳には分詞構文が使われる。例えば Chinggis ögülerün...（成吉思汗日ク…）は通常 Genghis saying, "...." と訳される。

36　築島裕、「中古漢文訓讀文の文構造」、『國語と國文學』第 39 巻 9、1954、44 頁。

37　例えば、岡倉、前掲書、39–40 頁。岡田、「久語法（下）」、55–56 頁。福田、前掲書、8–9 頁など。

38　森重、前掲書、29 頁。

39　Martti Räsänen, *Materialien zur Lautgeschichite der türkischen Sprachen* (Stuida Orientalia 15), Helsinki: Societas Orientalis Fennica, 1949, pp. 11–12 による。

40　派生接尾辞 -(a)p- に依る二次語幹の派生。清瀬、『文法新論』、149 頁［本書所収（p. 191）］参照。

第 3 章
所謂「音便形」の起源と成立
──日本語動詞の形態素分析に寄する──

1〈起〉. 動詞「音便形」の源流
──中古語から中世語を経て現代語へ──

今日でも猶「音便」の定義と言えば、発音の便宜に随って生ずる語中・語尾の音変化と云った程度の、極く大雑把なものなのであるが、一応「イ音便」「ウ音便」「促音便」「撥音便」の四種を認めている。「音便」とは、もと悉曇学に謂う連声(saṃdhi)の一概念の和語への応用であり、釋盛典の『倭語連聲集』(1734 年)にも見られるように、唇内音(ハ・マ・ワ行)・舌内音(サ・タ・ナ・ラ行)・喉内音(ア・カ・ヤ行)の連声に於いて、同内的な撥音・促音・イ・ウに音が変るものを「音便」、異内的なそれらに変るものを「不音便」と称する(19 丁裏 –22 丁裏)など、悉曇学系統の韻学者は、かなり後世迄「音便」現象を連声に含めた。語学書の類いに目を移せば、觀應の『補忘記』(1687 年・「再訂」版 1695 年)では、連濁を称する(「天」2 丁表)ほか語音連続によるアクセントの変化をも称し(同 6 丁表)、契沖の『和字正濫鈔』(1695 年)でも「次にひ。是は中下に有て。音便いゐにまがふを附て出す。」(巻一、3 丁表)とある様に、ハ行転呼音も「音便」の中に含ませているし、賀茂真淵の『語意考』(1769 年)でも「言便」の中に連濁をも含ませた(32 丁表 –32 丁裏)が、漸く本居宣長に至って、「古語の中にも、いとまれまれに音便あれども、後の世のとはみな異り、後ノ世の音便は、奈良の末つかたより、かつがつみえそめて、よゝをふるまゝに、やうやうおほくなれり」(『玉賀都萬』一の巻、1794 年、「音便の事」)として時代を特定し、『漢字三音考』(1785 年)の附録「音便ノ事」では「連聲ノ便ニ随ヒテ。清音ノ濁音ニナリ。或ハ平上去ノ三音タガヒニ轉ズルナドハ。上古ヨリコレアリ。今此ニ云音便ハコレラニ異ナリ。」(47 丁裏) と述べてアクセントや連濁を除外し、初めて今日的な「音便」概念に基づく論述が成された。尤も、「烟波結髪ナドノパ」等々を「ハヒフヘホノ半濁ノ音便」(54 丁裏) とし、又「先王」をセンナウ、「陰陽」をインニヤウ、「三位」をサンミと呼ぶ類から、「仰レ天」を天ノ仰ク、「仁者人也」を仁ナ人ナリ、「以レ一」を一ット以テと訓む所謂「連声」をも猶「音便」に含ませている (55 丁表 –55 丁裏) ので、現在の「音便」の概念と同じものではない。

「音便」と言えば、スキガキ (透垣) →スイガイ、キサキ (后) →キサイ、オトヒト (弟) →オトウト、アキビト (商人) →アキンド、ヲヒト (夫) →ヲットの様な体言の他、タテマツル (奉) →タイマツルやマヲス (申) →マウス、カグハシ (香) →カウバシの様な、用言の語幹内部の音韻転化をも含めるのが普通であり、時には漢語シイカ (詩歌) の類いまで「音便」と看做す事もあるが、本章に論ずるところは、橋本進吉氏の所謂「音便形」[1] であって「音便」一般ではないから、此等は一切此処に含めない。言う迄も無く、「音便形」とは、書キテが書イテとなりヨロシクがヨロシウとなる類いの謂いで、動詞語幹への接辞の附着に伴う同化や異化に依って生起する音変化の形を指すのであるから、動詞に生じた「音便」ながら複合語の掻イ切ッテや突イ立テの類いも、本章の論題外とする。

先に引用した宣長の『玉かつま』に「後ノ世の音便は、奈良の末つかたより、かつがつ見えそめて」とあり、また小松英雄氏も「日常語において音便の動きが始まったのは、おそらく奈良時代、またはそれ以前にまで溯るとみるべきであろう」[2] と言われるが、果してそうであろうか。通説は、「楫・櫂」の訓みカイは掻キの「イ音便形」であると唱えるが、他に此の種の「音便形」の類例は上代語に無く、之は史的に kai＜*kayi 又は＜*kayï と溯るものであったかも知れないのである [3]。因みに此の語は万葉仮名で「加伊」(萬二・153)「賀伊」(萬十・2052)「可伊」(萬八・1520) と表記されているが、ヤ行の老イ (*oyï-) や悔イ (*kuyï-) が夫々「淤伊」(記雄略) と「久伊」(萬十八・4057) に綴られているところから見て、*yi＞i 及び *yï＞i の音韻変化 [4] は当時既に完了していたと看做され、その結果として kai に成ったものでは無かろうか。更に、「梶・櫂」カヂは、「可遲」(萬十七・4006)、「可治」(萬十七・3961) と綴られ、此の kadi と「楫」の *kayi 又は *kayï とが同源語で、d 〜 y の交替による二重語 (doublet) であった可能性もある。上代語のカヂは今いう舵とは別物で、現在の「かい」である。因みに、奈良朝末期撰述と思われる『新譯華嚴經音義私記』に「舟楫 楫倭言加伊(カイ)櫂倭言加地(カヂ)」とある。又、「音便形」ではなくて唯の「音便」の例であるが、大野晋氏等が奈良朝の食物ナノリソモを、正倉院文書に「奈乃曽毛」と書いたものがあるのは、名乗藻の「利」が「促音便」と成り、当時「ナノッソモ」が在った証拠であると唱えられた[5]のに対し、大野透氏が「当該の全正倉院文書等を活字化したはずの大日本文書には、奈乃曽毛は全く見えず、問題となるべきものとしては奈能僧が二例見えるのみである。是は表記的にはナノ乙ソ乙に当るが、蓋し音便形ではなく、ナノ乙リソ乙の省略表記である」[6]と、技巧的省略表記や義字的仮名表記の例として駁され、更に大野晋氏等の「忍坂の山——奈良県桜井市忍坂の東の山。オサカは当時オッサカと発音されていたのではなかろうか」[7]との説も、同じく大野透氏によって極めて論理的に駁された[8]。上代語に「促音便」が存在したとすれば、其れは当時の音韻体系にも外れる。即ち、同氏の言われる如く、「音便は平安時代に始つたものらしく、奈良時代の現存資料には音便の確実な例は皆無」[9]なのである。

「音便」現象は中古語に始る。平安朝初期の九世紀中葉から既に「イ音便」「ウ音便」「促音便」「撥音便」が訓点資料に見られる事は、大矢透氏の研究により夙に知られたところである[10]。従って、動詞の「音便形」も之と平行して、ほぼ同時期から現れ始めた。中古語では、「音便形」の諸例の殆ど凡てが点本類に限られていて、和文には、『土佐日記』(935年頃) 其他に見られる若干を例外として、その使用例が見られない。殊に和歌に於いては、懸詞(かけことば)など言葉遊びを別とすれば、「音便形」の用いられる事は無かった。

先ず、「イ音便形」の例としては、「カ行四段活用」動詞の「連用形語尾」キの、據オイて(西大寺本『金光明最勝王經』平安初期点) が在り、「ガ行四段連用形語尾」ギの、接ツイテ(唐招提寺蔵『四分律行事鈔』平安初期点) がある他、「サ行四段連用形語尾」シの、脅オヒヤカイテ(興聖寺蔵『大唐西域記』平安中期点) などもある。続けて中古語に見られる動詞の「音便形」各種の例を以下に挙げるが、其等も悉く「連用形語尾」に現れる。猶、本章の論旨とは無関係なので、必要個所以外は、以後出典の一々は省略する。

「ウ音便形」の例はやや遅れて平安後期から「ハ行四段」ヒの例、宣ノタマウテ・應カナウテなどが見られる。只、「ハ行四段活用」動詞の場合は、欲ネカフテの様にウをフ表記にしたものの他に、尚ネカテの様な無表記や、従シタカムテの様なム表記のものもあり、夫々「促音便形」「撥音便形」であったと考えられない事も無いが、恐らくは「ウ音便形」発生当時に於ける表記法の揺れであろう。或いは、ムで表記された「ウ音便形」は、音声的には、一部で言われている様に、鼻母音ウ［ũ］であったものが表記に反映したのかも知れない。例外的ではあるが、「マ行四段」ミの、病ヤウテと、少し遅れて「バ行四段」ビの、呼ヨウテの例も夫々既に平安末期と院政期に現れている事が濱田敦氏に指摘されている[11]。

「撥音便形」に就いて言えば、中古語には「n音便形」と「m音便形」の二種があって、前者は当初/-n-/音を表す記号が無かった為に無表記であり、後者は/-m-/がムと表記されたのだと一般に言われている。紀貫之の『土佐日記』に見える「されどもししこかほよかりき」(二月四日)の「しし」などが前者の例で、「そもそもいかがよむだる」(正月七日)や「すすきにてきるきるつむだるなを」(正月九日)の「よむだる」や「つむだる」が後者の例だと言われているが、疑わしい。無表記の「しし」の方は、確かにシニシ→シンジであろうと思われるが、「よむたる」と「つむたる」は、単にヨミタル→ヨンダル及びツミタル→ツンダルを表したものであろう。抑々、当初以来ムで表記された「撥音便形」は、上に見た「よむたる」や「つむたる」の他、訓点資料に見られる「マ行四段」ミ及び「バ行四段」ビの「音便形」の例、履フムテ・歴エラムテ・喚ヨムテ等に限られていた。マ行の場合に限って言えば、恰も「ウ音便形」である筈のネガウテ(←ネガヒテ)を「ハ行四段」動詞であるが故にネガフテと表記した如く、「マ行四段」フンデ(←フミテ)の類いをフムテと表記したに過ぎないものかも知れない。さもなくば、両者共音声的に［-m-］であった音の反映であったかと思われる。少くとも、音韻的には撥音は只一種であって、/-n-/、/-m-/の対立ではなかった。而も、遠藤嘉基氏に拠れば、平安中期には、漢字音に於いてさえ舌内鼻音と唇内鼻音は混乱したと言う[12]。仮令その当時に両鼻音を区別したにせよ、通説は、「ナ行変格」ニと「ラ行四段」リは「n音便」と成り、「マ行四段」ミと「バ行四段」ビは「m音便」と成ったと言うのであるから、之は、取りも直さず、両形が相補分布(complementary distribution)を成したと云う事であって、異音(allophone)と看做されるから、異なる「撥音便形」が二個存在した事にはならない。猶、撥音節をンの仮名で表すように成ったのは、十一世紀以降の事である。

最後に「促音便形」であるが、之には「タ行四段」チの例、發タテや「ラ行四段」リの例、已ヲハテなどがあり、何れも無表記であって、夫々タッテ←タチテ、ヲハッテ←ヲハリテと考えられる。促音をツを以て表記するように成ったのは院政期からで、而も猶、一般的なものではなく、漸く室町時代に至って定着した。

上に見て来た通り、「音便形」を取る動詞は「四段・ナ行変格・ラ行変格」各活用の、而も「連用形」のみである。他に、平安中期以後の、専ら和文文献中に現れる「あなり」「あべし」「あめり」「はべなり」「ざなり」「ななり」「なめり」の類いを撥音無表記と見て、「ラ変連体形語尾」ルの「撥音便形」と看做す見解が多数説であるが、此等は寧ろ「語尾」ルの脱落であった可能性が高い。極く僅か乍ら、「あんなり」の様に「ん」を表記した例も見られるが、其れは通時的変化の一断面かと思われる。時代は更に降って中世語の事であるが、「時の助動詞」タリや「形容動詞」ナリの「連体形語尾」ルが脱落して夫々タ・ナの形を取り、之が一般化して現代語に至った事実など考え合せるべきであろう。

以上に於いて中古語の動詞「音便形」を一瞥した訳であるが、所謂「形容詞」の問題が残されている。「形容詞イ音便」は平安初期から見え始めて、「連体形語尾」キの、敏トイこと・安ヤスイことなどの例があり、「ウ音便形」はやや遅れて十世紀初頭から現れ始めて、「連用形語尾」クの、微久は之宇須・正タヽシウシなどの例がある。此等「形容詞」の「音便形」が和歌に見えない事は動詞に於けると同じであるが、「ウ音便」の方だけは和文文献にも「いたう」「はやう」「わかう」「はかなう」の様に其の使用例が散見する。

平安時代の「音便形」は、動詞の場合も「形容詞」の場合も、洗練された文体の和文文学作品でなしに、訓点資料に主として現れる。仏典の傍訓等は口頭語をかなり忠実に反映したものと思われるから、同一語にあっても、「音便形」を取る方は、口頭語であり、「非音便形」の方は文章語として多少改まった表現に用いられていた事が分る。而も、同一の話し手によって、時に依り「音便形」と「非音便形」が使い分けられていたと云う事でもある。「音便形」なる新しい形と「非音便形」なる従来からの形との両形が対立併用せられていたと云う事は、「音便形」は「非音便形」からの共時的な変化形(variant)だと云う事であって、同時に其れは通時的に変化した結果の形ではないと云う事でもある。それ故にこそ、例えば「ハ行四段活用」動詞の「音便形」は、通時的なハ行転呼音とは異なった方向の変化を示すのである。従って、橋本氏が、「形容詞イ音便形」は ki＞çi＞i と云う過程を経たものであり、同じく「ウ音便形」は ku＞xu＞u と云う過程を経たものであろうと想定され、動詞に就いても、例えば、「サ行イ音便」には si ／ ʃi＞hi＞i の過程を、「ハ行ウ音便」には Fi＞wi＞w＞u の過程を、夫々経たものであろうと想定され[13]、更に其後その亜流乃至は修正案も幾つか現れた様であるが[14]、其等の悉くは全く無意味だと云う事に成る。

中古語にその発生を見た「音便形」は、中世語へと継がれて行く。中世語では、動詞「連用形」の変化形であった「音便形」が、現代語に於けると同じく、口頭語にあっては元の「非音便形」との選択的併用ではなくて一つの文法形態(grammatical form)として、ほぼ確立していった。抄物などに見られる行キタ・持チタなどの形は寧ろ特殊な条件下に用いられたものであると言って良い。殊に「形容詞連体形」に於けるイ音便は、鎌倉時代から元の「活用形」を駆逐し、室町時代には、他の用言と平行して、「終止形」の消滅と共に「終止形」の職能をも併せ持つように成った為、現代語と同じく「活用形」の一つとして固定した。それ故、中世以降は最早「音便形」ではないのであるが、此処では便宜上いま暫く此の語を使用しておく。

動詞の「イ音便形」が、中世語に於いて、「カ行・ガ行四段活用」の夫々書イテ・漕イデの様な形であった事は現代語と同じであり、更に、「カ行四段」行クが例外的に「イ音便形」を取らず、室町時代から「促音便」であった事も亦現代語と同様である。此の例外に就いて大槻文彦氏が、「不思議である」[15]との疑問を残された後を承けて、諸家がその起因を窮めんとて諸説を出されたが[16]、未だ明快な解答は得られていない。中世語には、猶「サ行イ音便」も残っていて、指イテ・出イテのような形を取った。但し、「サ行四段」の動詞には、召シテ・申シテ・消シテ・貸シテなどの様に「非音便形」の儘であったものも多く混在していて、而も、此の「サ行イ音便」は近世語に至って衰退し、一部方言を除き現代京都語や東京語では全く消滅して了って、「四段活用」動詞のうち「音便形」を持たないものは「サ行四段」の動詞に限られるに至っている。奥村三雄氏に拠れば、京都語史に於ける「サ行イ音便」の衰退はかなり早く、徳川時代の前期から中期頃と考えられるとの事である[17]。前述の通り、橋本氏は此の「音便形」に関聯して、「これは「し」の音自身の性質にかなり疑問がある。tʃ＝との説あれど、s＝或いはʃ＝と考へる方が事實に近いであらう」[18]と述べられている。しかし此の考えには賛同し難い。玆で「カ行・ガ行四段活用」動詞の場合を想起すれば、その「連用形」がテ・タリに続く際に、夫々の子音音素k、gを脱落させて成った変化形が「イ音便形」であった。其の子音k、gは、音韻的には共に軟口蓋破裂音である。されば「サ行四段活用」の動詞にあっても、脱落すべき条件を具えた子音音素は其れらに近いものであった筈である。もし当時のサ行子音がs-或いはš-（＝[ʃ-]）であったとすれば、此れは歯茎摩擦音であって、調音点・調音法共にk、gとの近似性は無く、「サ行イ音便」を作らなかったであろう。事実、現代語の「四段活用」動詞で「音便形」を持たないのは摩擦音サ行の動詞のみである。中古語のサ行子音音素は、軟口蓋破裂音にやや近くして而も非なる硬口蓋破擦音č-（＝[tʃ-]）か、少くとも歯茎破擦音c-（＝[ts-]）であったものと思われる。「音便形」は、「ナ変・ラ変・四段」動詞の「連用形」がテ・タリに続く時や背イツ（←背キツ）の様にツに続く時に加えて、大体室町期に入ってからであるが、ナ泣イソ（←ナ泣キソ）・ナ斬ッソ（←ナ斬リソ）の様にソに続く時にも規則的に現れた。又、先に挙げた通り、死ンジ子（←死ニシ子）の例もある。つまり、「音便形」発生の条件として、シやソの頭子音はタ・タリ・ツの頭子音たる歯茎破裂音t-に近似する子音であったと云う事であり、矢張りc-或いはč-であったものと思われる。此の音素が中世に至って摩擦音へと音韻変化を遂げた後も猶、暫くは文法形態としての「サ行イ音便」が受け継がれはしたものの、之も近世に入ると軈てその名残すら止めず、全く消え去って原形に復帰して了うのである。

中世語で「ウ音便形」を取ったものに、思ウテの例で知られる通り、中古語から引継いだ「ハ行四段活用」動詞があり、之は現代の京都語など畿内方言や西方諸国方言と同じ形である。但し、中世の東国方言では、中古語の訓点資料に見える形とは異なり、思ッテの様に現代東京語と同じく「促音便形」を取った。東国の方言では、有声音間（intervocalic）のハ行子音は、中世語の時代を通してそうであったとは言えない迄も、かなり時代が下るまでハ行転呼音を起さずに、-p- の音価を保持していたものと思われる。中古の「形容詞連用形」に由来する「音便形」も、中世の中央語では、現代京都語と同じく悲シウの様な「ウ音便形」であった。之も東国方言では悲シクの様な「非音便形」で、これは現代東京語に引継がれている。東京語で悲シウの様な形を取るのは、補助動詞ゴザイマスや時にゾンジマスを伴う場合に限られる。

現代語に於けると異なり、「ナ行変格」動詞は、中世語にあっては「終止形」こそ其の職能を「連体形」に譲って自らは消え去ったものの、「ナ変」そのものは未だ健在であり、其の「音便形」は現代語と同じく死ンデの如き「撥音便形」であった。「マ行・バ行四段」の動詞も夫々進ンデ・結(むす)ンデと「撥音便形」を取った事、現代語と同じであるが、抄物や切支丹物には「ウ音便形」も見られる。同様の例が平安末から院政期に既に現れた事は前述した[19]。近世初頭に成ったロドリゲスの文典には、「音便」ウの直前の母音が低母音（low vowel）の a であった場合の例、vogŏda（拝ウダ）・yerŏda（選ウダ）、中母音（mid vowel）の o、e であった場合の夫々の例、yôda（読ウダ）・yôda（呼ウダ）と soneôda（猜ウダ）・saqueôda（叫ウダ）が挙げられている[20]。但し、当時の開・合両音（ŏ、ô）の正確な音価は未だ解明されていない。現代語では、此等をオ列長音として留める一部の方言を除き、凡て元の「撥音便」に成っている。

中世語では、前述の東国語に見られる「ハ行四段」の他、「タ行・ラ行四段」の動詞が持ッテ・取ッテ・有ッテの様に「促音便形」を持っていて、之はその儘現代語に受け継がれている。

室町時代に於ける従来の「終止形」の消滅に伴い、「ラ行変格活用」は「四段化」した。「ナ行変格活用」はやや遅れて、先ず近世後期に江戸語で、更に遅れて上方語で、共に「四段化」した。その結果、現代語は、所謂「四段活用」動詞と所謂「形容詞」のみが「音便形」を有すると云う言語史的段階に至っている。

2〈承〉．「音便形」の起因に関する諸説
——何故「四段活用」の方にのみ音便現象が？——

中古語に至って何故「音便」現象が生じたのか。その要因を漢字音の影響とする考えは今も根強いが、是は宣長の「皇國言ニサヘ音便ト云モノ出来テ字音ノ如ク云ヒナス事多シ。(中略)是レモト字音ヲ呼ヒ馴レタルヨリ移レル者ニシテ。皆正音ニ非ズ。外國侏離不正ノ音ニシテ。甚鄙俚ナル者多シ」[21]との説に始り、山田孝雄氏も之を承け、「音便は蓋漢字の音讀に影響を受けたるものなるべし」[22]と言われた。確かに漢字音の定着は、それ迄に無かった撥音・促音・開合両拗音等を日本語の音韻体系に組込むなど、其の影響は大きかった。しかし、それは「音便」発生時の音韻環境であって、要因ではない。社会生活様態の変化に因り発話の速度が増して来た為と、最初に見られたのは大槻氏で、「世の中が開け進むに随つて、人のからだも、考えも、いそがしくなり、舌、唇などを多くつかわないで、早く物を云おうとして、成るべく、發しやすい音をつかうようになつたから、音便が多くなつたのであろう」[23]と言われた。これも社会環境であって、要因ではないが、要するに、多忙化した日常生活が発音の経済化を促したと云う事であって、此の経済化が「音便」発生の要因であったとの考えが多数説であるらしい。馬淵和夫氏も、四種の「音便」を音韻論的に考察された上、「これはつまり発音をなるべくなまけることであると解せられる」[24]と結論づけられた。事実、『国語学辞典』を繙けば、「音便」とは「発音の便宜に従って、原音とは違った音に発音するものをいう」[25]とある。然らば、動詞の場合には聞キテが「便宜に従って」聞イテに変ったが、名詞の聞キ手は何故に「便宜に従」わな

かったのか。前者が用言であるに反して、後者は体言であるから「便宜に従」わなかったと言うのであろうか。確かに同辞典の「音便形」なる項目を見ると、「本来発音の易きにつこうとする音韻変化(euphony)の結果生じた形」[26]とある。因みに“euphony”とは「口調による発音の変化」の事で、日本語の「音便」は普通“euphonic change”と英訳される。然らば、同じオキテと云う発音乍ら、「四段活用」置キテ(於キテ)の方は「発音の易きにつこうと」して置イテ(於イテ)の「音便形」を取ったに拘らず、何故に「上二段活用」起キテの方は「発音の易きにつこうと」しなかったのか。同じナクの発音乍ら、「形容詞連用形」の無クは無ウの「音便形」を取ったに拘らず、「四段活用終止形・連体形」の泣クは何故に古来「発音の易きにつ」かなかったのか。

中古語では「四段・ラ行変格・ナ行変格」の各動詞は「音便形」を取ったが、「一段・二段・カ行変格・サ行変格」の各動詞は之を取らなかった。現代語では「四段活用」動詞のみが「音便形」を持ち、而も、カ行・ガ行は「イ音便形」、ナ行・マ行・バ行は「撥音便形」、タ行・ラ行・ハ行は「促音便形」と云う風に、動詞に現れる「音便形」は(「行ク」を唯一の不規則形として)見事な迄に整然とした組織体系を成している。一方、「一段・カ行変格・サ行変格」の動詞には一切「音便形」が無い。此れも理路整然としている。此の事実は、何処かにその起因を求め得るに違い無い事を示唆している。嘗て築島裕氏が中古語に生じた「音便形」に就き、次の様に述べられた。1969年の事である。

> 動詞の音便形は各音便に亙つて四段活用・ラ變・ナ變の連用形だけに現れる。(中略)これは結局、動詞の場合には原則として -i の母音を有する音節に限つて音便が現れたことを示してゐる。奈良時代には、四段活用の内、カ行・ハ行・マ行の連用形語尾の音節は、夫々甲類のキ・ヒ・ミであり、上二段活用のそれは乙類のキ・ヒ・ミであつて、互に母音が異つてゐたが、平安時代にはこの二類は既に同音になつてゐたと考へられるから、この點からは、一方に音便形が見え、他方にそれが見えないといふ理由を説明することが出来ない[27]。

上代特殊仮名遣の崩壊は平安朝の極く初期の事であったと思われるから、

「音便形」の発生を見た当時の日本語は、既に五母音体系に移行していた。只、音節コだけは、甲・乙二類の別が約一世紀に亙り保たれていたらしいが、此れは「音便形」に関与しない母音であった。結局、「音便形」発生の起因を、音韻的条件に求める事は出来まいと云う事である。事実、築島氏の上に続く文章は、

上二段活用・下二段活用等の語尾と四段活用等の語尾との間に母音の音價に差異があつたかとも考へられようが、その事實の證明は容易ではない。又、アクセントの高低によることも考へにくい。形容詞連用形語尾「- く」がウ音便を起したのに、動詞のカ行四段・カ行上二段・カ行下二段等の終止形「- く」が何故音便を起さなかつ(ママ)たのかといふ理由も未だ説明が附かない。

と結ばれている。

此の疑問を追窮するに当り、先ずは、これ以降に提出せられた先学の諸説を回顧検討して見よう。音韻条件からは「説明が附かない」と知った以上、形態論なり構文論なり、他の分野に解決の緒を求むべきであったに拘らず、此等の殆どが音韻論的な接近(approach)であった。

馬淵氏も、「二段活用にどうして音便がおきなかったかということも疑問である」[28]と自ら問いを発せられ、其れに註して、

おそらくアクセントの関係ではなかったかと思う。(中略)「起きて」は「平平上」となり、「置きて」は「上上上」となり、その違いが音便の起きたか否かの差異ではないかと思う。なお、音便を起している「ついかき」「ついひぢ」は上上上上のアクセントであった[29]。

と先ずは之をアクセントの相違に想定せられた。しかし、先に引用した通り、築島氏は「アクセントの高低によるとも考へにくい」と既に言明されている。以前に奥村氏も指摘されたところ[30]であるが、「四段活用」動詞が、アクセントの第一類(置キ)・第二類(書キ)を問わず「音便」を起し、「二段活用」動詞が第一類・第二類共に「音便」を起さなかった事実からしても、此の想定は無効と言う他は無い。更に、

あるいは、上代における甲類の /i/(四段活用の連用形に表われる)と、乙類の /ï/(上二段活用の連用形に表われる)、乙類の /ë/(下二段活用の

> 連用形に表われる）の、性質の相違というところに、その原因を求める考え方もありうる[31]。

と馬淵氏は附け加えられたが、之も、「音便形」発生時の「平安時代にはこの二類は既に同音になつてゐた」が故に、先ず築島氏が「この點から（中略）理由を説明することが出来ない」とて疑問を提起されたのであるから、今更の蒸し返しは無意味であろう。而も、キ・ヒ・ミ以外の「連用形語尾」は、「四段活用」であれ「上二段活用」であれ、奈良朝に於いてすら特殊仮名遣の上での区別は無かったのである。

亀井孝氏は、「この音質の相違は、上代語においてのことであって、音便は2類の相違がなくなった平安時代にその勢力をふるっているので、ことを母音の違いに帰して説明し去ることはできない」とはっきり認められた上、更に続けて、

> けれども、一般に、音韻変化の中では、前代の対立が違った形で後代に残されることはよくあることである。そこで、上代の2類の対立が音質においては消失しても、その対立が、強勢の強弱における型の対立の形をとって残ったと考えることも、さほど無理な推定ではない。すなわち、二段活用の連用形では、四段活用の場合のような強：弱（—́‿）という型ではなく、弱：強（‿—́）という型（iambus）であったと考えるのである[32]。

と、ここに、「強勢の強弱」なる新概念の提出に依り、此の問題の解決を図ろうとされる。これは、発音の弱化した音節に「音便」が生じたものであろうとの亀井氏の仮説に基づいている。詳しく言えば、「この“音便”を生んだ音声的条件を考えてみるに、これを起こす音節は、その前後の音節よりも弱化して発音する傾向にあったものと仮定したい。ここに考慮すべきは、この弱化には、強勢（stress）が作用していたであろうことである。すなわち、その前の音節に強勢があり、そして、おそらく後にくる音節にも強勢が生じたため、弱化は、この強勢の谷にはさまれてひき起こされたと想像される（—́‿—́）」[33]と云う発想なのである。仮令上代語に於ける甲・乙二類の対立が、亀井氏の言われる如く、「強勢の強弱における型の対立の形をとって残った」としても、先述した様に、キ・ヒ・ミ以外の「連用形語尾」は、此

の対立とは無関係であった。而も、二音節語ならざる動詞はどう成ったのであろうか。

更に亀井氏は、「音便という音変化は、体系の保全という立場で律すれば、"病理的な" 現象である。これに対して、語幹保存という形態論的原理が敏感にはたらいて、その "治療" に当ったことは期待されうる線であろう」との前提の許に、

> ことに、二段活用の連用形、たとえば、オキ(起き)のキは語幹に属する部分で、四段活用の連用形のような語尾 -i ではなかった。従って、この方は語幹保存の原理によって音便を避ける線に就いた。この説明は、上述の音声的な説明と矛盾するものではない。あるいは、上述の強勢の型という音声的な基礎の上に、形態論的原理がはたらいたと言ってよいかもしれない[34]。

と、音声的探求に止らず、「形態論的原理」とやらに言及されたのである。起キのキが「語幹に属する部分」である事は、正にその通りなのであるが、惜しむらくは、氏の所謂「四段活用の連用形のような語尾 -i」は「語尾」ではなかった。其れは、後述する通り[35]、接辞に所属する母音であって、語幹の側に所属する母音ではなかったのである。

超分節音素(suprasegmental phoneme)には、高さ(pitch)・声調(tone)・強勢(stress)・連接(juncture)などが含まれるのであるが、日本語に強勢は無い。発話時に於ける話し手の感情が、場に応じて強勢に近い形で偶発する事は有り得るかも知れないが、それは示差的特徴(distinctive feature)ではない。日本語の音韻体系に強勢は存在しないのである。上に引用した様に、氏は「二段活用連用形」は弱：強(⌣—́)型 iambus であったと想定されたのであるが、iambus とは詩学の術語で、詩の行に於ける律の四単位の内の一つであって、英語や獨逸語など強弱アクセント体系の言語では弱強格を意味するが、強弱アクセントを持たない希臘語や羅甸語では此れが短長格となる。氏に拠れば、「音便形」発生の一因として、「四段活用」動詞のうち基礎的なものは二音節語であり、母音 -i を持つその「連用形」は強弱格(trochee)であったからだ[36]との事(序で乍ら、trochee は、希臘語や羅甸語では此れが長短格)である。しかし、平安時代に限り日本語に強弱アクセント体系が存

在したとは考えられない以上、亀井氏の此の主張は全面的に否定される。更に、「二段活用連用形」は「語幹保存の原理によって音便形を避け」たからだとの主張は、之を遡る三十余年も以前に、阪倉篤義氏が「音便形が一段活用や二段活用には現れず、特に、四段活用に現われたのは、この活用における語幹意識（中略）の不明瞭に基因するものかと思われる」[37]と言われた其の内容と、同一線上にあるものと見て良かろう。奥村氏にも「一応、二段式・一段式は活用語尾がゆれないため、音便が起こり難かったと言えようか」[38]との同趣旨の発言がある。しかし、平安時代人にとって、起キと置キとに何程の「語幹意識」上の差が有ったであろうか。因みに其の「終止形」は共にオク（起ク・置ク）であった。

以上に見て来た諸説とは見地を異にして、「音便」に依って惹起する同音語発生の混乱が、或る一連の動詞の「音便形」の成立を抑止したとの見解もある。例えば、小松氏は「上二段活用の連用形語尾が四段活用とおなじく -i であることは、音便化への一つの有力な条件となりえたであろう」と述べられ、続いて、

> しかし、「老イテ」「悔イテ」のように、非音便形と音便形とを対立させようのないものがあったり、また、もし音便をおこすことになれば、「下リテ」も「落チテ」も、語調の対立すらなしに、ともに「オッテ」となってしまうというようなことも、それに所属する語の比較的すくない活用であるだけに、その活用全体として音便をおこさないための条件になったであろうし、活用の類型において、これとちかい関係にあるところの上一段および下二段の両活用が音便をおこさないということもあって、結局これらとおなじ方向をとったものと考えられる[39]。

と論ぜられた。同氏は、別稿にも上と同様の論旨を述べられた後、

> 上二段活用については、それによって得られる便利よりも混乱の方が大きかったために、音便形をとることを見合わせたのであろう[40]。

と結ばれる。氏は「上二段活用」に止まらず、「下二段」にも言及され[41]、

> 四段と下二段との活用のちがいによって、いわゆる自動・他動の対立をなすところの同語幹の諸動詞のうち、撥音便・促音便をおこすような音韻的条件をもつものが、実際にそういう形をとることによって、いっせ

いに自動・他動の区別をうしなってしまうことを、――たとえば、「立チテ」も「立テテ」も、ともに「立ッテ」になってしまったばあいのことを――、想像してみただけでも、その混乱のほどが十分に推知できるであろう[42]。

と推断せられた他に、「下二段活用の「受けて」が音便を起こしたら、どういう形をとることになるであろうか。「受えて」でおかしいと感じるのは、現実にそういう語形を使っていないからにすぎないであろうが、むしろ、動詞にイ音便とエ音便とを設けることが、運用上、煩雑になるために回避されたとみておくべきであろうか」[43]と、一応疑問符が附されてはいるものの、同音語発生の回避のみならず、文法形態たる「音便型」増加の回避が「下二段活用」動詞の「音便形」発生を抑止したと論ぜられ、更には「音便形」を生じなかった他の「活用型」にも氏の論述は及んで、

上一段・カ変・サ変の三種類の場合、もし音便形をとったと仮定すると、「着て」「来て」「して」は、すべて「いて」となり、相互の判別がつかなくなるから、当然、音便を生ずることはない[44]。

とも断ぜれた。しかし、人工的な正書法等の問題なら兎も角、人為的配慮が与って音韻変化の方向を決定づける事は無い。仮令話し手自身は無意識であったにせよ、氏の主張される様な人為的力学が作用したのであれば、何故に東国語ではタ行・ハ行・ラ行の「四段活用」動詞が一齊に「促音便」を取り、勝チテも買ヒテも刈リテも凡て同音のカッテを成立させたのであろうか。又、マ行の富ムもバ行の飛ブも、其の「音便形」は共に同音トンデと成っている。動詞「音便形」成立に、斯かる人為的作用の如きは当然介入しなかったものと考えられる。

別に、謂わば百八十度違った見地に立脚した説も出されている。柳田征司氏のものが其れである。

従来の考え方は、四段活用動詞は音便をおこし、上二段活用動詞は音便を起こさないと把握し、そして、なぜそのような違いが生じたのかを説明しようとしてきた。しかし、事実は、もともと両者にきびしい別があったのではなく、あったのは、四段活用動詞が音便を起こしやすく、上二段活用動詞が音便を起こしにくいという傾向であって、その上に、

> 音便を起こす動詞が四段活用化し、起こさない動詞が上二段活用化していって、両者の違いが確立したのであった[45]。

と柳田氏は唱えられるが、「音便形」の発生を見たのは平安時代であるから、今から精々千年前の事である。一方、言語は一般に史前悠久の太古にほぼ形を整え、言語史的変化は遂げつつも、連綿と継がれて十世紀と云う極く新しい時代に至ったのである。日本語とて例外ではない。氏の論及は完全に言語史以前の事象であるから、ここに敢えて論評には及ぶまい。

伝統文法に従えば、動詞には幾つかの「活用」形式(型)があり、そのうち或る形式のものは「音便形」を生み、片や或る形式のものは其れを生まなかった。此の二者は截然と区別される。而して、その起因は漠として捉え得ぬ儘であった。又、事実、形態論的方法から全く乖離した八衢(やちまた)学派の跡を継ぐ伝統文法に基づく限り、如何に思考を廻らすとも、永遠にその謎は解き得まい。実際、柳田氏は、先に引用した文章に引続いて、

> 四段活用動詞「置ク」「織ル」、上二段活用動詞「起ク」「降ル」などの例をあげるまでもなく、両形がともに音便を起こすと、衝突を起こす語があった。このことが、一方に音便を実現させ、他方に実現させない力として強力に働いたことは疑いない。しかし、ただそれだけの力であれば、上二段活用動詞が音便形で、四段活用動詞が原形であってもよいことになる[46]。

とも言われている。前近代的な伝統文法に囚われている限り、畢竟そう云う「ことになる」のであろう。

世に「四段活用」「ラ行変格活用」「ナ行変格活用」と称せられている各動詞の語幹は子音終止であり、「上・下一段活用」「上・下二段活用」「カ行変格活用」「サ行変格活用」と称せられている各動詞の語幹は母音終止であって、且つ、所謂「音便」とは、語幹への接辞(affix)の後接に伴って生ずる連声(れんじょう)(sandhi)なるが故に、前者の各動詞は「音便形」を生み、後者の各動詞はそれを生まなかったと云うのが実相なのである。以下に於いて此の事実を立証しよう。

3〈転〉.　日本語動詞の語幹抽出
――「四段活用」動詞は子音語幹動詞――

国語学会の機関誌『國語學』は、隔年毎に「展望」と呼ばれる特集号を出している。同誌の第 161 集（1990 年）は「昭和 63 年・平成元年における国語学界の展望」と題する特集号であった。同号の「文法（理論・現代）」[47] と題した展望に次の様に書かれてあった。担当者は野村剛史氏である。

> 動詞の「活用」を中心とした形態論の分野には、現在大きな分岐点が二つあるように思われる。第一に ika-iki の様な母音の交替によるユレの各形式をそのまま一語（あるいは一形態素）とするか（a）、しないか（b）、第二に iku-ikeba のような自立的述語間の相互関係のみを「活用」と認めるか（c）、よりゆるやかであるか（d）、による分岐である。

と、先ずその流れを大きく分け、直ちに、次の文章へと続く。

> 清瀬義三郎則府『日本（ママ）文法新論』は、かねてからの戦闘的な b 論者の清瀬のまとまった主張を示す。「語幹とは語の不変化部分を指すのであるから」「一連の動詞形から blooming（ママ） の意味を担う音として sak- を抽出し、この部分を語幹と呼ぶ」という立場から、saka、saki の a、i は、実は後続接尾辞連結母音に過ぎないとする。単純ゆえに力強い主張である。展望者にとっての疑問点は、まずなぜ sak- がただちに「意味を担う音」といえるのかという点にある [48]。

此処まで読み進んだ時、筆者には、展望者野村氏の意が解せなかった。言語とは意味を担う音声、即ち有意音（meaning-bearing sound）であって、有意音の最小単位を形態素（morpheme）と呼ぶ。氏が引用符の中に囲われた語句は、拙著『日本語文法新論』からの直接引用であるが、上の通り、氏が断片的に引用された個所の、拙論の原文を掲げれば、次の如きものである。

> そもそも、言語とは有意音であり、語幹とは、語の不変化部分を指のであるから、たとえば、動作動詞「咲く」sak-u、「咲かむ」sak-am-u、「咲きぬ」sak-in-u、「咲かば」sak-aba など一連の動詞形から “blooming” の意味を担う音として sak- を抽出して、この部分を語幹と呼ぶのである [49]。

ここに挙げられた諸動詞形から、“blooming” と云う意味を担う形態素として語幹（stem）の sak- が抽出でき、そこに別の形態素である -u が附いて、その “blooming” なる行為（action）が常時行われ或いは未来に行われる事を、-am-u が附いてその行為が望見され得る事を、-in-u が附いてその行為が完全に遂行されている事を、また -aba が附いてその行為が仮定されている事を、夫々意味する各々の語（word）が完成するのだと云う事実が知られる。斯くの如く、“blooming” と云う「意味を担う音」は語幹 sak- であり、そこに添加された上掲の種々なる接辞は、語幹に文法的資格を附与し、且つ意義を附加するだけの存在に過ぎない事、一目瞭然であるから、「展望者にとっての疑問点」が奈辺に在るのか筆者には解せなかったのである。野村氏は、前記の文章に続けて、

「語幹の抽出が語構成追及（ママ）の起点になる」にしても、どのみち sak- のような語幹は「文法的抽象」に過ぎないのではないか。

との疑問を投げ掛けられた。これも筆者には解せなかった。拙著に於いて筆者自身がそう書いたからこそ、氏が此処に引用符を用いて「文法的抽象」と書かれたのであって、さに非ずやと問われても、筆者は返答に窮する。只管、是を肯定する以外に何が有ろう。正にその通り、語幹とは語形の変化を受けない部分を謂い、其れは形態論的分析から得られた文法的抽象なのである。勿論、語幹がそれ自体で語を構成する場合もある。例えば英語の see などがそれに当る。しかし、獨逸語の sehen では、seh- が語幹、-en が接辞である。斯くて得られた seh- は「文法的抽象に過ぎない」。日本語の見ルも mi- が語幹であり、-ru が接辞なのである。同様に、英語の read も語幹のみで語を構成するが、獨逸語の lesen は les- が語幹、-en が接辞で、日本語の読ムは yom- が語幹、-u が接辞である。英語の bloom も之と平行し、日本語の咲クは sak- が語幹、-u が接辞なのである。此処に見られる接辞 -ru も -u も同一接辞の異形態（allomorph）であり、而して、-ru に見られる子音 -r- は連結子音（union consonant）と呼ばれ、それは mi- の様な母音終止の語幹に接尾する際にのみ顕れる子音である。

斯く、筆者は展望者の意味するところを解し兼ねたのであるが、之に直接続く次の文章を読み、漸くその言わんとするところを知り得た。そこには、

> かつて宮地裕は「モーフの論」(『論集日本文学・日本語 5』) において抽象的「形態素」に対して具体的「異形態」を認めたが、「咲か、咲き」などがなぜ異形態であってはならないのであろう。

と書かれてあった。成程そう言う考え方もあり得たのかと漸く納得したと云う次第である。此の宮地裕氏の論究は、phoneme＝「音素」が (phone の) allophone＝「異音」から成る如く、morpheme＝「形態素」は (morph の) allomorph＝「異形態」から成ると云う、アメリカ構造主義言語学に於ける謂わば常識の、要するに再説に過ぎないのであるが、そこには日本語の具体例が種々挙げられている。例えば、動詞に関して次の様な個所がある。

> およそ「モーフ」は (中略) 動詞などの活用形および助辞にも適用しうる概念である。たとえば「勝つ・勝たない・勝った・勝とう・勝て」などの変容における「勝つ・勝た・勝っ・勝と・勝て」という語幹の部分、および、他の動詞の変容との対比などによって得られる助辞・接辞の部分、すなわち「▨・ない・た・う」など (細部は略す) を指す[50]。

此処に宮地氏の謂われる「語幹」とは、伝統文法に所謂「語幹」であって、形態素分析から得られた語幹を意味しない。又、レナード・ブルームフィールドの学派に倣って、氏は日本語の「モーフ」を「自立モーフ (free morph)」と非自立の「結合モーフ (bound morph)」との二類に分けられる。そして、

> いわゆる活用形のうちの結合モーフ「勝た -・勝と -・勝っ -」などは、それ自体では“意味がわからない”と言ってもまちがいではないけれども、“意味がない”とは言えない[51]。

と言われた。しかし、氏の此の言は基本において矛盾している。氏は形態論に就き論じていられるのである。形態素とは有意音の最小単位なのである。例として挙げられた勝ツは「四段活用」動詞であるから、其の語幹は子音終止の kat- である。更に、勝タナイ kat-ana-i・読マナイ yom-ana-i・咲カナイ sak-ana-i と列挙してみると、否定を表す共通要素として -ana-i を抽出し得るから、此の部分の有意音が否定の意味を担っている事が分る。更に「一段活用」の方を観察すると、見ナイ mi-na-i・受ケナイ uke-na-i となっていて、否定の意味を担う部分は、頭部の母音 -a- を落した -na-i と云う有意音

である事が分る。同時に、-ana-i に於ける頭部の母音 -a- は、kat- の様な子音終止の語幹に接尾する際にのみ顕れる母音、即ち連結母音（union vowel）である事も知られるのである。今仮に、或る話し手が「勝タナイ」と発話したとする。聞き手は、先ず聴覚器官を通して kat- の所迄聞いた時、直ちに“victory”に相当する概念を脳裏に受容する。更に -ana- の所迄聞いて、直ちにそれが「否定」であると受容する。そして、kat-ana-i の一語全体を聞き終った時点で、聞き手は、“victory”の否定的行為が現在または未来に於いて遂行されるのだと、綜合的に理解するのである。又、例えば「勝タナカッタ」（kat-ana-kat-ta）と発話されれば、聞き手は同様の手順を経てその意を順次に受容し、末尾の有意音（形態素）-ta 迄を聞いた時点で、“victory”の否定的行為の遂行が既に完了しているのだと、綜合的に理解する。

以上に見たところから、日本語の動詞は、子音終止の語幹を持つ子音語幹動詞と、母音終止の語幹を持つ母音語幹動詞との二種に大別される事が分った。現代日本語の受動表現は、勝タレル kat-are-ru・見ラレル mi-rare-ru の様な形を取る。受動の意味を担う音は夫々 -are- と -rare- とである。そうすると、後者 -rare- の頭部の -r- は連結子音であると知られるから、両者は異形態であり、連結子音を括弧内に入れて示せば、二者を併せて -(r)are- という一個の形態素だと云う事になる。形態音素論的に記せば //-Rare-// である。末尾の有意音 -ru は、行為が現在に於いて常時行われ或いは未来に於いて行われる事——即ち非完了（non-perfective）態（アスペクト）——を表す形態素である事は既に説明した。使役表現は勝タセル kat-ase-ru：見サセル mi-sase-ru の様な形を取るのであるから、同じく使役の意味を担う有意音は、連結子音 -s- を伴った一個の形態素 -(s)ase- であると云う事になる。こう見て来ると、伝統文法に謂う「未然形」（例えば、勝タ“kata-”の如き）は、形態論的に全く架空の存在であって、斯かる「形態素」など初めから存在していなかったのだと分る。何も「未然形」に限らない。続く「連用形」以下の凡ての「活用形」は、形態論的には悉く架空の存在に過ぎなかった事も亦、形態素分析から知られると同時に、「四段」だの「一段」だのと云った類いの「活用」型も、全く架空の存在であったと知られるのである。

先に引用した野村氏の「展望」は、更に以下の様に続いて行く。

> 次に連結母音はなにか意味を担うのか、単に音形式上のルールに従うだけの存在なのか。後者であるなら、z(ず)、m(む)など特定の一群の接辞に共通してaが現れるのは偶然なのだろうか。ram(らむ)、ras(らし)、bes(べし)の連結母音uは、未(ママ)完了接辞(r)uと無関係なのだろうか。

古代語で否定の意味を担う有意音は、勝タズ kat-az-u・見ズ mi-z-u に見られる通り、連結母音 -a- を伴った形態素 -(a)z-(形態音素論的に記せば //-Az-//) であり、末尾の -u は非完了の意味を担う有意音である。同じく古代語で、遂行されようとする行為を望見し亦は意中に準備する意味を担う有意音は、勝タム kat-am-u・見ム mi-m-u の例に見られる通り、連結母音 -a- を伴った形態素 -(a)m- である。此等の接辞が持つ連結母音 -a- は、各々の意味を担う各形態素の一部であるから、其れ自身のみで「意味を担う」訳はないし、「音形式上のルール」などと云う意味不明なものとは無縁である。フランコ・スイス学派のフェルディナン・ド・ソシュールが夙に指摘した通り、言語に於ける所記(signifié)と能記(signifiant)の関係は無縁(immotivé)であって、それは全く恣意的(arbitaire)なのであるから、「特定の一群の接辞に共通してaが現れるのは偶然」以外の何者でも無く、何故に氏が斯かる疑問を投げ掛けられるのか理解に苦しむ。

野村氏の拙著『新論』に関する「展望」は、次の文章で結ばれている。

> 第三に古代語には「接尾辞の付着に伴い逆行同化して幹末母音と交替する」「交替母音」を認める点。これは結局母音交替のアド・ホックな導入ではないだろうか。しかしながら、古いパラダイムは不合理であっても問い掛けをまぬがれる。立場の徹底が問題の所在を明確にすることは、評価されるべきであろう[52]。

先に見た如く、現代語で非完了態を表す接辞は連結子音 -r- を伴った -(r)u であった。古代語で非完了態を表す接辞は、連結子音 -r- に加えて、代替母音(alternate vowel)なる母音をも伴っていた。現代語「終止形」は古代語の「連体形」に由来するから、先ず其の祖形たる各「活用」型の「連体形」を考察しよう。古代語の子音語幹動詞である「四段」と「ラ変」の「連体形」は夫々勝ツ kat-u と有ル ar-u の様な形を取る。母音語幹の「上一段」は見ル

mi-ru の様な形を取る。此等のみを見る限り、古代語も現代語と変らず、その接辞は -(r)u であるかに見える。しかし、同じく母音語幹の動詞乍ら、「上二段」「下二段」「カ変」「サ変」の「連体形」は見ルの場合とは異なって、語幹末の母音を揃って -u に変え、夫々起クル ok*u*-ru・受クル uk*u*-ru・来ル k*u*-ru・為ル s*u*-ru の様な形を取る。猶、古代語のサ行子音の音価は、先述した如く、破擦音［c］又は［č］であったと推定されるのであるが、［s］／［š］～［c］／［č］の自由変異(free variation)の可能性も考慮に入れて、/s/ の意味で、以下も一応 s を以て表記する。

此等動詞の各語幹は、上代語に於いて夫々 okï-、ukë-、kö-、se- であったと見られるから[53]、「連体形」の場合、接辞 -(r)u の添加に伴い、各語幹の末尾母音 -ï、-ë、-ö、-e が一律に母音 -*u* と交替したと云う事である。一種の逆行同化(regressive assimilation)である。上代語で、後続名詞修飾の職能及び動名詞としての職能を附与する接辞は、単なる -(r)u だけでなく、代替母音 -*u*- を伴った -*u*(r)u- と云う異形態も存在した。代替母音 -*u*- を小さく左肩に示せば、異形態を併せて、其れは -^{u}(r)u- と云う一個の形態素であったと云う事に成る。代替母音 -*u*- は、上代八母音のうち、語幹末の母音 -i(即ち、見 mi-・着 ki-・居 wi- 等の -i)とだけは交替し得なかった。故に上代語「上一段活用」動詞の「連体形」は現代語と同形であった。一方、「ナ変」の死ヌ・往ヌの語幹末 -n は子音であり乍ら、恰もゼロの母音を有したが如く母音の性質も備えていたので、之を -nϕ と表記すれば、語幹は夫々 sinϕ- と inϕ- であった。此等の語幹への接辞 -^{u}(r)u の接尾に伴い、先ず語幹末の -ϕ が -*u*- と交替して夫々の語幹が母音語幹化した sin*u*- と in*u*- とに変り、更に -(r)u が連結子音 -r- の顕在した形で接尾する事に依って、夫々の形 sinu-ru と inu-ru が形成されたのである。上代語に、代替母音 -*u*- を伴った接辞として、上の -^{u}(r)u の他にも、順接因由の意味を担う -^{*u}(r)ëba や、逆説の意味を担う -^{*u}(r)e や、譲歩の意味を担う -^{*u}(r)ëdö などが在り、夫々副詞的職能をも附与した。伝統文法に「ク語法」(又は加行延言)と称されているものも、前置副詞形を作る接辞 -^{u}(r)aku が語幹に添加した形である。

上代語の「上二段」「下二段」「カ変」「サ変」の「終止形」は、夫々起ク

ok-u・受ク uk-u・来 k-u・為 s-u の様な形を取った。恰も子音語幹であるかに見えるが、これは接辞が代替母音 -ϕ- を伴っていた為である。非完了態の定動詞（finite verb）たる職能を附与する此の有意音は、異形態を併せ、一個の形態素 -$^{\phi}$(r)u であった。代替母音 -ϕ- も母音 -i 以外の凡ての語幹末母音と交替したので、結果に於いて、語幹末母音に -i を持つ「上一段」以外の母音語幹は、此の接辞の接尾の際、先ず夫々が okϕ-、ukϕ-、kϕ-、sϕ- と変り、凡てが、語幹末母音を落して恰も子音終止化する為、接辞 -(r)u が連結子音 -r- の顕在しない -u の形で添加して夫々の定動詞形が形成されたのである。一方、「ナ変」の死ヌ sin-u と往ヌ in-u とは、同様にして夫々の語幹末の -ϕ をその儘残し（正しくは、代替母音の -ϕ- と交替させ）、語幹は子音終止である為、接辞 -(r)u が連結子音 -r- を落した -u の形で添加して、夫々の定動詞形が作られた。「四段」は元々が子音語幹であるから、代替母音とは関りが無かった[54]。

上に一瞥した通り、代替母音は接辞の母音語幹への「付着に伴い逆行同化して幹末母音と交替する」ものであるから、屈折語（inflexional language）に見られる様な母音交替（Ablaut）とは本質的に異なる。故に、野村氏は、初めから何も疑念を抱かれるには及ばなかった問題であり、「これは結局母音交替のアド・ホックな導入ではない」のである。

平安時代に入るや、特殊仮名遣の甲・乙二類の区別は無くなり、okï->oki- に見る音韻変化の結果、「上二段」語幹の末尾母音は「上一段」mi- の -i と同音価と成り、又、「下二段」語幹の末尾母音も ukë->uke- に見る音韻変化の結果、平安朝に至って新たに加わった「下一段」蹴 ke- の母音 -e と同音価と成った。従って、ここに代替母音の作用を惹起する因子は、音韻的には完全に消滅して了ったにも拘らず、それ以前に形成された「二段活用」的文法形態は、急激な音韻変化の速度に追随し得ずして、保守的に中古語へと受継がれて行った。その意味で、平安時代は言語史的に過渡期であった。しかし、其の要因は消滅して了って既に存在しないのであるから、極めて不安定であり、中世語に至って次第に所謂「二段活用の一段化」が始るのである。一般に、日本語史に於ける此の「一段化」は、「一段活用」への類推が其の要因であるとも、或いは類推に拠って「二段活用連用形」にル・レが附いたとも言われているが、上述した如く、特殊仮名遣の崩壊による代替母音の作用因子の消滅が真の基因であって、平安朝初期から、軈ては「二段活用」が「一段化」す可く運命づけられていたのである。

4〈結〉. 内的連声「音便形」の形態素分析

——中古の随意連声から現代の強制連声へ——

伝統文法に謂う「活用形」が、形態論的には、凡て架空の存在に過ぎなかった事は既に論じた。勿論「連用形」などと称されている「活用形」も虚構である。先ずは身近なところから現代語の「連用形」に就いて観察しよう。其の代表的用法と言われているものに、「連用形」が単独で言い止める所謂「中止法」が有る。「四段活用」つまり子音語幹の動詞は、勝チ kat-i・読ミ yom-i・咲キ sak-i の様な形を取り、「一段活用」つまり母音語幹の動詞は、見 mi-φ・受ケ uke-φ の様な形を取る。此処に見られる通り、此の接辞は、子音終止の語幹に添加する際には -i として顕れるが、母音終止の語幹にはゼロ形態(zero form)を取って顕れない。両異形態を併せて、此の接辞は連結母音一個のみから成る形態素 -(i)である事が分る。且つ、此れは順接の意味を担い、語幹に添加して動詞の副詞的職能を附与する有意音である事も知られる。他に、「連用形」に接続する「助詞」と称されているもの、ナガラ・ツツ・ニの類いは、凡て連結母音 -i- を伴った接辞であり、夫々の意味を担い、且つ動詞に副詞的職能を附与する有意音なのである。例えば、「助詞」ナガラとは、-(i)nagara なる形態素であり、子音語幹に添加して kat-inagara、yom-inagara、sak-inagara の様な形を取り、また母音語幹に添加して mi-nagara、uke-nagara の様な形を取って、行為の共存と云う意味を担う。

同じく「連用形」に接続すると言われているものに「助詞」テ・タリ及び「助動詞」タがある。此等とて、連結母音 -i- を伴った接辞である事に変りは無いが、実際の発話に於いて此等が一群の動詞「連用形」に続く時は、常に「音便形」を取るとも言われている。代替する形も無く、常に「音便形」であると云う事は、既にそれは「音便形」ではなくて一つの文法形態を成していると云う事なのであるが、暫く「音便形」としておく。代表例として「助詞」テに就いて考察しよう。「四段活用」のうち、「サ行四段」の動詞のみは現代語で「音便形」を作らない事に就いては、「サ行イ音便」に関聯して既に触れた。世に謂う「助詞」テとは接辞 -(i)te の謂いであって、完了的順接の意味を担い、語幹末子音が -s である場合に限り、貸シテ kas-ite・指シテ sas-ite の様な形を取り、「音便形」を作らない。母音語幹の場合は見テ mi-te・受ケテ uke-te の様な形を取る。斯くの如く、此の接辞が母音終止の語幹に添加する際には、連結母音 -i- の無い異形態 -te が接尾して、「音便形」を一切取らなかった。

子音 -s 終止以外の子音語幹に接辞 -(i)te が添加する際には、悉く「音便形」を取る。ここに語幹末の子音別に依って現代東京語の「音便形」を分類整理すると、

sak-ite→咲イテ sa*ϕ*-ite kog-ite→漕イデ ko*ϕ*-i*d*e	「イ音便」
kat-ite→勝ッテ kat-*ϕ*te kir-ite→切ッテ ki*t*-*ϕ*te kaw-ite→買ッテ ka*t*-*ϕ*te	「促音便」
sin-ite→死ンデ sin-*ϕd*e nom-ite→飲ンデ no*n*-*ϕd*e tob-ite→飛ンデ to*n*-*ϕd*e	「撥音便」

の様に、実に整然としている事が分る。例外となるのは、行ク (ik-u) が「イ音便」を取らずに「促音便」イッテ i*t*-*ϕ*te と成る事のみで、之に就いては先に触れた。「イ音便」とは、接辞 -(i)te の添加に伴う語幹末の -k、-g の異化的脱落であり、有声音 -g の方は脱落と同時に接辞の頭子音 t- の同化を誘発して之を有声音 d- に変える。「促音便」とは連結母音 -i- の脱落であり、その際、接辞の頭子音 t- は語幹末子音 -r、-w (< -*p) の逆行同化を誘発して両子音を -t に変える。「撥音便」とは、同じく連結母音 -i- の脱落であり、その際、接辞の頭子音たる歯茎音 -t- が語幹末子音 -m、-b の同化を誘発して、此等を歯茎鼻音 -n に変えると同時に、語幹末の各有声音が接辞の頭子音 t- の順行同化を誘発して、之を有声音の d- に変える。相互同化 (reciprocal asssimilation）である。

連続する語または複合語に於ける構成要素間や、語の派生または屈折に於ける語幹と接辞の接合点（boundary）に生じる音変化を、言語学で sandhi と呼び、其の訳語として通常「連声」が当てられる。特に前者の様な二語間の音変化を外的連声（external sandhi）、後者の様な一語内の音変化を内的連声（internal sandhi）と呼んでいる。連声とは、結合する各要素の頭音または尾音が、隣接音の影響或いは其の位置に依って規則正しく変化したり消失したりする事であって、それは共時的現象であり、母音の場合は母音連続（hiatus）の回避を主とし、子音では同化（assimilation）を主とする音変化である。所謂「音便形」とは、日本語の動詞の派生（derivation）に於ける語幹と接辞の接合に伴い、規則正しく生ずる共時的音変化であるから、言語学的に言って、之は内的連声である。外的連声とは、例えば、仏蘭西語のリエゾン（liaison）の様なものを謂う。嘗て悉曇学者が「音便」を「連声」の中に含めて取り扱った事は先に述べたが、術語 sandhi は梵語の文法用語 saṃdhi「結合」に由来するのであるから、それも故無しとしない。所謂「連濁」も、語の連接から成る語合成に伴って生ずる共時的音変化であるから、内的連声の一つである。

一体「音便」とは何か。「音便」の起因に関する問題に加えて、此の謂わば本質論とでも称さるべき問題も亦、諸家に依って様々に論ぜられた。高松政雄氏に拠れば、「その概念の説明にも、また、その事例にも、諸家に依って、区々であるとは言い得ぬとしても、多少とも牴牾するところあるのが常とはなっているのである。その所以は、一に掛かってその概念規定の甘さにある」[55]のだそうで、氏自らは、此の論文の副題が示す通り、「音便」とは「語結合に於ける音節短縮」であるとの旗印を掲げられ、其の生起は「密接に結合する語（形態素）のその接合点なる箇所」[56]である旨の、謂わば自明の理を殊更に揚言され——因みに、馬淵氏や西田直敏氏の定義を引用の上「但し、これらではなおその接合点なる明示はない」[57]と批難され——、加えて、「ところで、右の如き観点下に立つ音便論は、実は、従来とて皆無であった訳ではない。唯、それが一般を覆う程の勢を有しなかっただけの事に過ぎぬ。逆には、一般に其処に注視するの眼力を持ち合わせなかったというのが真実である」[58]と豪語される。しかし、悉曇学者が「音便」を連声現象の一つと看做したのは、夙に院政・鎌倉の昔であった。試みに欧文でものされた手頃な言語学辞典に目を遣れば、sandhiの項の解説が「音便」の本質を言い尽して餘り有る事が知られよう。而も、「音便なる用語は最早棄却して、それぞれの変化を一般（西洋）言語学上の相当の項目に吸収せしめるという事も可能ではあろう」[59]と示唆されたのが、他ならぬ高松氏自身なのであるから、一層皮肉である。序で乍ら、筆者も、既に此の高松論文を遡る事二十年の昔、「音便」とは即ち内的連声である旨を指摘して置いた[60]。

「序でに付言するに、音便を、共時的音声交替 Lautwechsel ならぬ、この通時的音声変化 Lautwandel 内に位置付けるという点に於いても、従前は必ずしも十全ではなかった。その故にこそ、種々の音変とこの音便とが混淆する事も生じたのである」[61]とも高松氏は唱えられる。言語学的基礎概念の、甚だしき誤解である。抑々、sandhiによる音変化とは共時的変化（synchronical change）なのである。「音便形」は、中古語に始り、中世語から近世語を経て個定するに至る迄の言語史を通し、各時点に於いて共時的現象として継がれて来たのである。斯かるが故にこそ、先にも述べた通り、「ハ行四段活用」の「音便形」が、通常の有声音間ハ行子音の変遷（即ち、ハ行転呼音）に見られる -pi-[62] ＞-Φi-＞-wi-＞-i- と云う通時的変化（diachronical change）とは全く別の経路を辿ったのである。日本語史に於いて、一般に、母音 i を伴った有声音間の -k-、-g- が消失して -ki-＞-i-、-gi-＞-i- と成る様な「イ音便形」的変化は起らなかった。オキテ（掟）は今も猶オキテであって、置キテ→置イテの様な音変化は起していない。何故なら、ok-ite→oϕ-ite の方は共時的変化だったからである。若し仮に、内的連声が通時的変化であったとしたら、一旦成立した「サ行イ音便形」が近世語の時代に消滅して、凡て原形に復した事実を、如何に説明し得ると言うのであろうか。

現代語では、動詞の（-s 終止以外の）子音語幹に上述の接辞 -(i)te が接尾する際の他は、書イタ・読ンダ・咲イタの様な接辞 -(i)ta の接尾や、書イタリ・読ンダリ・咲イタリの様な接辞 -(i)tari の接尾の際にのみ、内的連声を生起する。即ち、其他の接辞の子音語幹への添加には連声を伴わない。上の接辞が揃って頭子音に t- を持ち、而も揃って連結母音 -i- を伴っていると云う事は、動詞に於ける内的連声生起の必要条件ではある。しかし、十分条件と云う訳ではない。例えば、行為の持続と云う意味を担いつつ、副詞的職能をも附与する形態素 -(i)tutu も、同じく頭子音は t- であり、連結母音 -i- も伴っているが、この t- が音声的には［ts-］である為か、此の接辞の添加した形は、書キツツ・読ミツツ・咲キツツであって、内的連声は生じない。次に、動詞の母音語幹には、如何なる接辞の添加にも、一切内的連声を生起しない。加うるに、母音終止の語幹に接尾する凡ての接辞は、連結母音を落した方の異形態である。之が内的連声不生起の基因だと言える。つまり、接辞の接尾様相が、「四段」動詞の場合とは全く相違しているからである。しかし、何故に連結母音 -i- の存在が連声現象を惹起する基因を成すのかは不明である。此の種の設問には、言語学は答えないのである。高地ゲルマン語の方に限り、何故に第二次子音推移が起ったのかは、誰にも分らない。ともあれ、何故「四段活用」動詞にのみ「音便形」が有り、「一段・カ変・サ変」の動詞は「音便形」を取らないのかと云う問いに対する解答としては、前者は子音語幹動詞であり、後者は凡て母音語幹動詞であって、接辞附着の様相を夫々異にし、一方の附着様式は新たに母音 i を含む音節を造ろうとして「音便」現象を生じさせるものであり、他方の様式は新たな音節を造る事無く、之を生じさせないものであったからだと言うだけで、充分であろう。語幹の末尾が母音であり、続く接尾辞が子音で始まる音節なので、極く自然に結合したのである。

現代語の所謂「音便形」には、対立して競合する元の形、即ち「非音便形」と云うものは存在しない。つまり、同一の意味を担う文法形態としては、「音便形」と称される形態（form）のみが存在しているのであって、他の形態との選択の余地は無い。従って、これ迄にも何度か触れた通り、現代語にあっては、最早「音便形」ではなく、一個の個定した文法形態なのである。語の連続や接辞の添加に於いて、必ず生起する此の種の連声は、強制連声（compulsory sandhi）と呼ばれる。「音便」を「融合の指標」として捉えられた小松氏は、「連用中止法になぜ音便を生じないのかという」と、「そのあとに直接にはなにも続いていないのであるから、融合の指標などがあらわれるはずがない」[63]からだと論ぜられる。伝統文法「連用形」が念頭から離れぬ結果、此の様な言に及ばれたものであろうが、之も先述した通り、「中止形」と称されているものの実体は、順接の意味を担う形態素 -(i)が、接辞として、動詞語幹に接尾した形なのであって、語源的には「音便形」とは全く別物だったのである。氏は、更に中古語の「音便形」に就いて、「文体上の区別ということからは、もちろん、動詞の連用中止法にも音便形と非音便形との使い分けが望ましかったと考えられるが、撥音便や促音便が、音声上、その形をとりえなかったことは、いうまでもない」[64]とも言われた。「望まし」いのだが、「そのあとに直接にはなにも続いていない」からと云う訳である。之も亦、伝統文法が氏を誤らせたものと考えられる。中古語で、「音便形」と併存した「非音便形」とは、書キテ・読ミテ・咲キテの様な形であって、「中止法」に用いられた様な書キ・読ミ・咲キとは語源を異にした。伝統文法に所謂「連用形」なるものは、形態論的に言って、全くの虚構に過ぎなかった事も先に述べた。

中古語動詞の「音便形」に就いては、既に論じてあるから、詳細はここに繰返さない。其の種類としては、「イ音便形」「促音便形」「撥音便形」に加えて「ウ音便形」が在った。しかし、中古語の「ハ行ウ音便」は、現代に於いても京都語を初め畿内西国方言に継がれているので、「音便形」の様相は現代語に於けるとほぼ同じであると言って良い。中古語に於いても亦、「四段・ラ変・ナ変」と称される子音語幹動詞の凡てが「音便形」を取り得た。現代語と異り、「サ行四段活用」動詞も例外ではなかった。「ナ行変格活用」動詞の語幹末は（派生に関しては）純粋な子音ではなかったが、こと「音便形」に関する限り、それは子音語幹動詞であった。平安時代には、「助詞」「助動詞」のテ -(i)te・タリ -(i)tar-i・ツ -(i)t-u の中に含まれる形態素、即ち完了順接の副詞的職能を附与する -(i)te < -*(i)të や行為の結果的状態の意味を担う -(i)tar- や行為の完璧な遂行の意味を担う -(i)te- < -*(i)të- 等が、夫々語幹に接尾する際にのみ内的連声を生起し、其他の接辞添加には、原則として連声を伴わなかった。又、「一段・二段・カ変・サ変」と称される母音語幹には、如何なる接辞の添加にも、内的連声は生じなかった。只、平安時代にあっては、発話に於いて「音便形」と「非音便形」が併存していて、其の何れを採るかは話し手の恣意に依った。和歌をその典型とし、仮名文学

作品の様な洗練された文には「音便形」は好まれず、点本類の様な、どちらかと言えば俗語を反映する文に主として用いられた。此の種の恣意的な連声は随意連声（optional sandhi）と呼ばれる。日本語の動詞の派生に見られる内的連声は、中古語に於ける随意連声から、中世語を経つつ強制連声へと傾斜し、現代語に於いては完全なる強制連声に移って了ったのである。

形容詞と云う術語は、一般に、泰西文典に謂う adjective の訳語として通常使用せられているが、日本語の高イ・悲シイ・喜バシイと云った類いの一連の語は adjective ではなくて、正確には、朝鮮文典に於ける「形容詞」相当の語彙と同じく、qualitative verb と呼ばれる種類の動詞である[65]。山田孝雄氏の所謂「形状用言」である[66]。故に、此処では「形容詞」なる呼称を避け、山田氏に倣って所謂「形容詞」を形状動詞と呼ぶ事とする。序で乍ら、日本文典で単に「動詞」と称されている高メル・悲シム・喜ブと云った一連の語は、これに対して action verb と呼ばれるものである。此れも山田氏の呼称「動作用言」に倣って、動作動詞と呼ぼう。

現代語の形状動詞に子音語幹は無く、語幹は凡て母音語幹である。形状動詞「イ音便形」と言えば、高イ・悲シイの形が其れに該当するのであろうが、対立する「非音便形」も無く、只、非完了態の意味を担い、且つ、定動詞としての職能、或いは後続名詞修飾の職能を附与する接辞 -i を抽出し得るのみであって、異形態も存在しない。一方、「ウ音便」は、高ウ・悲シュウの形が其れに該当すると言えようが、此の形も、東京語では、補助動詞のゴザイマス等が後接する時にのみ用いられ、而も、その限りに於いて競合する「非音便形」は存在しない。東京語では、形状動詞の副詞的用法として、副詞的職能を附与する接辞 -ku が語幹に添加した高ク・悲シクが用いられるが、京都語他西国語では、上の高ウ・悲シュウが代って用いられる。若し地域的方言の変化形が共時的変化であると言うのであれば、一応、京都語の形が「ウ音便形」で東京語の形が「非音便形」だと云う事に成ろうが、各方言内に於いては、共に異形態も無く、且つ音変化も見られないのであるから、到底それは認められない。恰も現代語動作動詞の「音便形」の凡てが強制連声であって、既に「音便形」ではなくなったが如く、現代語形状動詞にも、「音便形」と呼ばるべきものは存在しないのである。

現代語とは様相を異にして、中古語の形状動詞には子音語幹と母音語幹の二類が存在した。現代語の高イ・悲シイは、形態素的に夫々 taka-i、kanasi-i であるが、中古語の高シ・悲シは夫々 taka-si、kanas-i であった。形状動詞の語幹に添加して、非完了態の定動詞たる職能を附与する形態素は、連結子音 -s- を伴った -(s)i であり、此の連結子音を顕在させた異形態 -si は母音語幹に接尾して高シ taka-si の様な形の定動詞を作り、連結子音 -s- を落した方の異形態 -i は子音語幹に接尾して悲シ kanas-i・喜バシ yorokobas-i の様な形の定動詞を作った。斯く、伝統文法に所謂「ク活用」も「シク活用」も、共に架空の存在に過ぎなかった。凡ゆる形状動詞子音語幹の幹末子音は常に -s であり、他の子音は立たなかった。従って、此の子音は、もと情感の意味を担う一つの形態素であったかとも考えられるが、文献時代には、既に形状動詞語幹末の子音として固定して了っていた。

中古語に於いて、後続名詞の修飾と云う職能を附与する形態素は、連結母音 -i- を伴った -(i)ki であり、子音語幹には連結母音を顕在させた異形態 -iki が接尾して悲シキ kanas-iki の様な形を取り、母音語幹には他方の異形態 -ki が接尾して高キ taka-ki の様な形を取り、且つ、双方の異形態共に、其の語幹への添加に伴って内的連声を生じ得た。即ち、所謂「イ音便形」である。

taka-ki　→　高イ　taka-ϕi

kanas-iki　→　悲シイ　kanas-iϕi

之は、見られる通り、接辞 -(i)ki に於ける頭子音 k- の、接尾に伴う脱落である。然るに、「音便を生じた形態素とそれに後続する形態素とのあいだには、話線上の偶然的連接とちがって、意味上あるいは機能上の緊密な結合がみとめられる。すなわち、音便は話線上のなかの、あるまとまりをあらわすのに役だっていると考え」[67] られた小松氏は、「係り結びの呼応において、結びの部分に形容詞連体形のイ音便があらわれないとか、連用中止法のばあいに動詞が音便形をとらないとかいう事実は、音便がそういう機能をもつことを逆からうらづけるものである」と続けられつつ、氏の「考え」を「逆から」補強されようと試みられた。しかし、平安時代に「音便形」を選ぶか否かは話し手の恣意に委ねられていたのであるから、謂わば俗語的であった筈の「音便形」の方に限り、斯かる「意味上あるいは機能上の緊密な結合がみとめれる」とは、凡そ考えられない。後続する語(又は、形態素)との間には、「非音便形」の場合では「緊密な」度合が低下するとでも言われるのであろうか。動作動詞の「中止法」が何故に「音便形」を取らないかに就いては既に述べてあるから、繰返さない。先ず、「係り結びの呼応に」於ける「結びの部分」の「連体形」は、形状動詞たると動作動詞たるとを問わず、凡て動名詞(verbal noun)と認められる[68]。先に見た形状動詞語幹に接尾する形態素 -(i)ki は、別に、動名詞たるの職能を附与する有意音でもあった。斯くて成った形状動詞の動名詞形は、中古語に於いて、一切(「終助詞」カナの続く場合を例外として)「音便形」を取らなかったのである。文中たると文末たると、動名詞の置かれた位置は問わなかった。唯それ丈の事である。

形状動詞の語幹に添加して副詞的職能を附与する形態素は、連結母音 -i- を伴った -(i)ku であった。而して、子音語幹には一方の異形態 -iku が接尾して悲シク kanas-iku の様な形を取り、母音語幹には他方の異形態 -ku が接尾して高ク taka-ku の様な形を取った。且つ、両異形態共、語幹への添加に伴って内的連声を生じ得た。連声の生起には、接辞の頭子音 k- を脱落させて「ウ音便」を作ったのであるが、軈て中世語に至って、母音連続(vowel sequence)の「長音化」と称される通時的音変化が起った為、現代京都語などに見られる様に、語幹と接辞の融合した長音化「ウ音便形」を取るに至った。此処にそれらを纏めて示そう。

taka-ku	→	高ウ	taka-ϕu	＞takoo
tuyo-ku	→	強ウ	tuyo-ϕu	＞tuyoo
samu-ku	→	寒ウ	samu-ϕu	＞samuu
kanas-iku	→	悲シュウ	kanas-iϕu	＞kanasyuu

中古語では、動作動詞に平行して、形状動詞の派生に於ける内的連声も亦、随意連声であったが、「イ音便形」は早くも鎌倉時代の中世語に、「ウ音便形」はやや遅れて中世から近世にかけて強制連声化して行き、遂に固定した文法形態と化したが故に、「長音化」なる通時的変化に随ったものである。ここに於いても小松氏は、

かばかり聞こゆるにても、おしなべたらむ志のほどを御覧じ知らば、い

かにうれしう、など〔ト、ソノ手紙ニ〕あり。　　（源氏物語・若紫）

との、「中止法」に見られた「音便形」の例を挙げられ、「したがって、〈後続する形態素との融合の指標〉ということでは、これを説明することができない。なにかそれとは別な要因が作用しているように見える」[69]と述べられて、氏の所謂「融合の指標」を以てしては、「音便」の起因問題が解き得ぬ儘に残された形と成っている。氏は、「動詞が連用中止にもちいられるときは音便形がもちいられないのに対し、形容詞では音便をとりうるといったこともある。動詞と形容詞とをならべて論じることの限界が、このあたりによくあらわれているといってよいであろう」[70]とも述べられている。確かに、形状動詞にあっては、上の『源氏物語』(1002年頃)の例を見る迄も無く、「中止法」の場合にすら「音便形」が用いられる。後続する語(又は、形態素)も無いのに、何故に「形容詞中止形」が「音便形」を取るのか。アメリカ構造主義理論に基づいて、既に1950年代迄に綿密に構築されていた形態論を、全く無視した伝統文法に従う限り、此の問題は永遠に未解決の儘と成ろう。伝統文法に謂う「連用形」とは全く架空の存在だったからである。先に述べた通り、ここに言う「ウ音便形」とは、実は、形状動詞語幹への接辞-(i)kuの添加に伴って生起する内的連声の生じた形である。此処には立派に形態素-(i)kuが接尾しているのであるから、内的連声を生起しても何らの不思議は無い。内的連声が生ずるか否かは、一に添加する接辞の性質に係っているのである。而して、形状動詞の副詞形(converb)を作る此の接辞-(i)kuは、連声を生じさせる性質のものであった。一方、動作動詞の順接副詞形を作る接辞-(i)は、連声を生じさせない性質のものであったのだ。之に就いては、既に述べてある。

日本語学上、「音便形」の本質乃至は起因に就いての問題は、言語学的に多角度からの追窮が要求される。此の小論では紙幅も無く、言い尽せぬ事どもも多々残されてはいるが、拙論の一応の大綱は此処に述べ得たので、是を以て章を閉じる。

註

1　此の語は橋本進吉、『新文典(初級用・上級用)』、東京(冨山房)1931–1936年、に初めて用いられた。

2　小松英雄、『日本語の世界7・日本語の音韻』、東京(中央公論社)1981年、179頁。猶、傍点は引用者。

3　山口佳紀氏は、カユなる「四段動詞」を仮定されるが、俄かには信じ難い。山口佳紀、『古代日本語文法の成立の研究』、東京(有精堂)1985年、620頁。

4　太古の日本語では、八母音が凡ゆる子音に後接して、又は単独で、音節を成したものと内的再構する事が出来る。清瀬義三郎則府、「日本語の母音組織と古代音価推定」、『言語研究』96、1989年、23–42頁(又は、清瀬義三郎則府、『日本語學とアルタイ語學』、東京(明治書院)1991年、211–230頁)参照。

5　高木市之助・五味智英・大野晋校注、『萬葉集・一(日本古典文学体系4)』、東京(岩波書店)1957年、353–354頁、及び大野晋・佐竹昭廣・前田金五郎編、『岩波古語辞典』、東京(岩波書店)1974年、961頁。

6　大野透、「音便—大野晋氏等の音便説を駁す」、『國學院雜誌』第81巻7、1980年、28頁。

7　『萬葉集・三(日本古典文学体系6)』、1960年、394頁。

8　大野(透)、前掲書、29頁。

9　上書、28頁。

10　帝國學士院蔵版、『假名遣及假名字體沿革史料』、東京(國定教科書共同販賣所)1909年、「摘用・音便」各頁。

11　濱田敦、「音便—撥音便とウ音便の交錯」、『國語國文』第23巻2、1954年、4頁(又は、濱田敦、『國語史の諸問題』、大阪(和泉書院)1986年、148頁)。

12　遠藤嘉基、『訓点資料と訓点語の研究』、京都(京都大學國文學會)1952年、133頁参照。

13　橋本進吉、『國語音韻史(講義集一)』、東京(岩波書店)1966年、258–260頁。

14　例えば、川上蓁、「音便の音声」、『國學院雜誌』第89巻8、1988年、1–13頁。高松政雄、「入声音と促音」、『國語國文』第59巻3、1990年、46頁。高松政雄、「音便—語結合点に於ける音節短縮としての—」、『國語國文』第59巻12、1990年、31頁。小松、前掲書、173頁。大野(透)、前掲書、31–32頁、など。

15　國語調査委員會編、『口語法別記』、東京(國定教科書共同販賣所)1917年、88頁。

16　橋本四郎、「「行ク」の音便」、『橋本四郎論文集・国語学編』、東京(角川書店)1986年、253–272頁。大野(透)、前掲書、33–34頁。柳田征司、『室町時代の国語』、東京(東京堂出版)1985年、74–77頁。其他。

17　奥村三雄、「サ行イ音便の消長」、『國語國文』第37巻1、1968年、38頁。

18　橋本、『國語音韻史』、259 頁。

19　本章、注 11 参照。

20　Ioão Rodriguez, *Arte da lingoa de Iapam*, Nangasaqui: Collegio de lapão, 1604–08, p. 28b.

21　本居宣長、前出『三音考』、47 丁裏。猶、先に引用した文章は、此処での「中略」の部分に当る。

22　山田孝雄、『平安朝文法史』、東京(寶文館)1952 年、5 頁。

23　國語調査委員會編、前掲書、端書 5 頁。

24　馬淵和夫、『国語音韻論』、東京(笠間書院)1971 年、119 頁。

25　遠藤嘉基、「音便」、国語学会編、『国語学辞典』、東京(東京堂)1955 年、119 頁。

26　阪倉篤義、「音便形」、上書、120 頁。

27　築島裕、『平安時代語新論』、東京(東京大學出版會)1969 年、458–459 頁。

28　馬淵、前掲書、91 頁。

29　上書、90–91 頁。猶、此のアクセント再構に就いても問題があると言う。こまつひでお、「音便機能考」、『國語學』101、1975 年、14 頁参照。

30　奥村三雄、「音便」、国語学会編、『国語学大辞典』、東京(東京堂出版)1980 年、124 頁。猶、アクセントの一・二類に就いては、金田一春彦、『国語アクセントの史的研究・原理と方法』、東京(塙書房)1974 年、61–73 頁参照。

31　馬淵、前掲書、91 頁。

32　亀井孝、「日本語の歴史」、亀井孝他編、『言語学大辞典』第 2 巻(『世界言語編・中』)、東京(三省堂)1989 年、1614 頁。

33　上書、1610 頁。

34　上書、1614 頁。

35　本章第 3 節「日本語動詞の語幹抽出」に詳論する。

36　亀井、前掲書、1611 頁。

37　阪倉、前掲書、120 頁。

38　奥村、「音便」、124 頁。猶、明らかに誤植と思われる個所を訂正の上引用。

39　こまつ、「機能考」、15 頁。

40　小松、『日本語の音韻』、183 頁。

41　こまつ、「機能考」、15 頁。

42　上書、同頁。

43　小松、『日本語の音韻』、183 頁。

44　上書、182–183 頁。

45　柳田、前掲書、78 頁。

46　上書、同頁。

47　野村剛史、「文法(理論・現代)」、『國語學』161、1990 年、20–30 頁。

48　上書、27 頁。
49　清瀬義三郎則府、『日本語文法新論』、東京（桜楓社）1989 年、141 頁。［本書所収（p. 185）］。
50　宮地裕、「モーフ（mooph）の論」、阪倉篤義監修、『論集・日本文学・日本語 5・現代』、東京（角川書店）1978 年、165 頁。
51　上書、168 頁。
52　野村、前掲書、27–28 頁。
53　古代語動詞の接尾組織に就いての詳細は、清瀬、『新論』、139–176 頁［本書所収第 3 編第 1 章］に譲って、本章では論を繰返さない。
54　「ラ変」の有リ ar-i・居リ wor-i は、継続動詞（durative verb）の職能を附与する形態素 -(s)i が添加して成った形である。詳細は上掲書、167–172 頁（［本書所収（pp. 204–209）］）参照。
55　高松、「音便」、27–28 頁。
56　上書、28 頁。
57　上書、29 頁。
58　上書、同頁。
59　上書、30 頁。
60　清瀬義三郎則府、「連結子音と連結母音と―日本語動詞無活用論―」、『國語學』86、1971 年、50–51 頁［本書所収（p. 11）］。
61　高松、「音便」、30 頁。
62　ハ行子音は中古語に於いても猶、p-/-p- であったと思われる。清瀬義三郎則府、「平安朝波行子音 P 音論」、『音声の研究』21、1985 年、67–81 頁参照。
63　小松、『日本語の音韻』、170 頁。
64　上書、182 頁。
65　G. J. Ramstedt, *A Korean Grammar*, Helsinki: Société Finno-Ougrienne, 1939, pp.60–61 参照。
66　山田孝雄、『日本文法論』、東京（寶文館）1908 年、228 頁。
67　こまつ、「機能考」、5 頁。
68　清瀬、『新論』、156–167 頁［本書所収（pp. 196–197）］参照。
69　小松、『日本語の音韻』、175 頁。
70　こまつ、「機能考」、16 頁。

第 4 章
所謂「二段活用の一段化」の起因
——音韻変化が文法変化を——

1. 史的変化の要因は？

古代語より現代語に至る日本語文法史上での最も大きな体系的変革は、「音便形」の定着に加えて、「終止形」即ち定動詞（finite verb）に代って「連体形」即ち動名詞（verbal noun）が述語動詞としての位置を占めるに至った事、並びに所謂「上・下二段活用」動詞がすべて語形を変えて「上・下一段活用」に同化吸収されてしまった事の二件が在る。

所謂「二段活用」の「一段化」は、古代（上代・中古）にも見られた特定語（第 6 節と第 7 節初頭に後述）を除けば、院政期（1068–1192）に先ず片仮名交り文に見え始め、鎌倉時代（1192–1333）の訓点語にも徐々に現れて来るが、室町時代（1336–1573）に至っても語（word）によって遅速の差があって一般化していなかった。文法史的に見ると、短い語は長い語より早く、活用型では「上二段」が「下二段」より早く、活用形では「終止・連体形」が「已然形」より早く、地域的には関東の方が上方より早く現れて、近世半ばに江戸語が「一段化」しても上方では猶「一・二段」併用期が続き、一般に「一段化」したのは近世後期であると言われている。

言語は史的に変化する。そこには変化を要求する何らかの要因が存在する。然らば、何が要因で「一段化」現象が生起したのであろうか。日本には国語学と呼ばれる独特の学派がある。「国語史研究なるものが、独善的かつ非近代的領域であり、一字違いの言語史研究とは無縁に近い。」［小松 1999: 004］との指摘があり、また「国語史研究の領域では、（中略）巨視的視野を欠いたまま微視的処理がなされてきた」［ibid.: 005］とも批判されている。

国語学では、それ(一段化)は「一段活用」への類推からであるとも、使用頻度の高い「連用形」が「終止・連体形」を同化して靡(なびき)[1]の「ル」を伴うようになったのだとも言われて来たが、果してそうであろうか。

先ず、類推説は当を得ていない。渡辺実氏も指摘される所［渡辺 1997: 104–105］であるが、中古語に「上一段」動詞は「イ(鋳・射)ル」「キ(着)ル」「ニ(似・煮)ル」「ミ(見・廻)ル」「ヰ(居・率)ル」のみで、複合動詞を入れても「オモンミ(惟)ル」「ココロミ(試)ル」「カヘリミ(顧)ル」「ヒキヰ(率)ル」等が加わる程度であり、「下一段」は「蹴ル」一つのみである。数において遙かに優勢な「二段」動詞が、劣勢な「一段」動詞の方に類推し、且つ吸収されよう道理が無い。そこで渡辺氏は、「連体」終止法の愛用を起因とした中世語上の一大変革たる「連体形」の「終止形同化」があったにも拘らず、「四段」「上一段」「下一段」の3種では依然として不変(即ち、元々「終止」「連体」同形)であり、この不変性が優性となって数の優劣関係を逆転させたのだと解された［ibid.: 106］。

同時代に並行していた「連体形」と「終止形」の合一化に巻き込まれる事によって「一段化」が生起したと見られる川端善明氏は、「一段活用化」した動詞は「旧二段活用連用形の音形態「-イ」「-エ」が靡の被覆によって保存され」るが故に、「それは語形が変ることによる語の意義の不安定性を救う」［川端 1997: 517］[2]という効果をもたらすのだと述べられ、これを承けた山口佳紀氏は、「一段化」の先駆けとなった単音節語幹の動詞が「二段に活用することは、たとえば連用形と終止形との間に共通の音節が存在しないことになって、その動詞がまさしくその動詞であると同定(identification)を施す上に、困難を生ぜしめる。」［山口 1985: 349］事になるからであると説かれる。つまり「ヘ(経)」と「フ(経)」は同語と意識されにくいからという訳である。しかし、山口氏の主張するように「語の同定を容易にするため」［ibid.: 376］が「一段化」の要因であったとは考え難い。因みに、中古語以降に発生した所謂「音便形」では全く逆の方向を示していて、「勝チテ」も「刈リテ」も「買ヒテ」も後に東国語(現標準語)では押しなべて「カッテ」となり、三語の語形上の区別が分節音素(segmental phoneme)上は全く失われてしまった例を見ただけでも、史的文法変化が話し手の「同定」意識など、謂わば人為的なものとは無関係であったと知られよう。

他に、中世初期の文献に見られる「一段化」の諸例は、完了の助動詞「リ」の「連体形」である「ル」が用法を誤って「四段」ならぬ「下二段」動詞の「連用形」に接続したものであるとの説（濱田敦氏）もあるが、凡そ賛同し得るものではない。

2.　音韻変化が文法変化を

要因を音声面から把えようとするのは柳田征司氏である。中世における［ye］の勢力拡大はハ・ワ行「下二段活用」に於いてであり、そこに生じた「ヤ行化動詞」kayete（変ヘテ）、kayuru（変フル）などは、その後の［ye］の衰退からそれぞれ「kaite、kairu に変じていく動きがあり、ヤ行上二段活用動詞を突破口に一段化を実現させてしまった」［柳田 1993: 73］のだと言われる。この説の当否は扨措くとしても、音韻変化が文法変化を惹起せしめた例は諸言語に多く見られる。ラテン語名詞の6（一部の名詞は7）格は、語末子音の弱化から古フランス語で2格となり、現在はゼロとなった。

日本語史に於ける所謂「サ行イ音便」の消長も、音韻変化が文法変化を惹起せしめた例である。「サ行イ音便」は平安時代（794–1192）半ばの十世紀に現れ、「指イテ」「出イテ」のような形を取って中世語に猶も残ったが、近世に至って衰退し軈て消滅した。消滅の起因に関しては諸説があるが、これは、破擦音（affricate）であったサ行子音が摩擦音（fricative）に変化した為であると筆者は解釈している。「四段活用」動詞の語幹は子音終止[3]であり、「サ行四段」動詞語幹の末尾子音はサ行子音である。中古語のサ行子音を口蓋化摩擦音 š（＝[ʃ]）とする説（馬渕和夫氏）も在るが[4]、多数説（安藤正次氏、亀井孝氏他）は古代（上代・中古）においては破擦音であったと見る。但し、それが直音的な c（＝[ts]）であったか拗音的な č（＝[tʃ]）であったかは、学説が区々であるが、ここではこれを非口蓋化の c と推定すると、上掲の2例はそれぞれ cac-ite、dac-ite の語幹末子音の脱落（所謂「イ音便」）により caø-ite、daø-ite の形が成立した事が分る[5]。語幹末のサ行子音（破擦音）が摩擦音に変化したが故に、「サ行イ音便」を生起させた因子が消滅して元の「非音便形」に復帰したのである。「四段活用」動詞であっても、語幹末が摩擦音の /s/ である場合に限り「音便形」即ち内的連声（れんじょう）(internal sandhi) が生起しない。因みに、現代語の「四段活用」動詞のうち「音便形」を欠いているのは「サ行四段」のみである。

サ行子音が破擦音 c から摩擦音 š に移行した時期は正確には分っていないが、チ・ツにおけるタ行子音の破擦音化（ti＞či、tu＞cu の変化）より以前であった事は確実であるから、鎌倉時代を降る事は無い。しかし、文法変化は保守的であって音韻変化に直ちには追随し得ず、完全に摩擦音化が終了した後もしばらく「サ行イ音便」はそのままの形で中世から近世半ばへと続いたのである。

以上の類例を踏まえて「二段活用の一段化」の真因に迫ろう。

平安時代に入るや上代特殊仮名遣が消滅し、甲・乙2類の別が消失した事が「二段活用の一段化」の直接の起因であった旨を、かつて筆者は10行余りの文に纏めて指摘した事がある[6]。今、改めてここに、特殊仮名遣の崩壊が「二段活用」動詞を必然的に「一段化」せしめたという言語史上の事実を、順を追って以下に証かす。

3.　現代語・中古語「終止・連体」両形の形態素分析

現代語の「着ル」「起キル」「受ケル」「置ク」は伝統文法に謂う「カ行に活用する」動詞である。これらを取り上げて動詞の形態素分析を試みよう。このうち「着ル」は語幹と語尾の区別が無いと一般に言われているが、形態素的には ki- が語幹（stem）であり、-ru が接辞（affix）である。膠着（agglutinative）言語の動詞では語幹が実質的意味を担い、接辞が文法的機能を担う。日本語の接辞には接尾辞（suffix）しかないから、文法的機能はすべて接尾辞が担う。同様にして「起キル」は oki-ru、「受ケル」は uke-ru と、各々2個の形態素に分ける事が出来る。これらは何れも「一段活用」の動詞であり、語幹は i か e の母音で終る。引き換え、「四段活用」の動詞の語幹は、先述した通り子音終止であって「話ス」は hanas-u、「読ム」は yom-u のように、それぞれ2個の形態素に分けられる。上掲の「置ク」は ok-u と分けられるから、その語幹は子音 k 終止である。

上例から「終止・連体」形の職能は -ru か -u の何ずれかが担うとの事実が知られ、且つ前者は母音終止の語幹に附き、後者は子音終止の語幹に附くところから、-ru と -u は職能を同じくする一接尾辞 -(r)u の異形態 (allomorph) であるとの事実も同時に知られる。括弧内の r は母音終止の語幹に接続するという環境では顕れるが、子音終止の語幹に接続するという環境では顕れない (即ち φ(ゼロ) 形式として顕れる)。反アルタイ論者 (anti-Altaicist) の一人である筆者は、アルタイ「語族」の存在を否定するが、日本語が構造的に所謂アルタイ諸言語と並行している事実は否定すべくもない。即ち、日本語はアルタイ型の一言語なのである。アルタイ型諸言語では多くの接尾辞にこの種の子音があり、これを連結子音 (union consonant) と呼んでいる。例えば、「ヲ」にあたる対格接尾辞は朝鮮語で -(r)ŭl であり、「学校ヲ」は hak-kyo-*r*ŭl となり「大学を」は taehak-ŭl (＝taehak-φŭl) となる。上記の日本語動詞接尾辞 -(r)u の膠着方式も、之と全く同様なのである。

現代語のカ行「上・下一段活用」動詞の「終止・連体形」の語形成 (word formation) を表1に示す。猶、「四段活用」動詞は本章の論旨と無関係であるが、対比のために前記「カ行」の例を掲げて置いた[7]。

表1　現代語「終止・連体形」の語形成

例語	語幹	接辞		接合形	成立形
「上一」着ル	ki-	-(r)u	→	ki-ru	＝ki-ru
「上一」起キル	oki-	-(r)u	→	oki-ru	＝oki-ru
「下一」受ケル	uke-	-(r)u	→	uke-ru	＝uke-ru
「四段」置ク	ok-	-(r)u	→	ok-φu	＝ok-u

文語文の依拠する平安時代中期の中古語の語法では、母音終止の語幹、即ち母音語幹 (vowel stem) を持つ動詞の典型的な「活用型」は「上一段・上二段・下一段・下二段」の4種である。殊に現代語の「下一段」動詞は、中古語ですべて「下二段」であった。中古語での「下一段」動詞は「蹴ル」のみであるが、この動詞は現代語では「四段」に変っている。これは接尾辞が

変ったのではなく、母音語幹であった ke- が、「ラ行四段」動詞への類推によって子音語幹（consonant stem）の ker- に変った為である。中古語と雖も「終止形」と「連体形」の接尾辞は -(r)u だった筈であるが、表2・表3に見られる通り、これは「上・下二段活用」の語形成には全く合致しない。

表2　中古語「連体形」の語形成

例語	語幹	接辞		接合形	成立形
「上一」着ル	ki-	-(r)u	→	ki-ru	＝ki-ru
「上二」起クル	oki-	-(r)u?	→	ok*u*-ru(?)	＝oku-ru
「下一」蹴ル	ke-	-(r)u	→	ke-ru	＝ke-ru
「下二」受クル	uke-	-(r)u?	→	uk*u*-ru(?)	＝uku-ru
「四段」置ク	ok-	-(r)u	→	ok-ϕu	＝ok-u

日本語もアルタイ諸言語に平行して、語幹は「命令形」に求められる[8]。同じく母音 i/e 終止の語幹でありながら、つまり同一環境にありながら、「一段活用」と違って「二段活用」の方はそれら語幹末母音を *u* に変えている。それでも「連体形」の方には「一段活用」に並行して靡（なびき）の「ル」を認め得るが、次の表3に示す「終止形」に至ってはそれらが脱落し、恰も子音語幹であるかの如くである。「一段活用」と同じく語幹末が i/e なのであるから、これまた環境的変種（environmental variant）とは考えられない。

表3　中古語「終止形」の語形成

例語	語幹	接辞		接合形	成立形
「上一」着ル	ki-	-(r)u	→	ki-ru	＝ki-ru
「上二」起ク	oki-	-(r)u?	→	ok-ϕu (?)	＝ok-u
「下一」蹴ル	ke-	-(r)u	→	ke-ru	＝ke-ru
「下二」受ク	uke-	-(r)u?	→	uk-ϕu (?)	＝uk-u
「四段」置ク	ok-	-(r)u	→	ok-ϕu	＝ok-u

前掲の表2・表3を見るに、「連体形」の「起クル」と「受クル」並びに

「終止形」の「起ク」と「受ク」は造語法的に見て如何にも不自然であり、当然の事として現代語と同様にそれぞれが「上一段」と「下一段」に落ち着いて、両「活用形」ともに「起キル」「受ケル」の形を取るべき筈であった。その「当然の事」が中世語に至るを待って漸く始るのである。

4.　上代語「終止・連体・已然」三形の形態素分析

中古語の「二段活用」に見られる不安定な「終止形」「連体形」は、特殊仮名遣の未だ保持せられていた前代の上代語から、謂わば惰性的に受け継がれた形であり、特殊仮名遣が崩壊した後の中古語に猶も残る「二段活用」形式は、当然消え去るべき筈のものであったのだ。

言語学的に言えば、「特殊仮名遣」とは、濁音節を含めた上代語の、総計88音節の漢字転写（Chinese transcription）に於ける使い分けであり、また国語学に謂う「特殊仮名遣の崩壊」とは、母音の合流（merger）によって8母音体系が5母音体系へと移行した音韻変化（sound change）の謂いに他ならない。以前に筆者が論じた所であるが、中舌母音（central vowel）では、高段（high）の乙類イ（ï）と中段（mid）の乙類エ（ë）が夫々の前舌母音（front vowel）である甲類イ（i）と甲類エ（e）に合流し、後舌母音（back vowel）では、高段の甲類オ（o）が中段の乙類オ（ö）に合流したのである[9]。上に88音節と記したが、これは飽くまでも現存する上代文献に記録された音節数であって、筆者とほぼ同様に村山七郎氏も相前後して論ぜられた通り、さらに時代を遡った太古にあっては、8母音があらゆる子音と結合し、また単独でも音節を成し得たものと史的言語学の上から内的再構（internal reconstruction）する事が出来る[10]。此の説に対する反論を未だ見ない。国語学的に表現すれば、キ・ヒ・ミ、ケ・ヘ・メ、コ・ソ・ト・ノ・モ・ヨ・ロ以外のイ段・エ段・オ段の全音節にも甲類・乙類の別が存在したという事である。

上代語に於けるカ・ハ・マ各行（及びガ・バ各行）の「上二段」動詞の語幹末母音は乙類のïで、「起ク」の語幹はokï-、「恋フ」の語幹はkopï-[11]、「恨ム」の語幹はuramï-であったが、文献時代以前の太古にあっては、あらゆる「上二段」動詞の語幹がïで終った。即ち「落ツ」は*otï-（*ötï-の可能性もあるが、以下にそれらは略す)、「老ユ」は *oyï-、「懲ル」は *körï- の如くであった。同様にして、カ・ハ・マ各行(及びガ・バ各行)に限らず、あらゆる「下二段」動詞の語幹末母音は乙類の ë であった。即ち「得」は *ë-、「明ク」は akë-、「寄ス」は *yöcë-、「出ヅ」は *idë-、「絶ユ」は *tayë-、等々の如くであった。

これらの語幹に -(r)u が接尾して「連体形」を造る時に、「上二段」動詞では語幹末の乙類母音 ï を *u* に交替せしめて、前掲の諸言語はそれぞれ ok*u*-ru、kop*u*-ru、uram*u*-ru、ot*u*-ru、oy*u*-ru、kör*u*-ru の形を取り、また「下二段」動詞では語幹末の乙類母音 ë を *u* に交替せしめて、前掲の諸言語はそれぞれ *u*-ru、ak*u*-ru、yöc*u*-ru、id*u*-ru、tay*u*-ru の形を取った。故に、「連体形」を造る接尾辞は単なる -(r)u ではなく、直前の語幹末母音 ï と ë を *u* に交替せしめる機能を有する代替母音(alternate vowel) *u* を伴う -^{u}(r)u であったと認める事が出来る(左肩に小さく示した *u* が代替母音)。つまり、代替母音の *u* が作用して語幹の okï- や akë- がそれぞれ ok*u*- や ak*u*- に変り、そこに -(r)u が膠着して ok*u*-ru「起クル」や ak*u*-ru「明クル」が形成されたという事である。

ここに便宜上 “代替母音” と呼んだが、実際は同化(assimilation)による或る種の(後世の「音便形」とは別の)内的連声で、その生起を明示するために -^{u}(r)u と表記したに過ぎない。この代替母音は中舌[12]の乙類母音 ï、ë には作用しても、何故かは明らかにし得ないながら甲類 i には作用しなかった。従って、「上一段」動詞の「連体形」は現代語や中古語に於けると全く同形で、「着ル」は ki-ru、「似ル」は ni-ru、「見ル」は mi-ru 等々の形を取った。「四段活用」動詞の語幹末は子音であったから、代替母音とは無関係であり、且つ連結子音の r も潜在して顕れないので、これも現代語・中古語と同形であり「置ク」は ok-u、「申ス」は mawoc-u、「待ツ」は mat-u 等々の形を取った。

上代語「上一段・上二段・下二段」動詞の「連体形」の語形成を纏めて表4に示す。「四段活用」は本章の論旨と無関係であるが、ここでも対比のためにこれを含める[13]。中古語に唯一の「下一段」動詞である「蹴ル」の語幹は、上代語では「下二段」型の *kuwë- であったから、周知の事ながら、「下一段活用」なるものは奈良朝(710–784)及びそれ以前には存在しなかった。

表 4　上代語「連体形」の語形成

例語	語幹	接辞		接合形	成立形
「上一」着ル	ki-	$-^{u}$(r)u	→	ki-ru	= ki-ru
「上二」起クル	okï-	$-^{u}$(r)u	→	ok^{u}-ru	= oku-ru
「下二」受クル	ukë-	$-^{u}$(r)u	→	uk^{u}-ru	= uku-ru
「四段」置ク	ok-	$-^{u}$(r)u	→	ok-ϕu	= ok-u

先に「上・下二段」動詞の「連体形」の語例として列挙したと同じ動詞の語幹に -(r)u が接尾して「終止形」を造る時、「上二段」動詞では語幹末の ï を ϕ（ゼロ）化して落し、あたかも子音語幹であるかの如く、それぞれが「起ク」ok-u、「恋フ」kop-u、「恨ム」uram-u、「落ツ」ot-u、「老ユ」oy-u、「懲ル」kör-u、の形を取った。同様に「下二段」動詞でも語幹末の ë を ϕ（ゼロ）化して落し、それぞれが「得」-u、「明ク」ak-u、「寄ス」yoc-u、「出ヅ」id-u、「絶ユ」tay-u の形を取った。先に見たように、「連体形」を造る接尾辞は代替母音 *u* を伴った $-^{u}$(r)u であったが、「終止形」を造る接尾辞の方は、直前の語幹末母音の ï と ë を ϕ（ゼロ）化して脱落せしめる機能を有する代替母音 ϕ を伴う $-^{\phi}$(r)u であったと認める事が出来る。つまり、代替母音 ϕ の作用により語幹の okï- や akë- がそれぞれ okϕ- や akϕ- に変り、そこに -(r)u が連結子音の r の潜在した形で膠着して okϕ-u「起ク」や akϕ-u「明ク」が形成されたという事である。

ここでも便宜上“代替母音”と呼んだが、実際は一種の内的連声である。「終止形」の連声が「連体形」と異なるのは、これがアクセントを異にする別個の接尾辞だったからである[14]。何故かこの代替母音も語幹末の甲類 i には作用しなかったので、「上一段」動詞の「終止形」は現代語や中古語に於けると同形で「着ル」は ki-ru、「似ル」は ni-ru、「見ル」は mi-ru 等々の形を取った。「四段活用」動詞の語幹は子音終止であったから、代替母音とは無関係であり、連結子音も顕れず、従って「連体形」の場合と同様に「置ク」は ok-u、「申ス」は mawoc-u、「待ツ」は mat-u 等々の形を取った。前掲「カ行」動詞を例にこれらを一括して表5に示す。

表5　上代語「終止形」の語形成

例語	語幹	接辞		接合形	成立形
「上一」着ル	ki-	-$^{\phi}$(r)u	→	ki-ru	=ki-ru
「上二」起ク	okï-	-$^{\phi}$(r)u	→	ok$^{\phi}$-ϕu	=ok-u
「下二」受ク	ukë-	-$^{\phi}$(r)u	→	uk$^{\phi}$-ϕu	=uk-u
「四段」置ク	ok-	-$^{\phi}$(r)u	→	ok-ϕu	=ok-u

以上に見てきた「連体形」「終止形」のみならず、「已然形」もまた「一段活用」と「二段活用」とでは語形を異にする。古代語の「已然形」が形の上では現代語の「仮定形」に相当するのであるが、この形が単独で現代文の中に現れる事は無く、これは「助詞バ」に続く形であると伝統文法は説明する。しかし、「着レバ」ki-reba、「受ケレバ」uke-reba、「置ケバ」ok-ebaの様な形を取って始めて一語を成し、形態素的には、条件(仮定)の意味を表す接辞の -(r)ebaがそれぞれの語幹に接尾した形なのである。現代語の「仮定形」とは、上掲の諸形から形態素にも該当しない末尾音節のbaを除去した無意味な形に過ぎないのであるが、上代語や中古語に於ける「已然形」には単独での用法もあって、譲歩の意味を表した。事実は相関語句(correlative)の一つに過ぎないのであるが、国語学的伝統文法に「係助詞コソ」の「結び」と言われているものがそれに当る。

所謂「已然形」を造る上代語の接尾辞とは *-^{u}(r)ë と表記し得るものであって、見られる通り、連結子音の r に加えて“代替母音”の *u* を伴っていた。これまでに挙げた各「活用型」語例のこの接尾辞による語形成を表6に一括して示す。

表 6　上代語「已然形」の語形成

例語	語幹	接辞		接合形	成立形
「上一」着レ	ki-	*-^{u}(r)ë	→	*ki-rë	= *ki-rë
「上二」起クレ	okï-	*-^{u}(r)ë	→	*ok^{u}-rë	= *oku-rë
「下二」受クレ	ukë-	*-^{u}(r)ë	→	*uk^{u}-rë	= *uku-rë
「四段」置ケ	ok-	*-^{u}(r)ë	→	ok-ϕë	= ok-ë

富士谷成章（ふじたになりあきら）の所謂「靡伏（なびきふし）」[15] の実態はこの様なものであり、上記の接尾辞の他、更に因由を表す *-^{u}(r)ëba や譲歩を表す *-^{u}(r)ëdö、*-^{u}(r)ëdömö の膠着したものも含まれるのであるが、伝統文法では「已然形」に「助詞バ・ド・ドモ」が接続したものと説かれている。

「二段活用已然形」は中古語にも受け継がれたのであるが、上代特殊仮名遣の崩壊後であるから極めて不安定な存在であり、やがて「上・下二段活用已然形」が共に各「一段活用已然形」と同形と成って安定した。中世及びそれ以降の事である。

5.「二段活用の一段化」の真因は

上代語は、日本語の音韻史に於いて過渡期の言語であった。太古にあっては 8 母音のすべてが、その当時のあらゆる子音と結合し、また単独でも音節を成し得た事は前節に述べた。奈良時代は 8 母音を有した日本語の最後の時代であって、子音 ϕ- と y- の別であったエの甲・乙類別を除き、わずか 13 音節（及びその濁音節）にのみ甲・乙類別を残した。そのうち、mo と mö の別は 8 世紀早期の『古事記』(712) の頃を最後として、失われてしまい、9 世紀に入るや、ko と kö の別のみは昌住撰『新撰字鏡』(901) の頃まで残ったものの、5 母音体系の中古語へと移行したのである。

斯くて、平安時代には既に乙類母音の ï と ë は、それぞれが甲類の i と e に合流し、もはや存在しなかったのであるから、それまでの「上二段」の語幹末は「上一段」と同じ i に、同じく「下二段」の語幹末は「下二段」と同じ e に成ったが為、「終止・連体・已然」各形を造った接尾辞 -$^{\phi}$(r)u、-^{u}(r) u、*-^{u}(r)ëの代替母音ϕとuは語幹への膠着に全く作用しなくなった。正確に言えば、語幹末のïやëに生起した内的連声が存在しなくなったという事なのであるが、その結果、それぞれの接尾辞表記から代替母音を落して、「終止形」は-(r)u、「連体形」も-(r)u、「已然形」は-(r)eと成ったのである。見られる通り、「終止形」と「連体形」の接尾辞は共に-(r)uで、アクセントは異なるものの、分節音素では完全に同形となり（前掲の表2・3参照)、このときから「終止」「連体」の両形は合一すべく方向づけられていたのである。中世に於ける「連体」終止法、即ち動名詞文（所謂余情終止法で、現代語「…スルノ」に当る文）の愛用を誘因にあらゆる「活用型」で（「終止形」が消滅して）両形が合一し（前出、渡辺氏)、その合一に巻き込まれて「一段化」が起きた（前出、川端氏）とも言われているが、「二段活用の一段化」の起因は、それとは全く異なるところにあったという事である。

上代特殊仮名遣の甲・乙2類の別が失われた結果として「上一段」型と「上二段」型の語幹は同形となり、新たに参入した「下一段」型と従来からの「下二段」型の語幹も同形と成って、中古語での「着ル」「起ク」や「蹴ル」「受ク」の語幹がki-、oki-やke-、uke-であった事は表2と表3に示した通りである。ここに「二段活用」を「一段活用」と区別すべき因子は、音韻的には完全に消滅したにも拘らず、それ以前に形成された「二段活用」的文法形態は、先に例として挙げた「サ行イ音便」の消長に見られたが如く、音韻変化の急激な速度には追随し得ずして、そのままの形態で保守的に中古語へと受け継がれて行ったのである。しかし、「二段活用」を支えた因子は既にして消え去り、最早そこには存在しない以上、その「活用」形態は極く不安定であり、中世に至って次第に安定化の道を辿る事になる。この安定化が「二段活用の一段化」と言われるものの実体である。平安時代の初頭から、「二段活用」が早晩「一段活用化」すべき運命にあったのだ。先に奈良時代が音韻史上の過渡期であった旨を述べたが、平安時代は文法史上の過渡期だったのである。

「下二段」型の派生語幹（derivational stem）を造る接尾辞（所謂「助動詞」）のうち、受動や可能を表す*-(r)arëや使役を表す-(a)cimë-[16]も、前者は奈良朝以前に「レ」の甲・乙類別が失われ、後者は平安朝初頭に「メ」の甲・

乙類別が失われて、共に「下一段」型に変ったのであるが、しばらくは惰性が続いて文法上は「下二段」形態を保ち、書記言語(written language)でこれらが一般に「一段化」したのは江戸時代(1603–1867)も後期に入ってからである。

6.　上代語に於ける「二段活用の一段化」

上代の文献に既に「二段活用の一段化」の萌芽が見え始めているとも言われている［橋本 1951: 201–203 他］。「上一段」の「ヰ(居)ル」には、『日本書紀』(720)「崇神紀」10 年に見える「悔テ之急菟岐宇(ツキウ)」の註記や『万葉集』(Ⅷ c. 末)巻十・1912 の「立ツトモ雖居君ガマニマニ」の「雖レ居」が「ウトモ」と読める事実などから、上代に「上二段」の「ウ(居)」という形があったと言われる。音節ヰの甲・乙類別が奈良時代には既に失われていたのであるから、古く *wï- であった語幹が wi- に変って「一段化」したものと思われる。「ヰル」が文法的安定化の最も早い例であると言えよう。

『古事記』(712)「神代」に「何由以(中略)哭伊佐知流(イサチル)」、「哭伊佐知流(イサチル)之事」、「啼伊佐知伎(イサチキ)也」とある通り、本来は「イサチル」なる「上一段」動詞であったものが、時代を降った『日本書紀私記』(Ⅸ – Ⅹ c.)には「以二哭泣(ナキイサツルヲ)一爲レ行」(「神代紀」上)、「進退(シジマヒ)而血泣(イサツ)」(「垂神紀」5 年)のように「上二段」に訓まれている。単純には「これは、文献から見ると、むしろ上一段の方が古いと思われ、上一段の上二段化した例ということになる」［山口 1985: 350］と考えられよう。しかし、そう単純に考えて良いものなのか。阪倉篤義氏は『私記』に記された訓みに就いて「あるいはそれらには、実際に上代に存在したものではなくて、書記訓読のための用語として、あらたに造語されたものもあつたであらう」と言われ、さらに「その造語にあたつて(中略)多数の古語の語構造にもとづいて、いかにも古質な語めかしく形成されたものもあつたにちがひない」［阪倉 1966: 209］と断ぜられた。多音節幹の「イサチル」に、恐らくは後人が「二段化」した訓みを附したものであろうと思われる。言語学的に言えば、誤れる回帰(false regression)という事になる。一般に、後の「一段化」が「語の同定を容易にするため」(前出、山口氏）に起ったわけでは勿論ないのだが、先ずは単音節の「二段活用」型語幹の動詞から文法的安定化が始ったという傾向だけは確かで、「イサチル」の様な多音節語幹に誤れる回帰が生じたとしても不思議ではない。

祝詞「出雲国造神賀詞」に、「荒布留神等」、祝詞「六月晦大祓」に「荒振神等」、『古事記』「神武」に「荒夫琉国神」とある。これに対して、宣命「六十二詔」に「荒備流蝦夷等」、祝詞「鎮火祭」に「心荒比留波」とあるのも上代語に於ける「一段化」の例と見られているが、「上一段」とは言いながら、「備」は乙類ビ（bï）であって疑わしいし、「比」は甲類ではあっても清音仮名のヒ（pi）である。誤記（clerical error）の疑いもあろう。しかも、宣命の「第六十二詔」は789年のもので、その資料である『続日本紀』が797年の撰、祝詞の資料である『延喜式』が927年の撰であるから、その当時の「上一段」が投影された可能性もあるので疑問は残る。

「上一段」動詞の「ミ（廻）ル」は、「連用形」が乙類の「未」mï（『万』3867）である事実を根拠に、此の語は古く「上二段」動詞の「ム（廻）」であったと言われている［有坂1957: 533–542］。この説は正しかろう。しかしながら、『古事記』「神代」に見られる「一段活用連体形」の例である「微流島」「微流礒」の「微」が乙類のミ（mï）である事実を重視して、これを以って本来が「二段活用」だった証しであると看做す所説は、その発想が全く逆であると言わざるを得ない。語幹が乙類ミ（mï）であったのなら、上例の如く「上一段」型で表現される筈が無い（mï-ᵘ(r)u は mu-ru と成る）からである。上例は、口承段階でか書写段階でか、とまれ文法的に過誤（lapse）であると認められよう。抑々、万葉仮名「微」の用法には問題がある。かの有名な「八雲立ツ出雲八重垣」には、『古事記』「神代」では「都麻碁微爾」と続くが『日本書紀』「神代紀上」では「菟磨碁昧爾」と続くのである。「沖ツ島コギ廻舟ハ」（『万』357）、「敏馬ノ埼ヲコギ廻バ」（『万』389）の訓読は、実は「ミル」「ミレ」ではなくて、それぞれ「ムル」「ムレ」が正しかったのではあるまいか。因みに、動詞由来名詞（deverbal noun）形たる「ミ（廻）」の複合語である‘磯廻’は「伊蘇未」（『万』3954）・「伊素未」（『万』3599）と、‘島廻’は「之麻未」（『万』3991、4398）と、また‘浦廻’は「宇良未」（『万』3641）・「裏未」（『万』1799）・「浦箕」（『万』1671）と、何ずれも乙類ミ（mï）の仮名を用いて名詞形(分節音素は「連用形」と同形)を記述している。上代語に「上一段」の「廻ル」は無かったかに思われる。

7.　文法的「安定化」へ

上代語の「フ(乾)」「フ(嚔)」が「ヒ(乾)ル」「ヒ(嚔)ル」に変ったのは、語幹の乙類ヒ (pï-) が甲類化した直後の平安朝初頭の事であるから、両語の「一段化」は前節に論じた「ヰ(居)ル」に次いで早いものである。或いは同じく前節に論じた「アラ(荒)ビル」や「ミ(廻)ル」も此処に入るのかも知れない。その後は、乙類母音の ï/ë がそれぞれ甲類の i/e に合流して「二段活用」型語幹を「一段活用」型語幹と区別すべき要因が消滅したにも拘らず、前代から受継がれた形態が不安定なままに伝えられ、漸く院政鎌倉期に至って安定化の萌しが現れ、「ヘ(経)ル」「アビ(浴)ル」など一部の動詞に「一段化」が見え始める。しかし、言文二途の時代が続いた為、それまでの全「二段」動詞にこれが一般化するのは遙かに遅れ、書記言語では江戸時代の半ばを過ぎてからであった事は先に論じた通りである。

言語は常に保守的である。或る種の変化が生起すると、必ずやその反動が見られる。平安時代には「音便形」と「非音便形」とが併存していて、その何ずれを採るかは話し手の恣意により、和歌や文学作品のような謂わば洗練された文には「音便形」は好まれず、点本など(その当時の)俗語を反映する文に主として用いられた[17]。同様にして、一つの動詞に「二段活用」形式と「一段活用」形式の併存した江戸時代前期までは、「一段化」された形は俗語的なものとして知識人らには好まれなかったと考えられる。上層階級に属した彼等が「一段化」動詞の使用を意識的に回避したからこそ、「試ム」「顧ム」「用ウ(フ・ユ)」のような「一段活用の二段化」とでも称すべき逆行現象が生じたのである。これは過剰修正 (hypercorrection) であるから、文法史(言語史)上の問題では勿論ない。

庶民階級の実際の話し言葉に於いては、特殊仮名遣の崩壊後さして時を経ず、かなり早い時期に「一段化」した形態が一般化して行ったのであろうが、それらは記録に残されず、正確な時期を特定し得ないのである。特定し得ずとも、書記言語として文献に現れ始めたのが、庶民の口頭言語（spoken language）より遙かに遅れた時代であったと考えて良い。ともあれ、文法的安定化の動向は、人為を以ってしても拒むを得ず、現代中央語では完全に「一段化」を終えて安定化が完了してしまっている。

上代語「下二段」系に由来する「下一段」動詞とは別に、江戸時代を通して発達し、現代語に入って更に進出した「下一段」可能動詞の「書ケル」や「読メル」の類いは、子音語幹に -e-ru が附いて kak-e-ru や yom-e-ru の形を取ったものである。可能を表す派生語幹を造る接尾辞の -e- は、子音語幹にのみ膠着して母音語幹には附かない。即ち、可能動詞と呼ばれるものは、子音語幹の動詞からのみ造られて母音語幹の動詞からは造られないという実に変則的な存在なのである。

最近、「見レル」「起キレル」「寝レル」のような所謂「ラ抜き言葉」が一般化しつつあるが、未だ俗語として扱われて規範文法（normative grammar）上は許容されていないし、書き言葉、殊に地の文（narrative sentence）には先ず用いられない。これは、可能を表す派生接尾辞（derivational suffix）の -e- が、子音語幹にのみ膠着するという不安定性を除去すべく、連結子音 r を有する -(r)e- に移行し、その結果、母音語幹にも膠着して mi-re-ru、oki-re-ru、ne-re-ru のような形を取り始めたという事なのである。このような語形は現在も猶、高年齢層には好まれず、聞くに若干の違和感を禁じ得ないであろうが、その趨勢は人為的に抗すべくも無く、遠からず可能の派生接尾辞 -(r)e- が定着して安定化するに違いない。これが文法変化の動向なのである。

註

1　富士谷成章（1738–1779）の用語。「見ル」の「ル」の類い。「見レ」の「レ」は靡伏（なびきふし）と呼ばれる。［富士谷 1778: 9a–10b］の「装図（よそひづ）」参照。

2　初出は［川端 1982: 197］である。

3　詳しくは［清瀬 1989a: 51–53］または［Kiyose 1995: 46–48］、［清瀬 1991: 3–70］、及

び［城田 1998: 19–22］参照。

4　断定は避けているが、橋本進吉氏の所説もこれに近い［橋本 1996: 221、259］。

5　［清瀬 1994: 292–291、273–270］に既に論じてある。

6　［Ibid.: 274］。同稿に、国語学に於ける従来の所説が簡潔に批判してある。

7　同じく無関係であるが、「カ行変格活用」「サ行変格活用」に就いては、［清瀬 1989a: 76–77］または［Kiyose 1995: 67–68］参照。

8　語幹を「連用形」に求める説（大野晋氏）もあるが、語幹が「命令形」にある事は、日本語と構造的に完全に並行するアルタイ諸言語の動詞が示唆する。［清瀬 1989a: 142–145］参照。

9　それぞれを推定音価で示せば、ï[ɨ]＞i[i]、ë[ə]＞e[e]、o[u]＞ö[o]という変化である。詳細は、［清瀬 1989b］または［清瀬 1991: 211–230］参照。筆者は上代語5母音説（三宅武郎氏、菊澤季生氏、ローランド・ラング氏、松本克己氏他）乃至は6母音説（服部四郎氏、早田輝洋氏）や7母音説（森博達氏）に賛同しない［loc. cit.］。

10　［村山 1988（11月30日）: 9–10］及び［清瀬 1989b: 39–40］（論文受理日 1988年7月29日）または［清瀬 1991: 228–230］参照。

11　奈良朝のハ行子音をΦ（所謂F）とする通説には従いがたい。［清瀬 1985］または［清瀬 1991: 162–179］参照。

12　上代8母音の推定音価に就いては、本章注9参照。

13　同様に無関係であるが、上代語の「カ行・サ行・ナ行変格活用」に就いては［清瀬 1989a: 151–155］、且つ「ラ行変格活用」に就いては［Ibid.: 167–172］または夫々［清瀬 1991: 91–95、105–110］参照。

14　代替母音表記を除けば同形と見える接尾辞 -(r)u が、何故に斯かる2種類の異なる連声を惹起したのかに就いては［清瀬 1989a: 153–154］にやや詳しく論じてある。猶、東歌では、「終止形」末の母音がウ段であるに対し、「連体形」末の母音は甲類オであった。

15　本章注1参照。

16　括弧内の a は連結母音（union vowel）で、子音語幹に附く時にのみ顕れる。従って、「未然形」に「シム」が接続しているわけではない。現存の上代語資料にこそ用例を見ないが、使役には、他に、中古語の形から *-(c)acë- という「下二段」型の接尾辞も内的再構する事が出来る。現代語では「下一段」型の -(s)ase- に成っている。

17　詳しくは［清瀬 1994: 268］を参照。

参考文献

有坂秀世

1957『國語音韻史の研究・増補新版』三省堂、東京。

富士谷成章

1778 『あゆひ抄』第6冊「おほむね下」秋田屋平左衛門・天王寺屋市郎兵衛、京都。

橋本進吉

1951 『上代語の研究』岩波書店、東京。

1966 『國語音韻史』岩波書店、東京。

川端善明

1982 「動詞活用の史的展開」川端善明他編『講座日本語学2・文法史』明治書院、東京、184–216頁。

1997 『活用の研究II』清文堂、東京。

清瀬（清瀨）義三郎則府

1985 「平安朝波行子音P音論」日本音声学会編『音声の研究・第21集』日本音声学会、東京、73–87頁。

1989a『日本語文法新論——派生文法序説——』桜楓社、東京。[本書所収]。

1989b「日本語の母音組織と古代音価推定」『言語研究』96、23–42頁。

1991 『日本語學とアルタイ語學』明治書院、東京。

1994 「所謂『音便形』の起源と成立」日本語語源研究会編『語源探求4』明治書院、東京、298–264頁。[本書所収]。

Kiyose, Gisaburo N.

1995 *Japanese Grammar: A New Approach*, Kyoto University Press, Kyoto.

小松英雄

1999 『日本語は何故変化するか』笠間書院、東京。

村山七郎

1988 『日本語の起源と語源』三一書房、東京。

阪倉篤義

1966 『語構成の研究』角川書店、東京。

城田　俊

1998 『日本語形態論』ひつじ書房、東京。

渡辺　実

1997 『日本語史要説』岩波書店、東京。

山口佳紀

1985 『古代日本語文法の成立の研究』有精堂、東京。

柳田征司

1993 『室町時代を通して見た日本語音韻史』武蔵野書院、東京。

あとがき

言語とは意味を伴った音声である。それは叫び声などと違って、構造が分析的である。そこで音素を単位に採り、用言の形態素を分析してみると、動詞の語幹に接尾辞が連接して新しい語幹を次々に派生し、意味を変えてゆく姿が見えて来る。この見方を基本として日本語全般の分析を試みつつ書き下ろした一書が、旧著の『日本語文法新論―派生文法序説』(桜楓社、1989)である。同書は、海外では東西の主として日本語学者に、国内では更に日本語の形態素解析に携わる工学系の研究者にも、「活用の無い文法」として受け入れられて来たようであるが、久しく絶版となっていた。

先年、日本言語学会秋季大会の書籍展示場でひつじ書房の松本功社長にお逢いした折に、上述の旧著を同社より再刊して戴けないものかとお伺いした所、単なる改訂版とかいうのではなく、他の拙論文をも収録して一学術書として出すのであれば、それは可能であるとの有難い御返事があった。実は、この旧著『日本語文法新論』を上梓するに際し、その編集を担当されたのが当時は桜楓社(現おうふう)に居られた若き日の松本氏であったのだ。拙著の刊行されたその翌年、氏は同社を辞し、ひつじ書房を創設されたのである。このような経緯から社長兼編集長の松本功氏には、本書の出版を以て二度に亙る御配慮に預かることとなり、ここに深甚の謝意を表すと共に、本書を担当して下さった板東詩おり氏にも厚く御礼申し上げたい。

本書は、私が今までに公にした多くのものの中から、日本語の文法論に関する和文の論文・著作のみを集めて一書に編んだものである。謂わば著作集であるから、本書に収めた各章を成す論文は総じて原文のままである。但し、文法用語等は全章を通して同じ術語に統一した。一書としての体裁を整えるため、縦書きの論文は横書きに直した。仮名遣いは全て現代仮名遣いに統一した。

全章を内容から三編に分かち、各編に序言と題する解説的な一文を付しておいた。序言の方は各章本文とは異なり、旧著から序文その他の文章を部分的に引用し、その上に加筆修正を施して各編のために今回書いたものである。

ここに本書所収各論文・著作の初出掲載誌・掲載書の一覧を記しておこう。

第 1 編

序言は「連結子音と連結母音と―日本語動詞無活用論」(『國語學』86、1971、pp. 56–42 = 左 13–27) 冒頭の「はじめに」(同書、pp. 56–55 = 左 13–14)の末尾に数行ほど補筆したもの。

第 1 章は、同上論文の第 1 節「1. 連結子音」以下の全文(『國語學』86、1971、pp. 55–42 = 左 pp. 14–27)。

第 2 章は「日本語の膠着語的性格―日本語の動詞は活用などしない〈上・下〉」(大修館『月刊言語』17: 3、1988、pp. 86–91; 17: 4、1988、pp. 72–86)。

第 3 章は「現代日本語動詞接尾組織考―伝統文法批判」(『姫路獨協大学外国語学部紀要』3、1990、pp. 153–167)。

第 2 編

序言は旧著『日本語文法新論―派生文法序説』(東京：桜楓社、1989) の「序文」(同書、pp. iii–v)の一部を省略、短縮したもの。

第 1 章〜第 5 章は同上旧著の本文、第 1 章〜第 5 章(同書、pp. 1–137)。

第 3 編

序言は上記旧著『日本語文法新論―派生文法序説』の「跋文」(同書、pp. 177–179)の一部分に数行を補筆したもの。

第 1 章は同上旧著の付録「古代日本語の動詞接尾組織」(同書、pp. 139–176)。

第 2 章は「上代語『加行延言』又は『久語法』の本質」(日本語の伝統と現代刊行会編『日本語の伝統と現代』、大阪：和泉書院、2001、pp. 229–249)。

第 3 章は「所謂『音便形』の起源と成立―日本語動詞の形態素分析に寄

する」(日本語語源研究会編『語源探究 4』、東京：明治書院、1994、pp. 298–264 =左 67–101)。

第 4 章は「所謂『二段活用の一段化』の起因—音韻変化が文法変化を」(大阪外国語大学言語社会学会『Ex Oriente「えくす・おりえんて」』2、1999、pp. 137–155)。

外国人向けの日本語の入門テキストは、大抵ローマ字書きの日本文から入るにも拘らず、一昔前は、説明の全てが日本の学校文法そのままで、例えば動詞の yomu (読む) の語幹は yo- (読) であるとし、yo-ma, yo-mi, yo-mu, yo-me…をその変化形として教えていた。これは、日本の文字 (漢字・かな) での書き分けの諸形を恰も語形変化と取り違えて、それをローマ字に直したものに過ぎないのだが、今も尚、多くがそのような説明を踏襲している。しかし最近では派生文法に倣って yom- を子音語幹とし、mi- (見) や tabe- (食べ) を母音語幹として教え、前者に -are-ru を附け、後者には -rare-ru を附けて受け身動詞を作ると説明するテキストも見られるようになった。更に、上の両形を一つに併せて -(r)are-ru の形で教えるテキストの在るを知り、私は大いに意を強くしている。これこそ私の唱える受け身の派生接尾辞であり、この (r) も同じく連結子音だからである。

保守的な国語学界のことであるから、多少の歳月は要するであろうが、やがては日本の中等国文法の教科書から「活用」なる二文字は消え、究極的には本書に説く派生文法が、標準的国文法として教えられる日が来るものと信じている。

2011 年 7 月 3 日

清瀬義三郎則府

索引

事項索引

あ

い

う

え

お

か

さ

し

す

せ

そ

た

ち

つ

て

と

な

に

人名索引

ゆ

よ

ら

れ

わ

【著者紹介】

清瀬義三郎則府（きよせ ぎさぶろう のりくら）

〈略歴〉1931年生まれ。東京府東京市麴町区（現・東京都千代田区）出身。1954年京都大学文学部言語学科卒業。1964年より米国インディアナ大学にて助手、講師、助教授を歴任。1973年インディアナ大学よりPh.D.（哲学博士）を受ける。1974年カリフォルニア州立大学助教授に転じ、更に1979年ハワイ大学に移って大学院助教授、準教授、正教授を歴任。1994年退任し、ハワイ大学名誉教授となる。

〈主著〉*Fundamentals of Japanese* (with Toyoaki Uehara), Indiana University Press, 1974. *A Study of the Jurchen Language and Script: Reconstruction and Decipherment*, Hōritsubunka-sha, 1977.『日本語文法新論―派生文法序説』、桜楓社、1989.『日本語學とアルタイ語學』、明治書院、1991.

ひつじ研究叢書〈言語編〉第96巻

日本語文法体系新論　派生文法の原理と動詞体系の歴史

A New Approach to the Japanese Grammatical System:
Principles of Derivational Analysis and a History of the Verbal System
Gisaburo N. Kiyose

発行　2013年12月27日　初版1刷
定価　7400円＋税

発行者　松本 功
装丁　向井裕一（glyph）
印刷所　三美印刷株式会社
製本所　株式会社 星共社
発行所　株式会社 ひつじ書房
〒112-0011 東京都文京区千石2-1-2 大和ビル2階
Tel.03-5319-4916 Fax.03-5319-4917
郵便振替 00120-8-142852
toiawase@hituzi.co.jp　http://www.hituzi.co.jp/

ISBN 978-4-89476-563-4